개인정보보호관리사

개인정보보호법의 이해와 기업의 대응전략

이규정 최경진
김지현 김지연 공저

LawnB 로앤비

개인정보보호관리사 자격시험 및 자격과정 소개

주관사 소개

개인정보보호관리사자격과정을 주관하는

로앤비는 법을 중심으로 한 전문지식과 창의적인 IT 기술을 접목하여 지식서비스(Knowledge Service)라는 새로운 영역을 개척해나가는 회사로서,

방대한 법률정보를 보유한 법률포탈 사이트 로앤비(www.lawnb.com)를 운영하는 한편 기업 법무에 특화된 실무중심의 교육사업을 진행하고 있으며,

로펌 솔루션과 자동상담/자동서식 서비스 등 독창적인 지식관련 솔루션을 보유한 디지털 시대의 지식서비스 전문기업입니다.

개요

회사명	주식회사 로앤비	주요주주	톰슨 로이터
대표이사	안기순	사업분야	법률정보사업, 교육사업, 솔루션사업, 연구용역사업
설립년도	2000년 11월	주소	서울시 구로구 구로3동 235번지 한신IT빌딩 611호
자본금	15억원	대표전화	02) 6936-1300

개인정보보호관리사 소개

➜ 개인정보보호관리사란?

개인정보보호법 제31조 규정에 의한 기업의 개인정보보호책임자

기업에 소속되어 개인정보의 처리에 관한 업무를 총괄하는 개인정보보호책임자로서 개인정보보호에 관한 필수지식을 갖추고 개인정보보호를 위한 관리적, 기술적, 물리적 보호조치를 할 수 있는 전문인을 말합니다.

개인정보보호법 2011.09.30 본격 시행!!

2011년 9월 30일부터 개인정보보호법이 본격적으로 시행되면서 기업 등이 개인정보를 수집할 경우 이용목적 및 수집범위 등에 대해 정보주체의 동의를 받아야 하고, 이를 위반하거나 개인정보 유출 시에는 과태료는 물론 징역, 벌금 등의 형사처벌과 이와 별개로 막대한 민사 손해배상이 뒤따를 수도 있습니다.

따라서 기업과 단체들은 사전에 개인정보책임자를 반드시 지정하고(개인정보보호법 법 제31조), 개인정보의 수집과 이용·제공·위탁·파기의 단계별 정보주체의 동의절차와 보호기준을 마련하여 놓음으로써 개인정보 유출사고를 당했을 경우에도 책임을 최소화할 수 있도록 하는 등의 철저한 사전대비가 필요합니다.

➜ 개인정보보호관리사의 전망

일정규모의 개인정보처리자(사업자), 정보통신서비스 제공자(인터넷으로 정보통신서비스를 제공하는 것을 주된 업으로 하는 자) 등의 경우에는 개인정보보호책임자를 의무적으로 두도록 법으로 규정하고 있습니다(개인정보보호법 제31조 제6항, 정보통신 이용촉진 및 정보보호 등에 관한 법률 제27조 제1항 단서에서 대통령령으로 정하는 기준).

따라서 개인정보를 취급하는 대다수의 기업들은 개인정보의 처리에 관한 업무를 총괄하는 개인정보보호책임자를 별도로 지정하고 운영하여야 하는데, 현재 법 시행 초기라 이에 대한 수요에 비해 역량 있는 전문인의 수급이 원활하지 않습니다.

LawnB 로앤비

개인정보보호관리사의 업무영역

로앤비의 전문성 높은 실무교육과 엄격한 검증철차를 통해 배출되는 개인정보보호관리사!!

개인정보처리를 업으로 하는 다양한 기업의 취업에 도움이 되고, 현재 기업소속의 임직원에게는 직무 포지션을 확대 및 업그레이드에 매우 적합한 전문자격사입니다.

- 개인정보보호정책의 수립과 추진체계 구축
- 개인정보보호 법제와 各 법률간의 적용
- 개인정보보호관리체계 인증관리
- 개인정보처리방침 구축
- 내부관리계획 수립
- 개인정보 분쟁에 대비한 리스크 관리
- 개인정보 분쟁 해결절차 매뉴얼 구축
- 접근권한 관리
- 비밀번호 관리
- 접근통제 시스템 관리
- 개인정보 전송 및 저장 암호화 관리
- 접속기록 보관 및 위/변조 방지 관리
- 보안프로그램 설치/운영 관리
- 물리적 보안 관리

개인정보호관리사 자격시험 안내

시험일자	매년 4회(추후 년1~2회로 축소)
응시자격	응시자격 제한 없음(누구나 응시 가능)
합격기준	과목마다 100점 만점으로 40점 이상, 전 과목 평균 60점 이상
시험장소	전국단위 시험 시행(시행장소 사전 공지) 단, 2회 시험은 2012년 9월 23일 시행
시험장소 공지 방법	매일경제 신문 또는 국내 일간지 및 로앤비교육센터(http://edu.lawnb.com)
원서교부 및 접수	응시원서 접수기간: 시험 시행일 3주전부터 로앤비교육센터(edu.lawnb.com)에서 교부 및 접수
수험표 교부	원서 접수 후 로앤비교육센터(http://edu.lawnb.com)에서 직접 출력
검정방법	-출제형태: 객관식 5지선다, 100문제

교시	시험과목	출제문항	출제형태	시험시간
1	개인정보보호제도 개관	20문	교과서(강의내용)	50분
2	개인정보보호법 해설 및 실습	30문	범주 내에서 출제	
3	개인정보소송사례	20문	교과서(강의내용)	50분
4	개인정보보호기반기술	30문	범주 내에서 출제	

개인정보보호관리사 자격과정 개강 안내

■ 개인정보보호관리사 자격과정

- 자격기본법 제17조 규정에 의해 로앤비가 실시하는 개인정보보호관리사 자격시험, 합격생 배출교육과정
- 개인정보보호법에 관한 제반사항을 관리하고 이를 주체적으로 수행할 수 있는 종합적인 지식과 실무능력을 겸비함으로써, 기업의 개인정보책임자로서의 역할을 충분히 수행할 수 있는 전문인을 양성하는 교육과정입니다.
- 이론+실습이 복합적으로 이루지는 실무중심의 충실한 커리큘럼으로 구성, 기업의 개인정보보호책임자들의 필수 지식 습득 및 보수교육과정

[교육기간] : 매 분기 마다 개강(년 4회 개강)-상시 교육수강 접수 중.

[교육시간] : 19:00~22:00(6일간, 총18시간)

머 리 말

정보사회가 고도화되고 개인정보의 경제적 가치가 증가함에 따라 개인정보의 수집과 이용이 보편화되고 있는 한편으로 개인정보의 유출, 오남용 등 개인정보의 침해사례도 지속적으로 발생함에 따라 국가사회 전반을 규율하는 개인정보 보호원칙과 처리기준을 마련할 필요성이 제기되어 개인정보보호법이 제정, 2011년 9월 30일부터 시행이 되었습니다.

이 법의 제정 및 시행으로 기업 및 기관의 개인정보 업무 담당자는 개인정보 보호기준의 수립 및 절차의 구현 등 더욱 많은 업무 부담을 지게 되고 나아가 관련된 법적 책임에 노출 되겠지만, 그사이 개인정보 관리에 극히 취약했던 현실을 개선하는 데에는 분명히 긍정적으로 작용할 것으로 기대합니다.

일부에서는 개인정보보호법의 적용을 마치 보안 솔루션을 구매하고, 이를 설치하는 과정으로 이해하는 경향도 있는 것 같습니다. 하지만 실상은 개인정보보호의 수집과 이용 · 제공 · 위탁 · 파기의 단계별 정보주체의 동의절차와 보호기준을 마련하고, 만일에 발생할 수 있는 개인정보 유출사고를 사전에 철저히 대비하는 등 개인정보보호와 관련한 제도 전반에 대한 종합적인 지식과 이해를 바탕으로 해당 기업 또는 기관에 맞게 이를 적용하는 과정이라고 보아야 할 것입니다.

이 책은 기업 또는 기관에 소속되어 개인정보의 처리에 관한 업무를 총괄하는 개인정보보호책임자에게 개인정보보호 실무에 활용하는 데 부족함이 없도록 정확하고 실전적인 전문지식을 제공한다는 목표로, 국내 대표적인 법률정보회사인 로앤비가 개인정보보호 분야 최고의 전문가분들과 함께 작업하여 만들었습니다.

집필자분들의 면면을 살펴보자면, 이규정 박사님은 현재 한국정보화진흥원 개인정보보호정책단 단장이시며 개인정보보호법학회 부회장이시고, 최경진 교수님은 개인정보보호법 제정과정에 자문위원으로 참여하셨으며 현재 가천대학교 법학과장으로 계시고, 김지현 변호사님은 법무법인(유) 태평양에서 개인정보보호법 관련 법률실무를 주로 하시며 개인정보보호위원회 자문 변호사로 활동하고 계시고, 김지연 박사님은 한국정보보호진흥원 선임연구원을 역임하셨으며 현재 정보보안업체의 수

석연구원으로 계신 분으로 이와 같이 집필자분 모두 민 또는 관에서 오랫동안 개인정보보호와 관련한 전문적인 역량을 쌓아 오신 실력 있는 분들입니다.

따라서 이 책은 개인정보를 취급하는 기업 및 기관에 개인정보 실무의 업무방향 설정과 전문성 제고에 많은 도움을 드릴 수 있으리라 기대합니다. 또한 각 조직의 개인정보보호책임자 및 개인정보업무담당자분들은 이 책의 학습을 통해 평소 실무에서 느꼈던 갈증을 많은 부분 해소하실 수 있을 것이며, 이 책을 향후 상세한 업무지침서로서 활용하실 수 있을 것입니다.

마지막으로 이 책이 출간되기까지 물심양면으로 도움을 아끼지 않으신 **考試界社**의 정상훈 사장님께 깊은 감사의 말씀을 드립니다.

아무쪼록 이 책의 출간이 개인정보보호법에 대한 정확한 이해의 확산과 전문성을 갖춘 다수의 개인정보보호책임자의 양성에 기여할 수 있었으면 하는 바람을 가져봅니다.

2012년 7월

(주) **LawnB 로앤비** 대표이사/변호사 **안 기 순**

추 천 사

정보사회란 정보통신기술기반 위에서 지식을 생산하고 창조하는 사회로서 지식정보에 의해서 개인과 조직의 주요한 의사결정이 주도되는 사회를 말합니다. 정보사회에서 개인이 국가의 객체나 수단으로 전락되지 않기 위해서는 개인의 사생활이 적극적으로 보호되어야만 할뿐만 아니라 더 나아가서 개인의 자율과 자유를 보장하는 여러 기본권들을 통하여 '국가의 투명성' 또한 담보할 수 있어야만 합니다.

이제 새로운 정보통신기술 등의 발전에 따라서 대한민국은 물론 전 세계 모든 사람들에게 포털의 개인정보침해문제, SNS를 통한 표현의 자유 인정여부, 정보사회에서 사적 영역의 인정여부, 개인의 사생활과 표현의 자유간 조화 문제 등이 공통적 관심사로 등장하고 있습니다. 개인정보보호에 관한 국제적, 국내적 기준들을 살펴보면 개개 국가의 정치적, 행정적, 법적 전통이나 법체계의 상이함 때문에 구체적인 법규정이나 통제기관의 권한 등에 관하여 많은 차이를 보이고는 있습니다. 그럼에도 불구하고 정보사회에서 개인정보가 보호되어야만 한다는 공통되는 인식과 더불어 그 보호에 관한 공통되는 기준이나 원칙들이 나름대로 확립되어 가고 있음을 파악할 수 있습니다.

2011년 3월 개인정보보호법 제정이전 우리나라 개인정보보호 법제는 공공부문과 민간부문으로 분리하여 규율하였습니다. 하지만 정보사회의 고도화와 개인정보의 경제적 가치 증대로 사회 모든 영역에 걸쳐 개인정보의 수집과 이용이 보편화되고 있으나, 국가사회 전반을 규율하는 개인정보 보호원칙과 개인정보 처리기준이 마련되지 못해 개인정보 보호의 사각지대가 발생할 뿐만 아니라, 개인정보의 유출·오용·남용 등 개인정보 침해 사례가 지속적으로 발생함에 따라 국민의 개인정보 침해는 물론 명의도용, 전화사기 등 정신적·금전적 피해를 초래하고 있는 바, 공공부문과 민간부문을 망라하여 국제 수준에 부합하는 개인정보 처리원칙 등을 규정하고, 개인정보 침해로 인한 국민의 피해 구제를 강화하여 국민의 사생활의 비밀을 보호하며, 개인정보에 대한 권리와 이익을 보장하기 위하여 2011년 3월 개인정보보호법이 드디어 제정되었습니다. 하지만 10여년 가까운 토론과 고민 끝에 나온 개인정보보호법에 대해서는 지금도 많은 논란과 비판적 시각이 제기되고 있는 것도 현실입니다. 결국 이러한 논의들의 바탕에는 개인정보의 '보호' 와 '이용' 간 관계를 어떻게 볼 것인지에 대한 개인정보법 자체에 대한 진지한 고민들이 깔려 있는 것입니다.

개인정보보호법제에 관하여 나름대로 고민을 해왔던 저 또한 매우 포괄적이고 강력한 규범체계를 가진 개인정보보호법의 제정 이후 이 법률의 체계와 내용에 대하여 일반인과 법전문가들에게 길을 일러 줄 수 있는 해설서의 출간을 기다려 왔는바, 마침 로앤비에서 "개인정보보호관리사 - 개인정보보호법의 이해와 기업의 대응전략"이라는 제목으로 책이 출간된다기에 기쁜 마음으로 읽어보았습니다. 책의 내용을 보니 개인정보보호 제도에 대한 전반적인 설명을 시작으로 개인정보보호법 해설과 관련 소송사례, 기술까지 관련 전문가들이 상세하고 체계적으로 집필하였음을 확인할 수 있었습니다.

개인정보보호법에 대한 마땅한 실무교재를 찾지 못하던 참에 이 책의 출간은 매우 의미있고 반가운 일이었습니다.

모쪼록 많은 독자들이 이 책을 통하여 정보사회에서 개인정보보호의 중요성과 관련 법제도를 알 수 있는 기회가 되기를 희망하며, 이 책의 출간을 위하여 애쓰신 집필진과 로앤비 대표 안기순 변호사님께 축하의 인사말을 전해 드립니다.

성균관대학교 법학전문대학원 교수 / 개인정보보호위원회 위원 **김일환**

목 차

개인정보 보호제도 개관

개인정보보호법 해설 및 실습

개인정보 소송사례

개인정보보호 기반기술

부 록

개인정보 보호제도 개관

Ⅰ. 개인정보 보호의 의의

Ⅱ. 개인정보 보호법 개요

Ⅲ. 개인정보 보호 추진체계와 보호정책의 수립 · 시행

Ⅳ. 정보주체의 권리 보장

개인정보 보호제도 개관

Ⅰ. 개인정보 보호의 의의

1. 프라이버시 권리와 개인정보 자기결정권

가. 개인정보 자기결정권의 보장

사람은 누구나 인간으로서의 존엄과 가치를 가지며, 행복을 추구할 권리를 가지고 있다. 또 인간은 자아를 둘러싼 비밀을 가지고 있으며, 자기만의 영역에서 평온을 누리면서 자유롭게 살아가길 원한다. 이처럼 인간 내면의 비밀과 평온을 보호하고자 우리 헌법은 모든 국민에게 프라이버시 권리(privacy right) 즉, '사생활의 비밀과 자유'(제17조)를 보장하고 있다. '사생활의 비밀과 자유'는 인간의 존엄을 실현하고 인격의 자유로운 발전을 포괄적으로 뒷받침하는 불가침의 인격권이라 할 수 있다.

프라이버시 권리는 원래 소극적 의미의 '홀로 있을 권리'(a right to be let alone)로 이해되었으며, 1890년 미국의 Warren과 Brandeis의 논문[1]에서 하나의 독립된 권리로 주창되어 20세기 초 미국에서 판례를 통하여 법적 권리로 인정되었다. 이러한 '홀로 있을 권리'로는 '사생활의 자유의 불가침', '사생활 비밀의 불가침' 등이 있다. 이 중 '사생활의 자유의 불가침'은 결혼, 임신, 피임, 낙태, 자녀양육, 교육, 용모, 성생활의 자유 등 사생활의 자율을 침해받지 아니하는 것을 말한다. 그리고 '사생활 비밀의 불가침'은 개인의 사사(私事)에의 침입, 개인의 난처한 사사의 공개, 공중에게 오해를 낳게 할 사사의 공표, 성명 ·

---

1) Samuel D. Warren and Louis D. Brandeis, The Right to Privacy", 4 Harvard L. Rev. 193 (1890).

초상 등 사사의 영리적 이용 등으로부터 보호받는 것을 뜻한다.[2)]

현대에 들어와 정보기술의 발전과 정보화의 진전에 따라 개인에 관한 온갖 정보가 다양한 방식으로 수집 · 이용 · 제공 · 축적되어 개인의 사생활을 더욱 위협하게 되었다. 이처럼 정보사회에 있어서 정보화의 부작용으로 나타나는 사적 영역의 침해에 대응한 '정보 프라이버시'(informational privacy)는 중요한 권리로 인식되고 있다.

'정보 프라이버시 권리'는 주로 개인이 자신에 관한 정보의 수집 · 공표 · 이용 · 유통을 결정하고 통제할 수 있는 '개인정보 자기결정권'의 형태로 구체화된다. 자기정보의 무단 수집 · 이용 · 제공의 금지, 자기정보의 열람 및 정정 · 보완 요구 뿐만 아니라 CCTV, 통신 도 · 감청, 직장에서의 이메일 감청 등을 통한 노동감시, 스마트폰 등 첨단 미디어를 이용한 위치추적 및 개인행동양식 탐지, 생체정보의 수집 · 이용 증가, 스팸메일, 인터넷상의 신상털기 등 정보처리기술의 고도화 · 지능화 및 이용 · 남용의 증대로부터의 사생활 보호 등 오늘날 사회문제화 되고 있는 다양한 이슈가 '개인정보 자기결정권'과 관련되어 있다. 전통적인 프라이버시 권리인 '홀로 있을 권리'는 소극적 권리의 성격이 강한 반면에, '정보프라이버시 권리' 또는 '개인정보 자기결정권'은 소극적으로 '자기에 관한 정보가 없을 것'을 요구하는 권리에 머물지 않고 정보주체가 보다 적극적으로 '자기정보를 통제할 수 있는 권리'까지 내포하고 있다.

'개인정보 자기결정권'은 자신에 관한 정보가 언제 누구에게 어느 범위까지 알려지고 또 이용되도록 할 것인지를 그 정보주체가 스스로 결정할 수 있는 권리이다. 즉 정보주체가 개인정보의 공개와 이용에 관하여 스스로 결정할 권리를 말한다. 개인정보 자기결정권의 보호대상이 되는 개인정보는 개인의 신체, 신념, 사회적 지위, 신분 등과 같이 개인의 인격주체성을 특징짓는 사항으로서 그 개인의 동일성을 식별할 수 있게 하는 일체의 정보라고 할 수 있고, 반드시 개인의 내밀한 영역이나 사사(私事)의 영역에 속하는 정보에 국한되지 않고 공적 생활에서 형성되었거나 이미 공개된 개인정보까지 포함한다. 또한 그러한 개인정보를 대상으로 한 조사 · 수집 · 보관 · 처리 · 이용 등의 행위는 모두 원칙적으로 개인정보 자기결정권에 대한 제한에 해당한다.[3)]

---

2) 이상, 윤명선 · 김병묵, 헌법체계론(I), 법률계, 520면.

나. 정보사회와 개인정보 보호의 중요성

정보사회에 있어서 개인정보는 유용한 수단・가치로서의 빛이자 다른 한편으로는 다양한 역기능을 내포하는 그림자라고 할 수 있다. 전 사회적인 정보화 진전과 정보기술에 대한 의존도가 커짐에 따라 개인정보는 기업의 영업활동과 수입창출을 뒷받침하는 영업자산이고, 공공・민간부문에 있어서 다양한 서비스 제공과 사회적 기능을 뒷받침하는 기반으로서 개인정보의 비즈니스 가치가 크게 증대되었다. 최근 스마트폰 등 정보기술의 발달로 새롭게 등장하는 많은 서비스는 대부분 개인정보의 활용에 기반한다.

한편 정보기술의 발달로 개인정보 수집경로의 다양화, 디지털 개인정보의 무한복제와 빠른 전파성으로 인해 개인정보의 유출과 침해 위험은 더욱 커지고 있다. 언제·어디서나 개인정보의 수집·편집·생성·복구·제공 등이 가능하게 되어 정보주체의 의지 또는 인지 여부와 관계없이 외부로 노출 또는 침해될 가능성이 있다. 이러한 침해사고의 원인으로는 개인정보의 고의적인 오・남용, 내부자 관리 부실로 인한 유출, 개인정보의 불법적 매매(제공), 개인정보 과다보유, 해킹 등 외부공격에 의한 유출, 업무위탁시 수탁자에 의한 유출 등 매우 다양하다.

개인정보 유출・침해의 심각성은 유출・침해된 개인정보를 이용・악용한 2차 피해에 있다. 유출・침해된 개인정보를 이용한 스팸메일 발송, 명예훼손, 해킹, 회원가입, 대포폰・대포통장 가입・신용카드발급・보이스피싱 등 신분증 위조, 명의도용과 경제적 손실 등의 피해 뿐만 아니라 심하면 사람의 납치・유인・살인 등 사람의 생명・신체에 대한 위해로까지 피해를 줄 수 있다. 단순 유출의 1차 피해는 정보주체 등의 심리적 측면에 피해를 주지만, 2차 피해는 정보주체의 경제적·사회적 생활영역에 실질적인 피해를 준다는 점에서 더욱 심각하다.

---

3) 헌법재판소 2005.5.26. 선고, 99헌마513 결정.

다. 개인정보의 유출 등에 따른 피해 현황

개인정보분쟁조정위원회와 개인정보침해센터에 접수된 개인정보 피해구제 신청 건수는 2003년 이후 매년 증가하고 있다. 특히 2011년 신청건수는 122,215건으로 2010년의 54,832건보다 약 223% 증가된 것으로 나타났다.

〈그림 1〉 연도별 (2003-2011) 개인정보 침해 상담 신청 건수

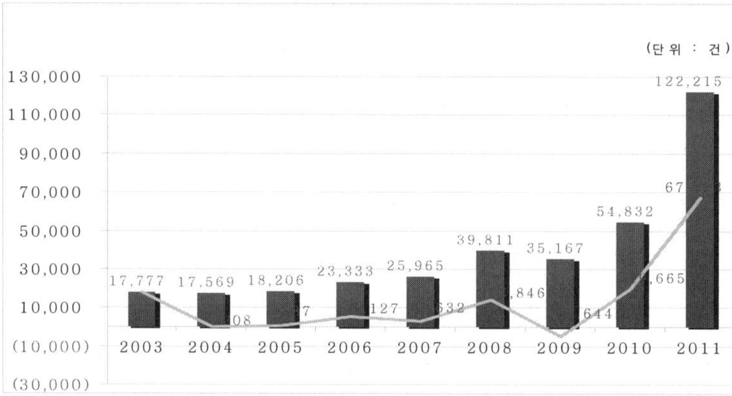

* 출처 : 인터넷통계정보 검색시스템(http://isis.kisa.or.kr/)

그리고 2007년 이후 개인정보 침해신고는 개인정보의 수집·이용·제공·파기 등 개인정보 처리의 전 과정에 걸쳐 이루어지고 있으며, 그 중에서 특히 '주민등록번호 등 타인 정보의 훼손·침해·도용'과 '기술적·관리적 조치 미비로 인한 개인정보누출'을 이유로 한 상담 신청이 큰 부분을 차지하고 있다.

〈표 1〉 연도별 개인정보 침해 상담 사유별 신청 건수

(단위 : 건, %)

항목 \ 연도 / 건수 / 비율	2007	2008	2009	2010	2011
	건수 (비율)	건수 (비율)	건수 (비율)	건수 (비율)	건수 (비율)
이용자의 동의 없는 개인정보수집	1,166 (4.4)	1,129 (2.8)	1,075 (3.06)	1,267 (2.31)	1,623 (1.33)
개인정보 수집시 고지 또는 명시 의무 불이행	7 (0.0)	6 (0.0)	15 (0.04)	75 (0.14)	53 (0.04)

과도한 개인정보 수집	51 (0.2)	87 (0.2)	115 (0.33)	146 (0.27)	379 (0.31)
고시·명시한 범위를 넘어선 이용 또는 제3자 제공	1,001 (3.9)	1,037 (2.6)	1,171 (3.33)	1,202 (2.19)	1,499 (1.23)
개인정보 취급자에 의한훼손·침해 또는 누설	123 (0.5)	125 (0.3)	158 (0.45)	158 (0.29)	278 (0.23)
개인정보 처리 위탁시 고지의무 불이행	2 (0.0)	6 (0.0)	6 (0.02)	25 (0.05)	36 (0.03)
영업의 양수 등의 통지의무 불이행	14 (0.1)	9 (0.0)	6 (0.02)	22 (0.04)	64 (0.05)
개인정보관리책임자 미지정	10 (0.0)	26 (0.1)	10 (0.03)	21 (0.04)	38 (0.03)
기술적·관리적 조치 미비로 인한 개인정보누출 등	522 (2.0)	1,321 (3.3)	819 (2.33)	1,551 (2.83)	10,958 (8.97)
수집 또는 제공받은 목적 달성 후 개인정보 미파기	146 (0.6)	294 (0.7)	294 (0.84)	323 (0.59)	488 (0.40)
동의철회·열람 또는 정정 요구 불응	865 (3.3)	949 (2.4)	680 (1.93)	826 (1.51)	662 (0.54)
동의철회, 열람·정정을 수집보다 쉽게 해야 할 조치 미이행	461 (1.8)	503 (1.3)	603 (1.71)	630 (1.15)	800 (0.65)
법정대리인의 동의 없는 아동의 개인정보 수집	14 (0.1)	27 (0.1)	19 (0.05)	35 (0.06)	71 (0.06)
주민등록번호 등 타인정보의 훼손·침해·도용	9,086 (35.0)	10,148 (25.5)	6,303 (17.92)	13,137 (18.49)	67,094 (54.90)
「정보통신망법」 적용대상 이외의 개인정보침해(신용정보침해 등)	12,497 (48.1)	24,144 (60.7)	23,893 (67.94)	38,414 (70.06)	38,172 (31.23)
합계	25,965 (100)	24,144 (100)	35,167 (100)	54.832 (100)	122,215 (100)

* 출처 : 인터넷통계정보 검색시스템(http://isis.kisa.or.kr)

그동안 공공부문·민간부분에 있어서 크고 작은 개인정보 피해사고가 많이 발생하였으며, 유출된 개인정보의 규모가 상당한 수준에 이르고 있다. 〈표 2〉는 2005년 이후 민간부문에서 발생한 주요 개인정보 유출사례를 정리한 것이다.

〈표 2〉 민간부문의 주요 개인정보 유출사례

날 짜	업 체	피해 내용(출처)	법적 책임
2005.5	엔씨소프트	게임서버 업데이트시 이용자 개인정보파일을 암호화하지 않아 ID와 비밀번호 노출(2005.5.18, 연합뉴스)	1심: 50만원, 2·3심: 10만원 배상 판결
2006.2	엔씨소프트	온라인게임 '리니지'불법 명의도용에 의한 대규모 계정 개설(2006.2.13, 매일경제)	
2006.3	국민은행	직원의 부주의로 인터넷 복권 구매 안내메일에 32,277명의 발송대상 고객명단을 파일첨부하여 발송(2006.3.16, 한국일보)	1심: 이름·이메일 유출 7만원, 주민번호 포함시 10만원 2심: 각 10만원, 20만원 배상판결
2006.9	LG전자	홈페이지 해킹으로 입사지원서의 개인정보 유출(2006.9.27, 아이뉴스24)	70만원 배상판결
2008.2	옥션	1,081만여 명의 개인정보 해킹, 이 중 900여만명의 이름, 주민번호, 환불정보, 은행계좌번호 등 유출(2008.2.5, 머니투데이)	무혐의
2008.4	하나로텔레콤	전·현직 임직원이 51만여 고객의 이름·주민번호·주소·전화번호 등 개인정보 8,500만여건을 텔레마케팅업체에 불법으로 제공(2008.4.24, 전자신문)	동의없이 수집·이용 20만원, 무단 제공 10만원 배상판결. 회사 등 벌금형
2008.7	LG유플러스	벨소리 다운로드 서비스시 주민번호, 핸드폰 기종, 가입일 등 노출(279명 소송)(2009.11.6, 보안뉴스)	1심: 5만원 배상판결, 2심 원고패소
2008.9	GS칼텍스	GS칼텍스 보너스 회원 1,100만 명의 개인정보가 CD와 DVD에 담겨 유출(2008.9.5, 이데일리)	
2010.3	신세계몰 등 25개 업체	중국 해커가 국내의 유명 백화점, 도박 사이트, 골프용품 판매사 등 25개 업체 홈페이지를 해킹하여 개인정보 2,000만건 유출	

		(2010.3.12, 스포츠경향)	
2011.4	현대캐피탈 (2011.4.10, MK뉴스)	회원 수 175만 명의 현대캐피탈 고객 중 23%인 42만 명의 이름과 이메일 주소, 주민등록번호, 휴대전화 번호, 신용등급 등 유출	
2011.5	세티즌	휴대폰사이트 '세티즌' 해킹으로 140만명의 개인정보 유출(2011.5.21, 아시아투데이)	
2011.6	대부업체, 저축은행, 채팅사이트 등	중국인 해커와 공모하여 3,000만건의 개인정보 해킹 후 인터넷에서 거래(2011.6.24, 동아일보)	
2011.7	SK컴즈	SK컴즈의 자회사인 네이트와 싸이월드 가입자 3,560만 명의 개인정보 유출(2011.7.28, 디지털데일리)	100만원 지급명령(소송 중)
2011.8	삼성카드	직원이 서버를 해킹하여 고객정보 192만건 조회, 47만건 유출(2011.9.5, 이데일리)	
2011.11	넥슨	해킹으로 게임 이용자 정보 1,320만건 유출(2011.11.27, 전자신문)	
2012.4	대리운전업체 등	대리운전 운행정보 관리업체를 해킹해 빼낸 운행정보(고객 전화번화, 행선지, 요금, 대리운전기사 정보 등) 2,600여만건을 구입해 1,300만원에 판매한 혐의(2012.4.4, 뉴시스)	

2. 개인정보 보호의 국제적 동향

1970년대 이후 컴퓨터에 의한 정보처리가 확대됨에 따라 스웨덴, 미국 등 선진각국과 국제기구에서는 정보 프라이버시 권리 또는 개인정보 자기결정권의 보호를 위한 법·제도 마련 등 구체적인 논의가 폭넓게 진행되었다. 개인정보 보호 논의의 초기에는 정부기록에 있어서의 개인비밀 보호가 주된 이슈이었으나, 차츰 통신비밀, 의료기록, 재산·신용정보, 소비정보 등으로 그 보호범위가 확대되어 왔다.

스웨덴이 1973년 세계 최초로 개인정보보호를 위해 데이터법(Data Act)을 제정하였다. 이 법은 공공·민간부문 모두에 있어서 컴퓨터로 처리되는 개인데이터를 규제하며, 이를 위해 개인데이터시스템의 설치·보유시 특별감독기관(데이터검사원)의 허가를 얻도록 하고, 특정 종류의 데이터의 입력금지, 개인의 자기기록열람권, 부정확한 데이터에 의한 손해배상청구권을 인정하였다. 이 법은 EU 지침(1995)에 따라 새롭게 제정된 개인정보법(Personal Information Act, 1998)에 의해 대체되었다.

이후 1974년 미국의 프라이버시법(Privacy Act), 1977년 독일의 연방데이터보호법, 1978년 프랑스의 '정보처리·축적 및 자유에 관한 법률', 1983년 캐나다의 공공부문 프라이버시법, 1984년 영국의 데이터보호법, 1988년 일본의 '행정기관이 보유하는 전자계산기처리에 따른 개인정보의 보호에 관한 법률' 등 많은 나라가 개인정보 보호를 위한 법체계를 마련하였다.4)

미국의 경우에는 1974년 프라이버시법 제정 이후에도 통신, 의료, 소비자 등 각 분야별로 다양한 프라이버시 보호법을 제정하였고, 2002년에 제정된 전자정부법에서는 프라이버시 영향평가제도를 도입하였다. 캐나다도 2001년 '민간부문 개인정보보호·전자문서법'을 제정하고, 2002년 프라이버시 영향평가 의무시행 제도를 도입하였다. 그리고 일본은 2003년 5월 '개인정보의 보호에 관한 법률' 등 5개의 법률을 제정하여 개인정보 보호법제를 정비하였다.5)

1980년대 들어 정보통신기술의 발전으로 개인정보의 보호 필요성이 더욱 강하게 대두되었고, 이에 국제기구들도 이를 위한 여러 지침을 제시하기 시작하였다. 가장 먼저 OECD는 1980년 '프라이버시 보호와 개인정보의 국제유통에 관한 지침'을 통하여 각국의 개인정보 보호를 위한 노력과 국내 입법의 제정을 권고하면서 유명한 8개의 국내적용 기본원칙(Basic Principles of National Application)을 제시하였다. 그리고 UN은 1990년 '전산처리된 개인정보파일의 규제 지침'(Guideline for the Regulation of Computerized Personal Data

---

4) 2000년 이전까지 주요국가의 입법동향은 이규정, 주요국의 정보화 법·제도 개선 동향(한국정보화진흥원, 1999), 28-38면 참조.

5) 5개 제정법률은 1) 개인정보의 보호에 관한 법률, 2) 행정기관이 보유한 개인정보의 보호에 관한 법률, 3) 독립행정법인등이 보유한 개인정보의 보유에 관한 법률, 4) 정보공개·개인정보보호심사회설치법, 5) 행정기관이 보유한 개인정보의 보호에 관한 법률 등의 시행에 따른 관계법률의 정비 등에 관한 법률이다.

Files)에서 개인정보파일을 규율하는 6개 원칙을 제시하여 회원국이 개인정보에 관한 입법이나 규율시 참고하도록 하였으며,6) APEC도 2005년 Working Group 활동을 통해 9개의 프라이버시 보호원칙을 제시하였다.

〈표 3〉 국제기구의 개인정보 보호 원칙 비교

OECD	UN	APEC
수집제한의 원칙	합법성과 공정성의 원칙	수집제한의 원칙
정보내용 정확성의 원칙	정확성 원칙	정확성의 원칙
목적 명확성의 원칙	목적구체화의 원칙	
이용제한의 원칙	-	이용제한의 원칙
안전성 확보의 원칙	안전성의 원칙	안전성의 원칙
-	-	침해방지의 원칙
공개의 원칙	-	
개인 참여의 원칙	개인접근의 원칙	선택권 보장의 원칙
-	비차별 원칙	고지의 원칙
-	-	정보접근권의 원칙
책임의 원칙	-	책임의 원칙

또한 유럽연합(EU)은 회원국 국민의 기본권과 자유를 보호하고 개인정보처리와 관련한 프라이버시권을 보호하며 EU 국가간의 개인정보의 자유로운 유통을 촉진하기 위하여 1995년10월 '개인데이터의 처리와 개인데이터의 자유로운 유통에 관련된 개인정보 지침'을 채택하고, 1997년 12월에는 '정보통신부문에서의 개인정보 처리 및 프라이버시보호에 관한 지침', 1999년 2월에는 '정보고속도로에서 신상정보의 수집처리와 관련한 개인의 보호를 위한 지침' 등을 채택하였다.

한편 개인정보의 보호를 위한 각국의 개인정보 보호기구(Data Protection

6) 6개 원칙은 ① 합법성과 공정성의 원칙(Principle of Lawfulness and Fairness), ② 정확성의 원칙(Principle of Accuracy), ③ 목적구체화의 원칙(Principle of the Purpose-specification), ④ 개인접근의 원칙(Principle of Interested-person Access), ⑤ 비차별 원칙(Principle of Non-discrimination), ⑥ 안전성 원칙(Principle of Security)을 말한다.

Authority) 연합체로서 각 국가의 개인정보 보호현황을 모니터하고 정보보호를 위한 국제적 협력을 위하여 조직된 국제기구로 국제개인정보보호기구회의(ICDPPC; International Conference of Data Protection and Privacy Commissioners)가 2001년 발족되었다. ICDPPC는 당초 EU 개인정보보호기구간의 정보교류를 위한 회의(Conference)로 출발하였으나, 2001년 2월부터 참여범위를 EU 외로 확대하면서 국제기구(협의체) 성격으로 변화하였다. 현재 영국, 호주, 캐나다 등 47개국 77개 개인정보보호기구가 회원으로 등록되어 있다.

3. 우리나라 개인정보 보호제도의 발전

가. 개인정보 보호법제의 연혁

1970~80년대 미국, 스웨덴, 독일, 프랑스, 일본 등 각국의 정보 프라이버시 권리 강화를 위한 입법 노력과 여러 국제기구의 개인정보보호 움직임은 우리나라의 개인정보보호법 제정에 영향을 미쳤다. 또 1980년대 중반부터 시작된 국가기간전산망사업으로 인한 개인정보의 광범위한 수집・보관・이용으로부터 개인의 사생활 보호를 위한 제도적 장치 마련 요구도 컸었다.

그리하여 정부는 외국의 입법례와 학계의 연구성과 등을 반영하여 1994년 1월 7일 「공공기관의 개인정보보호에 관한 법률」(법률 제4743호)을 제정하였다. 전체 5개 장 25개 조 및 부칙으로 구성된 이 법은 정부 등 공공기관을 적용대상으로 하였으며, 1995년 1월 8일 시행되었다. 한편 국민의 통신 및 대화의 비밀과 자유를 보장하기 위하여 전기통신의 감청과 우편물 검열 등의 대상을 한정하고 엄격한 법적 절차를 거치게 함으로써 사생활의 비밀과 통신의 자유를 구현하고자 1993년 12월 27일 「통신비밀보호법」(법률 제4650호, 1994.6.28 시행)이 제정되었다.

1995년 1월 5일에는 신용정보업을 건전하게 육성하고 신용정보의 효율적 이용과 체계적 관리를 기하는 한편, 신용정보의 오・남용으로부터 사생활의 비밀등을 적절히 보호함으로써 건전한 신용질서를 확립하기 위하여 「신용정보의 이용 및 보호에 관한 법률」(법률 제4866호, 1995.7.6 시행)이 제정되었다.

그리고 1997년 12월 31일 제정된 「금융실명거래 및 비밀보장에 관한 법률」(법률 제5493호, 1997.12.31 시행)은 금융실명거래에 따른 금융거래의 비밀보장에 관한 규정을 마련하였다.

1999년 2월 8일에는 「정보통신망 이용촉진 등에 관한 법률」(제5835호)이 공표되어 같은 해 7월 1일부터 시행되었다. 이 법은 종전 「전산망 보급확장과 이용촉진에 관한 법률」(법률 제3848호, 1986.5.12 제정, 1987.1.1 시행)을 전부개정한 것으로서, 정보통신망을 통하여 수집・처리・보관・유통되는 개인정보의 오・남용에 대비하여 개인정보에 대한 보호규정을 신설함으로써 민간부문에 있어서 인터넷 등 정보통신망을 통한 개인정보 처리를 규율하는 최초의 입법이라 할 수 있다. 이 법은 개인정보보호와 관련하여 개인정보의 수집 및 취급(제16조), 개인정보의 이용 및 제공의 제한(제17조), 이용자의 권리(제18조)에 관한 규정을 두었으며, 수신자의 의사에 반하여 광고성 정보를 전송하는 행위를 금지하는 규정(제19조제2항)을 마련하였다.

「정보통신망 이용촉진 등에 관한 법률」은 2001년 1월 16일 전부개정을 통하여 개인정보 보호제도에 관한 사항을 대폭 보완하고, 법률의 명칭을 「정보통신망 이용촉진 및 정보보호 등에 관한 법률」(법률 제6360호, 2001.7.1 시행)로 변경하였다. 정보통신서비스이용자의 개인정보를 보호하기 위하여 개인정보 수집·처리·관리 등에 대한 위탁자의 책임, 14세 미만 아동으로부터 개인정보를 수집하는 경우 법정대리인의 동의, 법정대리인에게 아동의 개인정보에 대한 열람・정정 요구권 인정, 개인정보분쟁조정위원회의 설치 등 정보통신서비스 제공자에 대한 규제를 강화하였다. 또 이 법은 정보통신서비스 제공자 외의 자로서 재화 또는 용역을 제공하는 자가 정보통신망을 이용하여 개인정보를 수집・저장・처리하는 경우에도 이 법에 의한 개인정보보호 관련 규정을 준용하도록 하였다.[7)]

---

7) 이 준용규정에 따라 2011년 9월 29일까지 정보통신망법의 적용을 받은 정보통신서비스 제공자 외의 자(이른바 '준용사업자')의 범위는 다음과 같다.
  1. 「관광진흥법」 제3조제1항에 따른 여행업 또는 호텔업을 경영하는 자
  2. 「항공법」 제2조제31호에 따른 항공운송사업을 경영하는 자
  3. 「학원의 설립·운영 및 과외교습에 관한 법률」 제2조제1호에 따른 학원 또는 같은 조 제2호에

2005년 1월 27일에는 이동통신기술을 이용하여 위치정보를 수집하는 사업에 대하여 허가제도, 위치정보기반서비스를 제공하는 사업에 대하여 신고제도를 도입하고, 위치정보의 수집·제공 등에 관한 절차를 정함으로써 위치정보의 유출로 인한 사생활 침해의 방지를 도모하는 한편, 위치정보와 관련된 기술개발, 표준화 등을 지원함으로써 위치정보의 이용을 활성화하고자 「위치정보의 보호 및 이용 등에 관한 법률」(법률 제7372호, 2005.7.28 시행)이 제정되었다.

그리고 2011년 3월 11일에는 2003년부터 시작된 입법논의의 최종결과로서 「개인정보 보호법」(법률 제10465호)이 국회를 통과하였으며, 같은 해 3월 29일 공포를 거쳐 9월 30일 시행되었다. 이 법은 공공부문과 민간부문을 망라하여 적용되는 법률로서, 개인정보의 수집・유출・오용・남용으로부터 사생활의 비밀 등을 보호함으로써 국민의 권리와 이익을 증진하고, 나아가 개인의 존엄

따른 교습소를 설립·운영하는 자
4. 「관광진흥법」 제3조제1항제2호나목에 따른 휴양 콘도미니엄업을 경영하는 자
5. 「유통산업발전법」 제2조제3호에 따른 대규모점포 중 대형마트・백화점 또는 쇼핑센터를 운영하는 자
6. 「유통산업발전법」 제2조제5호에 따른 체인사업을 운영하는 자
7. 「주택법」 제2조제5호에 따른 사업주체 중 주택건설사업을 시행하는 자
8. 「주택법」 제53조제1항에 따라 등록한 주택관리업자
9. 「건설기계관리법」 제2조제3호부터 제6호까지의 규정에 따른 건설기계대여업・건설기계정비업・건설기계매매업 및 건설기계폐기업을 하는 자
10. 「공인중개사의 업무 및 부동산 거래신고에 관한 법률」 제2조제4호에 따른 중개업자
11. 「자동차관리법」 제2조제7호에 따른 자동차매매업을 하는 자와 신조차의 매매 및 등록신청의 대행을 업으로 하는 자
12. 「여객자동차운수사업법」 제2조제4호에 따른 자동차대여사업을 하는 자
13. 「결혼중개업의 관리에 관한 법률」 제2조제5호에 따른 결혼중개업자
14. 「의료법」 제3조제1항에 따른 의료기관을 개설하여 의료업을 하는 자
15. 「직업안정법」 제4조제5호에 따른 유료직업소개사업을 하는 자
16. 「석유 및 석유대체연료 사업법」 제5조제1항에 따라 등록하여 석유정제업을 하는 자 중 같은 법 시행령 제9조제1항제1호 각 목의 석유정제시설을 모두 갖춘 자
17. 「체육시설의 설치・이용에 관한 법률」 제2조제3호에 따른 체육시설업자
18. 「영화 및 비디오물의 진흥에 관한 법률」 제2조제12호에 따른 비디오물의 대여업을 하는 자
19. 「출판문화산업 진흥법」 제2조제9호에 따른 출판문화산업의 종사자 중 서점을 운영하는 자
20. 「영화 및 비디오물의 진흥에 관한 법률」 제36조제1항에 따라 등록한 영화상영관 설치・경영자

과 가치를 구현하기 위하여 개인정보 처리에 관한 사항을 규정함을 목적으로 한다. 이 법은 그 제정이유로 정보사회의 고도화와 개인정보의 경제적 가치 증대로 사회 모든 영역에 걸쳐 개인정보의 수집과 이용이 보편화되고 있으나, 국가사회 전반을 규율하는 개인정보 보호원칙과 개인정보 처리기준이 마련되지 못해 개인정보 보호의 사각지대가 발생할 뿐만 아니라, 최근 개인정보의 유출·오용·남용 등 개인정보 침해 사례가 지속적으로 발생함에 따라 국민의 프라이버시 침해는 물론 명의도용, 전화사기 등 정신적·금전적 피해를 초래하고 있는 바, 공공부문과 민간부문을 망라하여 국제 수준에 부합하는 개인정보 처리원칙 등을 규정하고, 개인정보 침해로 인한 국민의 피해 구제를 강화하여 국민의 사생활의 비밀을 보호하며, 개인정보에 대한 권리와 이익을 보장하려는 것이라고 하였다. 한편, 이 법의 제정으로 종전 「공공기관의 개인정보보호에 관한 법률」은 폐지되었다.

나. 「개인정보 보호법」 제정의 경과와 의의

「개인정보 보호법」은 지난 2003년 전자정부 31대 과제 중 하나로 선정되어 정부에서 입법논의가 처음으로 제기되었다. 2004년 대통령 직속 정부혁신·지방분권위원회가 주축이 되고 한국전산원(현 한국정보화진흥원)이 연구를 실무지원하여 법률초안을 마련하였고,[8] 이후 국회에서 민노당 노회찬 의원안('04.11월), 열린우리당 이은영 의원안('05.7월), 한나라당 이혜훈 의원안('05.10월)이 발의되어 심사가 진행되었으나, 개인정보보호 추진체계와 개인정보의 보호와 활용의 조화에 대한 철학의 차이로 인해 통합안 마련이 무산되어 자동폐기되었다. 또한 2006년에는 전문가, NGO, 사업자가 참여하는 '통합개인정보보호법'이 제안되었으나, 정부와의 의견차이로 법제정이 무산되었다.

이후 이명박 정부 출범과 함께 개인정보보호 총괄부처인 행정안전부는 개인정보보호법 제정 태스크포스팀을 8개월간 운영한 후 2008년 11월 28일 정부안을 18대 국회에 제출하였으며, 국회에서도 한나라당 이혜훈 의원안('08.8

8) 정부안은 이은영 의원을 통해 의원입법형식으로 발의되었다.

월)과 민주당 변재일 의원안('08.10월)이 발의되었다. 제출된 정부안과 의원안은 2009년 2월 국회 행정안전위원회에 상정되어 법안심사소위원회에서 다섯 차례 논의 후 여·야 합의에 의해 통과되었다. 국회 행정안전위원회 대안으로 통과된 법안은 2010년 12월 법제사법위원회에 상정되어 2011년 2월 법제사법위원회 법안심사소위위원회를 통과하고 3월에 국회 본회의 의결을 거쳐 2011년 3월 29일 공포되었으며, 같은 해 9월 30일부터 시행되었다.

〈표 4〉「개인정보 보호법」의 제정・시행 경과

제안일자	의안명	제안자	의결결과
2004.11.22	개인정보보호기본법안	노회찬 의원 등 22명	임기만료 폐기
2005.2.1	개인정보보호법안	정성호 의원 등 11명	철회
2005.2.2	개인정보보호기본법안	이은영 의원 등 27명	철회
2005.7.11	개인정보보호법안	이은영 의원 등 145명	임기만료 폐기
2005.10.17	개인정보보호법안	이혜훈 의원 등 13명	임기만료 폐기
2008.8.8	개인정보보호법안	이혜훈 의원 등 15명	대안반영 폐기
2008.10.27	개인정보보호법안	변재일 의원 등 13명	대안반영 폐기
2008.11.28	개인정보보호법안	정부	대안반영 폐기
2011.3.10	개인정보보호법안(대안)	행정안전위원회 위원장	원안 가결
2011.3.11	개인정보보호법안	-	본회의 가결
2011.3.22	개인정보보호법 국무회의 의결	-	
2011.3.29	개인정보보호법 공포	-	
2011.5.24	개인정보보호법 시행령 및 시행규칙 제정안 입법예고	-	
2011.9.30	개인정보보호법 시행	-	

이처럼 8년여의 산고 끝에 탄생한 「개인정보 보호법」은 고도 지식정보사회를 맞고 있는 우리에게 있어서 매우 중요한 의미를 가지며, 그동안 우리나라가 이루어 온 IT 혁명, 인터넷 혁명에 이은 제2의 혁명으로서 정보이용문화에 일대 혁신을 가져올 것으로 예상된다.

「개인정보 보호법」의 제정이 나타내는 주요 의의는 첫째, 그간의 국가사회 정보화의 눈부신 성과의 그림자로서 쉴새없이 제기되는 정보 프라이버시 침해의 위험을 재확인하고 법적 규제의 사각지대를 해소한 점이다. 「개인정보 보호법」은 개인정보에 관한 일반법으로서 다른 법률에 특별한 규정이 있는 경우를 제외하고는 모든 개인정보처리자에게 적용된다. 그동안 「공공기관의 개인정보 보호에 관한 법률」과 「정보통신망 이용촉진 및 정보보호 등에 관한 법률」 등 개별법에 따라 약 50만개의 기관·단체 및 사업자가 부분적으로 규율을 받아왔다. 그러나 「개인정보 보호법」의 제정으로 공공·민간부문 및 온라인·오프라인을 망라하여 모두 규율할 수 있게 되어 국회·법원 등 헌법기관, 민간사업자, 비영리단체, 개인 등 기존에 법적 규제를 받지 않던 310여만 개인정보처리자가 추가로 개인정보 보호의 책임을 지게 되었다.

둘째, 「개인정보 보호법」은 개인정보 보호의 원칙과 기준을 확립한 데 의의가 있다. 「개인정보 보호법」은 개인정보 보호 원칙에 따라 자신의 정보에 대한 정보주체의 '개인정보 자기결정권' 확보를 위한 노력을 지원·강화하여 개인정보의 안전한 이용을 도모하고자 하였다. 특별히 존치의 필요성을 찾기 어려운 정보통신망법상의 개인정보 보호 규정 등 기존 법률을 체계적으로 정비하지 못한 점은 아쉬운 부분이지만, 향후 개인정보보호 관련 법제를 체계화하고 정비하는 기준으로서 「개인정보 보호법」이 중요한 역할을 할 것으로 기대된다.

셋째, 개인정보 보호를 위한 전담 추진체계를 마련한 점도 큰 성과이다. 대통령 소속의 개인정보 보호위원회를 설치하여 개인정보 보호에 관한 주요 정책 등을 심의·의결하도록 하고, 행정안전부에 개인정보 보호업무의 총괄·조정권한을 부여함으로써 보다 책임있는 개인정보 보호정책의 수립·추진이 가능하게 되었다. 「개인정보 보호법」이라는 단일법·통합법의 제정과 함께 전담 추진체계의 마련은 개인정보 보호에 있어서 우리나라의 국제적 위상 강화에 이바지할 것으로 전망된다.

끝으로, 국가간 경제・사회적 교류 확대에 맞추어 개인정보의 유통에 대한 국제적 논의에 주도적으로 참여할 수 있는 제도적 기반을 확보한데 의의가 있다. 국제통상과 관련하여 '프라이버시 라운드(Privacy Round)'가 논의되고 있고, 외국과의 FTA 체결 확대로 개인정보의 교류 증대가 예상되는 상황에서 개인정보 보호 원칙의 확인과 국제 수준의 개인정보 보호체계 구축은 경제적 측면의 효과 뿐만 아니라 IT 강국으로서의 위상 제고에 중요한 역할을 할 것이다.

Ⅱ. 개인정보 보호법 개요

1. 「개인정보 보호법」의 구성과 주요 내용

「개인정보 보호법」은 본문 9장 75개 조와 부칙 7개 조로 구성되어 있다.

제1장(총칙)은 목적, 용어의 정의, 개인정보 보호 8대 원칙, 정보주체의 권리 및 국가 등의 책무, 「정보통신망법」 및 「신용정보법」 등 다른 법률과의 관계를 규정하고 있다.

제2장(개인정보보호정책의 수립 등)은 개인정보 보호정책에 관한 기본적 내용을 정하고 있는데, 개인정보보호 위원회의 구성과 기능, 개인정보 보호 기본계획 및 시행계획의 수립・시행, 개인정보 보호지침의 제정, 자율규제 촉진 및 국제협력 등에 관한 사항을 규정하고 있다.

제3장(개인정보의 처리)은 개인정보의 처리에 관한 사항을 규정하고 있으며, 2개의 절로 나뉘어 있다. 제1절에서는 개인정보의 수집・이용・제공・파기의 기준과 절차 등에 관한 사항을 규정하고, 제2절에서는 민감정보 및 고유식별정보의 처리 제한, 영상정보처리기기의 설치·운영 제한, 업무위탁에 따른 개인정보의 처리 제한, 영업양도 등에 따른 개인정보의 이전 제한, 개인정보취급자에 대한 감독 등 개인정보의 처리에 관한 사항을 규정하고 있다.

제4장(개인정보의 안전한 관리)에서는 개인정보의 안전한 관리를 위한 기술

적·관리적·물리적 안전조치의무, 개인정보 처리방침의 수립·공개, 개인정보 보호책임자의 지정, 공공기관 개인정보파일의 등록·공개, 개인정보 영향평가, 개인정보 유출통지 등에 관한 사항을 정하고 있다.

제5장(정보주체의 권리 보장)은 정보주체의 자신의 개인정보에 대한 열람·정정·삭제 및 처리정지 요구권과 권리행사의 방법, 손해배상책임에 관한 사항을 규정하고 있다.

제6장(개인정보 분쟁조정위원회)은 개인정보 분쟁조정위원의 설치·구성·운영, 분쟁조정절차, 집단분쟁조정 등 분쟁조정위원회를 통한 분쟁의 조정에 관한 사항을 정하고 있다.

제7장(개인정보 단체소송)에서는 개인정보 단체소송의 대상, 전속관할, 소송대리인의 선임, 소송허가신청 및 허가요건, 확정판결의 효력 등에 관하여 규정하고 있다.

제8장(보칙)은 「개인정보 보호법」 적용의 일부 제외, 개인정보처리자 등의 금지행위, 비밀유지의무, 행정안전부장관·중앙행정기관장 등의 의견제시 및 개선권고 권한, 개인정보 침해사실 신고제도, 행정안전부장관·중앙행정기관장의 자료제출 요구·검사권, 시정조치권 및 고발·징계권고권, 개인정보 보호위원회의 연차보고의무 등에 관한 사항을 정하고 있다.

제9장(벌칙)은 「개인정보 보호법」 위반에 대한 벌칙과 과태료 부과에 관한 사항을 규정하고 있다.

마지막으로 부칙에서는 「개인정보 보호법」의 시행일, 다른 법률의 폐지 또는 개정, 각종 경과조치, 다른 법률과의 관계 등을 규정하고 있다. 부칙 제4조는 「개인정보 보호법」 시행 전에 다른 법령에 따라 적법하게 처리된 개인정보는 이 법에 따라 처리된 것으로 보는 것으로 규정하고 있다. 또 제5조는 이 법 시행 전에 종전의 「공공기관의 개인정보보호에 관한 법률」 또는 정보통신망법 위반 행위에 대한 벌칙은 종전의 「공공기관의 개인정보보호에 관한 법률」 또는 정보통신망법에 따르도록 하였다.

〈그림 2〉「개인정보 보호법」의 구성과 주요 내용

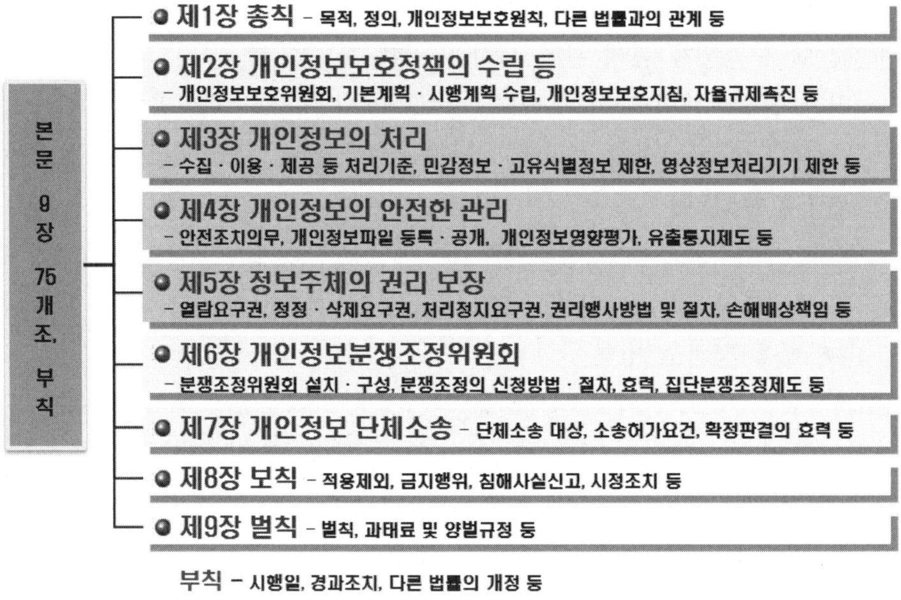

2. 용어 정의

가. 개인정보와 정보주체

(1) 개인정보의 정의

개인정보 자기결정권의 보호대상인 개인정보는 특정 개인의 정체성(identity)을 특징짓는 사항으로서 그 개인의 신원을 파악할 수 있는 정보를 말한다. 「개인정보 보호법」은 "개인정보"를 살아 있는 개인에 관한 정보로서 성명, 주민등록번호 및 영상 등을 통하여 개인을 알아볼 수 있는 정보를 말하며, 해당 정보만으로는 특정 개인을 알아볼 수 없더라도 다른 정보와 쉽게 결합하여 알아볼 수 있는 정보를 포함하는 것으로 정의하고 있다(제2조제1호). 정보통신망법 등 개인정보 관련 다른 법률도 「개인정보 보호법」의 정의와 거의 동일하게 정의하고 있다.[9)]

9) 정보통신망법 제2조제6호 : "개인정보"란 생존하는 개인에 관한 정보로서 성명·주민등록번호 등에 의하여 특정한 개인을 알아볼 수 있는 부호·문자·음성·음향 및 영상 등의 정보(해당 정보만으로는 특정 개인을

「개인정보 보호법」상 개인정보는 1) 인격성, 2) 관련성, 3) 식별성을 구성요소로 하고 있다.

(가) 인격성

사생활의 비밀과 자유 또는 개인정보 자기결정권은 권리의 주체에 전속된 인격권(人格權)[10]으로서 상속이 불가능하며, 사망함으로써 소멸되는 권리로 이해된다. 「개인정보 보호법」은 개인정보를 '살아 있는 개인'에 관한 정보로 제한하고 있다. 따라서 이미 사망하였거나 실종선고, 인정사망(認定死亡) 등 관계 법령에 따라 사망한 것으로 간주되는 자에 관한 정보와 아직 사람으로 인정되지 않는 태아에 관한 정보는 「개인정보 보호법」 상 개인정보라 할 수 없다.[11] 그러므로 사망자, 태아 등에 관한 정보가 침해된 때에는 사자(死者)의 명예훼손 등 다른 법령에 따라 보호를 받을 수는 있으나 「개인정보 보호법」의 보호대상은 아니다. 그러나 사망자 또는 태아에 관한 정보가 유족, 임신부 등 생존하는 개인과 관련되어 있는 경우 그 관련된 정보는 유족 등 생존하는 개인의 개인정보로서 「개인정보 보호법」의 보호대상이 된다.

또한 개인정보는 살아 있는 개인 즉, 자연인에 관한 정보이므로 법인이나 단체에 관한 정보는 개인정보에 해당되지 않는다. 따라서 기업의 상호, 영업소재지, 대표이사의 성명, 이사·감사 등 임원정보, 자산정보, 영업실적 등은 법인이나 단체의 정보로서 개인정보에 해당되지 않는다.

(나) 개인 관련성

개인정보는 살아 있는 '개인에 관한' 정보로서, 특정 개인에 관한 사실과 개인

알아볼 수 없어도 다른 정보와 쉽게 결합하여 알아볼 수 있는 경우에는 그 정보를 포함한다)를 말한다.

10) 참고로, 「언론중재 및 피해구제 등에 관한 법률」은 인격권을 "사람의 생명, 자유, 신체, 건강, 명예, 사생활의 비밀과 자유, 초상(肖像), 성명, 음성, 대화, 저작물 및 사적(私的) 문서, 그 밖의 인격적 가치 등에 관한 권리"로 규정하고 있다(제5조).

11) 사망한 사람은 권리의 주체가 될 수 없음에도, 사망한 사람의 인격권이 침해되었다는 이유로 형법상 '사자명예훼손죄' 또는 민법상 '손해배상청구권'을 인정하는 것은 사망한 사람의 인격권을 직접 보호하기보다는 유족의 명예나 명예감정, 유족의 사자(死者)에 대한 경애나 추모의 정 등을 보호하기 위한 것이라 할 수 있다.

에 대한 평가·판단 등 그 개인과 관련성을 가져야 한다. 특정 개인과 관련성을 가진 정보는 그 개인의 정체성 또는 동일성 즉, 속성을 나타내는 정보와 그 개인의 활동상황이나 상태를 나타내는 정보를 말한다. 또 객관적인 데이터나 사실은 물론 특정 개인에 관한 주관적인 의견·평가·평판·견해 등도 포함된다.

(다) 식별가능성

개인정보는 개인을 '알아볼 수 있는' 즉, 식별할 수 있는 정보를 말하며, 해당 정보만으로는 특정 개인을 알아볼 수 없더라도 다른 정보와 쉽게 결합하여 알아볼 수 있는 것이어야 한다. 여기서 개인을 알아볼 수 있는 정보란 그 정보만으로 특정 개인을 다른 사람과 객관적으로 구별할 수 있으면 충분하며, 그 특정 개인을 사전에 알고 있거나 모르는 것과는 관계가 없다.

그리고 개인정보 중에는 한가지 정보만으로 특정 개인을 알아볼 수 있는 것도 있고, 다른 정보와 결합하여야 알아볼 수 있는 것도 있는 바, 「개인정보 보호법」은 다른 정보와 쉽게 결합하여 알아볼 수 있는 경우에는 개인정보로 보고 있다. 여기서 '쉽게 결합하여' 알아볼 수 있다 함은 식별을 위해 필요한 시간, 비용, 노력 등이 합리적인 경우를 뜻한다고 할 수 있으며, 그 판단은 개인정보처리자가 보유하거나 접근할 수 있는 다른 개인정보의 종류, 개인정보처리자의 사업규모나 업무의 성격에 따라 다를 수 있다.[12]

한편, 「개인정보 보호법」은 '성명, 주민등록번호 및 영상 등을 통하여 개인을 알아볼 수 있는 정보'라고 하고 있으므로 개인 식별이 가능한 정보이면 정보의 종류, 형태와 관계없이 모두 개인정보에 해당된다.

(2) 개인정보의 유형과 내용

개인정보는 사회의 변화, 기술의 발전 등에 따라 새롭게 생성·발전되고 있

12) EU 정보보호 작업반은 식별가능성을 판단하기 위해서는 정보처리자나 그 밖의 자가 합리적으로 사용할 가능성이 있는 모든 수단을 고려해야 하며, 식별하기 위해 소요되는 비용, 정보처리목적, 정보처리의 방식, 정보처리자가 예상하는 장점, 개인과 관련된 이익, 비밀유지의무 위반 등이 발생할 위험, 외부해킹 등 기술적 위험이나 장애, 정보처리 시점의 첨단기술, 정보처리 기간 중에 정보처리기술이 발전할 가능성 등의 요소를 고려해야 한다고 한다(ARTICLE 29 DATA PROTECTION WORKING PARTY, "Opinion 4/2007 on the concept of personal data", 2007.6.20).

으며, 같은 개인정보라도 사회·경제적 환경에 따라 그 이용·활용의 범위와 깊이가 다를 수 있다.

개인정보의 유형과 내용은 매우 다양한 기준으로 나눌 수 있는 바, 〈표 5〉는 개인정보의 유형을 세분화하여 신분정보, 신체적 정보, 정신적 정보, 경제적 정보, 사회적 정보 등으로 분류한 것이다. 그 밖에도 사람 그 자체를 특징짓는 '속성정보'와 사람의 사회적 활동을 나타내는 '활동정보'로 구분하거나[13] 일반적인 개인정보와 개인의 사생활을 현저히 침해할 우려가 있는 민감정보로 구분할 수도 있다. 「개인정보 보호법」은 사상·신념, 노동조합·정당의 가입·탈퇴, 정치적 견해, 건강, 성생활 등에 관한 정보, 유전자검사 등의 결과로 얻어진 유전정보, 「형의 실효 등에 관한 법률」 제2조제5호에 따른 범죄경력자료에 해당하는 정보 등 정보주체의 사생활을 현저히 침해할 우려가 있는 개인정보를 '민감정보'로 규정하여 처리를 원칙적으로 제한하고 있다(제23조, 시행령 제18조).

13) 속성정보와 활동정보에 따른 분류 예시

분 류		내 용
속성정보		성명, 성별, 나이, 생년월일, 주민등록번호, 출생지, 주소, 전화번호, 이메일주소, 혈액형, 신장, 체중, 사진, 지문, 유전자정보, 인체정보, 인종, 민족 등 개인의 특성을 규정하는 정보
활동정보	가족·출신	결혼·이혼경력, 성생활, 가족관계, 습관, 주거
	보건·건강	건강상태, 병력, 진료기록, 장애정보
	학력 및 교육	학력, 출신학교, 성적, 학교생활, 기능, 자격 등
	사회활동	소비활동, 여행, 레저활동, 자선단체 가입, 대인관계, 병역사항, 정치적 성향, 노조·사회단체활동 등
	고용 및 경력	취업, 사업경력, 구직·채용, 인사, 근태, 근무평정기록 등
	재산·신용·납세	수입, 임금, 투자, 지출, 채무, 보험, 재산, 연금, 보조금, 납세사실 등
	사회보장·행정서비스	정부로부터의 급부, 급여, 면허·특허·인가, 행정계약 등
	법적 정보	행정처분사실, 전과·수형기록, 재판기록 등

〈표 5〉 개인정보의 유형과 내용 예시

유 형		내용
일반적 정보	속성 정보	성명, 성별, 나이, 생년월일, 주민등록번호, 출생지, 주소, 전화번호, 이메일주소, 인종, 민족, 국적 등 개인의 특성을 규정하는 정보
	가족 정보	결혼·이혼경력, 성생활, 주거, 가족관계, 가족구성원의 정보 등
신체적 정보	신체 정보	얼굴, 신장, 체중, 혈액형, 유전자정보, 홍채, 음성 등
	건강 정보	건강상태, 병력, 진료·건강검진기록, 장애정보 등
정신적 정보	기호·성향 정보	습관, 도서·비디오 대여기록, 도서·잡지구매정보, 여행·레저 등 활동내역, 식료품 구입 등 기호정보, 인터넷 웹사이트 검색내역 등
	신념·사상 정보	사상, 신조, 종교, 정치적 성향, 노조·사회단체 가입 여부 및 활동내역 등
재산적 정보	재산·소비 정보	소득, 임금, 동산·부동산 등 보유내역, 저축내역, 투자·지출활동내역, 대출내역, 신용카드 사용내역, 신용카드번호 및 비밀번호, 통장계좌번호 및 비밀번호, 보험·연금 등
	신용 정보	신용평가·등급정보, 채권·채무관계, 대출 또는 담보 설정 내역 등
사회적 정보	교육 정보	출신학교, 학력, 성적, 출석상황, 생활기록부, 상벌기록, 기능, 자격증 보유내역 등
	근로 정보	직장, 직업, 취업경력, 구직·채용, 인사, 근태, 근무평가기록, 상벌기록, 고용주, 근무처, 사업경력 등
	병역 정보	병역여부, 군번, 계급, 근무부대
	통신 정보	통화내역, 인터넷 웹사이트 접속 로그파일, 이메일이나 문자메시지, IP 주소
	공공서비스 정보	정부로부터의 급부, 급여·보조금, 면허·특허·인가, 행정계약 등

	법적 정보	전과·수형기록, 범죄 기록, 재판기록, 행정처분사실 등
	기타 정보	사교관계, 사회활동, 봉사활동, 개인위치정보, CCTV

(3) 정보주체의 정의

"정보주체"란 처리되는 정보에 의하여 알아볼 수 있는 사람으로서 그 정보의 주체가 되는 사람을 말한다(「개인정보 보호법」 제2조제3호). 따라서 「개인정보 보호법」에 의해 보호받을 수 있는 정보주체가 되기 위해서는 1) 처리되는 정보에 의해 식별가능하고 살아있는 자연인이고, 2) 처리되는 정보의 주체가 되는 사람이어야 한다. 이러한 요건을 갖춘 사람이면 우리나라 국적자 뿐만 아니라 외국인 또는 무국적자도 정보주체가 될 수 있다.

나. 처리

「개인정보 보호법」은 "처리"를 '개인정보의 수집, 생성, 기록, 저장, 보유, 가공, 편집, 검색, 출력, 정정(訂正), 복구, 이용, 제공, 공개, 파기(破棄), 그 밖에 이와 유사한 행위'로 정의하고 있다(제2조제2호). 곧 처리는 개인정보의 수집·생성에서부터 보존·파기에 이르는 일련의 과정에서 이루어지는 모든 행위를 뜻한다. 따라서 법에서 제시한 행위 외에도, 개인정보의 전송, 전달, 열람, 이전, 공유, 위탁 등도 포함될 수 있다. 다만, 다른 사람이 처리하고 있는 개인정보를 단순히 전달, 전송 또는 통과만 시켜주는 행위는 처리에 해당되지 않는다.[14] 택배사 직원이 개인정보가 든 우편물을 단순히 배달하는 행위가 그 예이다.

다. 개인정보파일

"개인정보파일"이란 개인정보를 쉽게 검색할 수 있도록 일정한 규칙에 따라

14) 이상, 개인정보 보호법령 및 지침·고시 해설서(행정안전부·이창범, 2011.12), 10면.

체계적으로 배열하거나 구성한 개인정보의 집합물(集合物)을 말한다(「개인정보 보호법」 제2조제4호). 따라서 이름이나 주민등록번호, 생년월일, 전화번호, 회원번호 등의 식별자를 색인이나 검색값으로 하여 개인정보를 쉽게 검색할 수 있도록 체계적으로 배열 또는 구성한 집합물은 개인정보파일에 해당한다. 그리고 전자적 형태의 데이터베이스(database) 뿐만 아니라 체계적인 검색・열람이 가능한 수기문서 또는 출력문서 자료도 개인정보파일이 될 수 있다.

라. 개인정보처리자

「개인정보 보호법」의 수범자인 "개인정보처리자"란 업무를 목적으로 개인정보파일을 운용하기 위하여 스스로 또는 다른 사람을 통하여 개인정보를 처리하는 공공기관, 법인, 단체 및 개인 등을 말한다(「개인정보 보호법」 제2조제5호). 개인정보처리자는 우선, '업무[15]를 목적으로' 개인정보를 처리해야 한다. 따라서 업무목적을 띠지 않는 순수한 개인적인 활동이나 가사활동을 위해 개인정보를 처리(예컨대 친구간 연락처 교환)하는 경우에는 개인정보처리자라고 할 수 없다.

그리고 개인정보처리자는 '개인정보파일을 운용하기 위하여' 개인정보를 처리하여야 한다. 그러므로 개인정보파일의 운용과 관계없이 개인정보를 처리하는 자는 개인정보처리로 볼 수 없다. 한편 「개인정보 보호법」은 개인정보파일을 운용하는 특정 개인정보처리자가 개인정보파일과 무관하게 처리하는 행위에 대해서도 법적 책임을 지는지에 대해서는 명확하게 규정하고 있지 않지만, 개인정보파일의 운용과 관련된 개인정보 처리행위에 국한하여 개인정보처리자의 책임을 지우는 것이 타당하다.

개인정보처리자는 자신이 스스로 개인정보를 처리하는 것 뿐만 아니라 수탁자・대리인 등 다른 사람을 통하여 개인정보를 처리하는 경우에도 해당된다.

---

15) 여기서 '업무'란 직업 또는 사회생활상의 지위에 기하여 계속적으로 종사하는 사무나 사업의 일체를 의미하고, 그 업무가 주된 것이든 부수적인 것이든 가리지 아니하며, 일회적인 사무라 하더라도 그 자체가 어느 정도 계속하여 행해지는 것이거나 혹은 그것이 직업 또는 사회생활상의 지위에서 계속적으로 행하여 온 본래의 업무수행과 밀접불가분의 관계에서 이루어진 경우에도 이에 해당한다(대법원 2005.4.15 선고, 2004도8701 판결 등).

그리고 개인정보처리자에는 영리・비영리, 법인격 유무를 묻지 않고 모든 공공기관, 법인, 단체, 개인이 모두 포함된다. 따라서 기업・협회・학회・동창회・동호회 등 영리・비영리 법인・단체 뿐만 아니라 법인격 없는 단체나 개인도 개인정보처리자가 될 수 있다.16)

한편, 「개인정보 보호법」은 개인정보처리자 외에 '개인정보취급자'라는 용어를 따로 규정하고 있다(제28조). 개인정보취급자는 임직원, 파견근로자, 시간제근로자 등 개인정보처리자의 지휘·감독을 받아 개인정보를 처리하는 자로서 개인정보처리자와 구별된다.

마. 공공기관

「개인정보 보호법」은 공공부문과 민간부문을 구분하지 않고 동일한 개인정보 보호원칙을 적용하는 단일법주의를 채택하고 있지만, 공공기관에 대하여는 일부 특례규정을 두고 있다.17)

「개인정보 보호법」에 있어서 공공기관에는 1) 헌법기관인 국회, 법원, 헌법재판소, 중앙선거관리위원회의 행정사무를 처리하는 기관, 2) 중앙행정기관(대

16) 정보통신망법은 '정보통신서비스 제공자'를, 신용정보법은 '신용정보제공・이용자'를 그 수범자로 하여 개인정보처리자의 범위를 구체적으로 한정하는 점에서 「개인정보 보호법」의 입법태도와 차이가 있다.

17) 공공기관에 대한 「개인정보 보호법」 적용의 특례

법적용 강화 규정	법적용 완화 규정
▪ 영상정보처리기기 설치・운영시공청회・설명회 등 의견수렴 의무(제25조제3항) ▪ 영상정보처리기기 설치・운영에 관한 업무위탁 절차・요건 강화(제25조제8항) ▪ 개인정보파일 등록・공개의무(제32조) ▪ 개인정보 영향평가 실시의무(제33조) ▪ 개인정보 열람요구권 행사편의를 위한 별도의 단일창구 마련(제35조제1항)	▪ 정보주체 동의없는 개인정보 수집・이용사유 확대(제15조제1항제3호) ▪ 개인정보 목적외 이용・・제공사유의 확대(제18조제2항단서) ▪ 개인정보 처리방침 제정・공개의무 완화(제30조제1항) ▪ 개인정보 열람요구권 제한・거절사유 확대(제35조제4항제3호) ▪ 개인정보 처리정지요구권 거절사유 확대(제37조제2항제3호) ▪ 통계법에 따라 처리된 개인정보에 대한 법률적용의 일부제외(제58조제1항제1호)

통령 소속 기관과 국무총리 소속 기관을 포함) 및 그 소속 기관, 3) 지방자치단체(광역 · 기초지방자치단체, 지방자치단체 소속 행정기관 등 포함), 4) 「국가인권위원회법」 제3조에 따른 국가인권위원회, 5) 「공공기관의 운영에 관한 법률」 제4조에 따른 공공기관, 6) 「지방공기업법」에 따른 지방공사와 지방공단, 7) 특별법에 따라 설립된 특수법인, 8) 「초·중등교육법」, 「고등교육법」, 그 밖의 다른 법률에 따라 설치된 각급 학교가 해당된다(제2조제6호 및 시행령 제2조).

3. 개인정보 보호의 원칙

가. 개인정보 보호 원칙의 의의

「개인정보 보호법」 제3조는 개인정보 보호를 위한 8개 원칙을 제시하고 있으며, 이러한 원칙은 법률 본문 규정을 통하여 구체화하고 있다. 개인정보 보호 원칙은 선언적 규범이어서 그 자체가 개인정보처리자를 직접적으로 구속하지는 않지만, 정책수립과 법령 제 · 개정, 법 해석의 기초가 되고, 개인정보처리자의 행동기준 등 개인정보 보호의 기본철학과 정책방향을 제시한 것으로 의의가 있다.

「개인정보 보호법」은 OECD의 프라이버시 8원칙 등 국제기준과 각국의 입법례를 참조하여 국제적으로 통용되는 개인정보 보호 원칙을 적극적으로 수용하였다. 특히 1980년 OECD의 프라이버시 8원칙에 없는 '사생활 침해 최소화의 원칙', '익명처리의 원칙'을 추가한 점은 정부의 개인정보 보호에 대한 정책방향을 가늠하는 데 시사하는 바가 크다고 할 수 있다.

〈표 6〉 OECD 8원칙과 개인정보 보호 원칙 비교

• OECD 프라이버시 8원칙	「개인정보 보호법」의 개인정보 보호 원칙(제3조)
• 수집제한의 원칙(1원칙)	• 목적에 필요한 최소한 수집 원칙(제1항)
• 정보내용 정확성의 원칙(2원칙)	• 처리목적 내에서 정확성 · 완전성 · 최신성 보장(제3항)
• 목적 명확성의 원칙(3원칙)	• 처리목적의 명확화(제1항)
• 이용제한의 원칙(4원칙)	• 처리목적에 적합한 처리, 목적외 활용금지(제2항)

▪ 안전성 확보의 원칙(5원칙)	▪ 개인정보의 안전한 관리(제4항)
▪ 공개의 원칙(6원칙)	▪ 개인정보 처리방침 등 공개(제5항)
▪ 개인 참여의 원칙(7원칙)	▪ 열람청구권 등 정보주체의 권리보장(제5항)
▪ 책임의 원칙(8원칙)	▪ 개인정보처리자의 책임·의무 준수, 신뢰확보 노력(제8항)
-	▪ 사생활 침해 최소화의 원칙(제6항)
-	▪ 익명처리의 원칙(제7항)

나. 「개인정보 보호법」의 개인정보 보호 원칙

① 처리목적 명확화, 수집제한의 원칙 : 개인정보처리자는 개인정보의 처리 목적을 명확하게 하여야 하고 그 목적에 필요한 범위에서 최소한의 개인정보만을 적법하고 정당하게 수집하여야 한다.

② 처리목적 적합처리, 목적외 활용금지의 원칙 : 개인정보처리자는 개인정보의 처리 목적에 필요한 범위에서 적합하게 개인정보를 처리하여야 하며, 그 목적 외의 용도로 활용하여서는 아니 된다.

③ 정보 내용 정확성의 원칙 : 개인정보처리자는 개인정보의 처리 목적에 필요한 범위에서 개인정보의 정확성, 완전성 및 최신성이 보장되도록 하여야 한다.

④ 안전성 확보의 원칙 : 개인정보처리자는 개인정보의 처리 방법 및 종류 등에 따라 정보주체의 권리가 침해받을 가능성과 그 위험 정도를 고려하여 개인정보를 안전하게 관리하여야 한다.

⑤ 공개, 개인참여의 원칙 : 개인정보처리자는 개인정보 처리방침 등 개인정보의 처리에 관한 사항을 공개하여야 하며, 열람청구권 등 정보주체의 권리를 보장하여야 한다.

⑥ 사생활 침해 최소화의 원칙 : 개인정보처리자는 정보주체의 사생활 침해를 최소화하는 방법으로 개인정보를 처리하여야 한다.

⑦ 익명처리의 원칙 : 개인정보처리자는 개인정보의 익명처리가 가능한 경우에는 익명에 의하여 처리될 수 있도록 하여야 한다.

⑧ 책임의 원칙 : 개인정보처리자는 「개인정보 보호법」 및 관계 법령에서 규

정하고 있는 책임과 의무를 준수하고 실천함으로써 정보주체의 신뢰를 얻기 위하여 노력하여야 한다.

4. 개인정보 보호를 위한 국가 · 지방자치단체의 책무

「개인정보 보호법」은 제5조에서 개인정보 보호를 위한 국가와 지방자치단체의 4가지 책무를 규정하고 있다.

1) 인간 존엄 및 사생활 보호를 위한 시책 강구 : 국가와 지방자치단체는 개인정보의 목적 외 수집, 오용·남용 및 무분별한 감시·추적 등에 따른 폐해를 방지하여 인간의 존엄과 개인의 사생활 보호를 도모하기 위한 시책을 강구하여야 한다.
2) 법령의 개선 등 필요한 시책 마련 : 국가와 지방자치단체는 정보주체의 권리를 보호하기 위하여 법령의 개선 등 필요한 시책을 마련하여야 한다.
3) 개인정보 보호 자율규제 촉진 · 지원 : 국가와 지방자치단체는 개인정보의 처리에 관한 불합리한 사회적 관행을 개선하기 위하여 개인정보처리자의 자율적인 개인정보 보호활동을 존중하고 촉진·지원하여야 한다.
4) 법령·조례 제·개정시 이 법 목적에 부합 : 국가와 지방자치단체는 개인정보의 처리에 관한 법령 또는 조례를 제정하거나 개정하는 경우에는 이 법의 목적에 부합되도록 하여야 한다.

5. 「개인정보 보호법」의 적용범위

가. 「개인정보 보호법」의 적용범위

「개인정보 보호법」은 원칙적으로 모든 개인정보처리자에게 적용된다. 개인정보처리자란 업무를 목적으로 개인정보파일을 운용하기 위하여 스스로 또는 다른 사람을 통하여 개인정보를 처리하는 공공기관, 법인, 단체 및 개인 등을 말한다(「개인정보 보호법」 제2조제5호). 「개인정보 보호법」은 개인정보처리자 중 사안에 따라 공공기관인 개인정보처리자와 그 외 개인정보처리자를 구분하여 일부 규정의 적용을 달리하고 있다(각주 17 참조).

한편, 「개인정보 보호법」은 일정한 경우 법률의 적용을 포괄적으로 또는 일부 제외하는 규정을 두고 있다.

나. 「개인정보 보호법」 적용의 제외

(1) 법률 적용의 포괄적 제외

「개인정보 보호법」은 공공행정 수행, 국가안전보장, 공공의 안전과 안녕, 표현·종교·정치적 자유 보장 등 일정한 목적이 있는 경우에는 법의 적용을 포괄적으로 제외하고 있다. 즉, 「개인정보 보호법」은 다음의 경우에 해당하는 개인정보에 관하여는 제3장부터 제7장까지를 적용하지 않는다고 규정하고 있다(제58조 제1항).

> 1) 공공기관이 처리하는 개인정보 중 「통계법」에 따라 수집되는 개인정보
> 2) 국가안전보장과 관련된 정보 분석을 목적으로 수집 또는 제공 요청되는 개인정보
> 3) 공중위생 등 공공의 안전과 안녕을 위하여 긴급히 필요한 경우로서 일시적으로 처리되는 개인정보
> 4) 언론, 종교단체, 정당이 각각 취재·보도, 선교, 선거 입후보자 추천 등 고유 목적을 달성하기 위하여 수집·이용하는 개인정보

이처럼 법 적용이 제외되는 경우는 보다 큰 공익적 가치실현을 위하여 인정되는 예외적인 사항이므로, 실제 법적용에 있어서 남용 또는 악용되지 않도록 할 필요가 있다. 예컨대, 국가안전보장을 이유로 한 정부기관의 무분별한 정보수집·이용 또는 정보사찰 등에 의한 개인정보의 침해는 국민의 기본권에 중대한 위협이 될 수 있으므로 합리적인 범위에서 제한적으로 이루어질 필요가 있다.

그리고 언론, 종교단체, 정당의 경우에는 각각 취재·보도, 선교, 선거 입후보자 추천 등 고유 목적을 달성하기 위하여 수집·이용하는 개인정보에 대해 법적용이 제외되고 있는 바, 그 고유 목적의 범위와 한계를 구체적으로 설정할 필요가 있다. 즉, 언론기관, 종교단체, 정당 등이 처리하는 모든 개인정보에 대해서 이 법의 적용이 제외되는 것은 아니다. 예컨대 언론기관의 인물DB사업, 종교단체의 사회복지사업, 정당의 여성정치인 육성사업은 언론기관·종교단체·정당 등의 고유목적이라고 할 수 없다.[18]

---

18) 개인정보 보호법령 및 지침·고시 해설서, 353-356면 참조. 종교단체가 선교 등 고유목적을 달성하기 위한 활동으로는 ① 교단정리, 교단내부규율정리, 소속종교단의 등록, 교역자의 신상관리, 소식지 제작,

이에 따라 「개인정보 보호법」은 개인정보처리자로 하여금 위의 적용제외 규정에 따라 개인정보를 처리하는 경우에도 그 목적을 위하여 필요한 범위에서 최소한의 기간에 최소한의 개인정보만을 처리하여야 하며, 개인정보의 안전한 관리를 위하여 필요한 기술적·관리적 및 물리적 보호조치, 개인정보의 처리에 관한 고충처리, 그 밖에 개인정보의 적절한 처리를 위하여 필요한 조치를 마련할 것을 요구하고 있다(제4항).

(2) 법률 적용의 일부 제외

「개인정보 보호법」은 영상정보처리기기 설치・운영의 관리적・기술적 특성과 동창회・동호회 등 친목 도모단체의 특성을 고려하여 법적용에 대한 일부 예외를 인정하고 있다(제58조제2・3항).

즉, 공개된 장소에서 영상정보처리기기를 설치·운영하여 처리되는 개인정보에 대하여 수집·이용제한(제15조), 동의를 받는 방법(제22조), 영업양도 등에 따른 개인정보 이전 제한(제27조), 개인정보 유출통지(제34조), 개인정보 처리정지요구(제37조)에 관한 규정을 적용하지 아니한다. 이는 불특정 다수를 대상으로 하는 영상정보처리기기의 특성을 반영한 것이다.

그리고 개인정보처리자가 동창회, 동호회 등 친목도모를 위한 단체를 운영하기 위하여 개인정보를 처리하는 경우에는 개인정보 수집·이용(제15조), 개인정보 처리방침의 수립・공개(제30조), 개인정보 보호책임자 지정(제31조)에 관한 규정을 적용하지 아니한다. 이는 업무적 성격보다는 사적 모임의 성격이 강한 친목단체의 특성 때문이다.

홍보, 종교단체가 의사결정을 하거나 자문을 위하여 행하는 각종 회의소집, 교단홈페이지 관리 등 종교단체의 교단유지업무, ② 종교단체의 교리를 전파하거나 전쟁이나 재해를 입은 주민의 재건과 화해를 위한 선교활동(헌재2008.6.26. 2007헌마1366), ③ 종교의 교리를 전달하고 종교를 전파할 목적으로 행하는 교육, 그밖에 종교를 선교하기 위한 부수적인 활동으로 행하는 청소년운동, 부정부패추방시민운동, 환경운동 등과 같은 공익활동이나 자원봉사활동 등이 있다. 그리고 정당이 선거입후보자추천 등 고유목적을 달성하기 위한 활동에는 ① 정당이 공직선거의 후보자(후보자가 되고자 하는자를 포함한다)를 지지·추천하는 행위, ② 정당의 정책이나 정치적 현안에 대한 입장을 인쇄물·시설물·광고 등을 이용하여 홍보하는 행위, ③ 정당이 당원을 모집하기 위한 활동(호별방문을 제외한다) 등이 포함된다.

6. 「개인정보 보호법」과 다른 법률과의 관계

가. 다른 법률과의 관계

「개인정보 보호법」은 업무를 목적으로 개인정보파일을 운용하기 위하여 스스로 또는 다른 사람을 통하여 개인정보를 처리하는 모든 개인정보처리자에게 적용되며, 개인정보처리자는 공공기관, 법인, 단체 또는 개인 여부를 묻지 아니한다.

한편 「개인정보 보호법」은 개인정보 보호에 관하여는 「정보통신망 이용촉진 및 정보보호 등에 관한 법률」, 「신용정보의 이용 및 보호에 관한 법률」 등 다른 법률에 특별한 규정이 있는 경우를 제외하고는 이 법에서 정하는 바에 따른다고 규정하고 있다(제6조). 「개인정보 보호법」은 개인정보 보호에 관한 일반법적 성격을 가지고 있으므로 특정분야에 있어서 그 특수성을 감안하여 특별히 다른 법률 규정이 있으면 그 법률의 규정을 우선하여 적용할 수 있다.

그러나 「정보통신망법」 등 개별법을 적용받는 자라고 해서 이 법의 적용이 면제되는 것은 아니다. 개인정보를 처리하는 자는 누구든지 이 법의 규정을 적용받는다. 다만, 해당 개별법에 이 법의 내용과 다른 특별한 규정이 있고 그 내용이 이 법의 내용과 상충되는 경우, 그것에 한해서만 해당 법률의 규정이 우선 적용된다. 그러나 개별법에서 이 법의 내용과 다른 규정을 두고 있다고 해서 무조건 해당 개별법의 규정이 우선 적용되는 것도 아니다. 개별법의 목적, 취지 등을 전반적으로 고려해서 이 법의 적용을 배제할 의도가 분명하다고 인정되는 경우 또는 이 법의 규정을 그대로 적용할 경우 이 법과 개별법 사이에 모순이 발생하거나 불합리한 상황 또는 왜곡된 결과가 발생하는 경우에만 개별법 규정이 적용된다.

또 「개인정보 보호법」은 일반법으로서 개인정보 처리에 관한 경제·사회의 공통적이고 평균적인 요구수준을 반영하고 있으므로, 다른 법률의 규정이 「개인정보 보호법」의 규정보다 보호수준을 더 강화하고 있는 경우는 물론 이 법의 규정보다 더 보호수준을 완화하고 있는 경우에도 해당 개별법의 규정이 우선하여 적용된다.[19]

19) 개인정보 보호법령 및 지침·고시 해설서, 37-38면.

나. 개인정보 보호 관련 주요 법령

(1) 「개인정보 보호법」 관련 법규

「개인정보 보호법」과 관련해서는 같은 법 시행령·시행규칙 외에 각종 지침·고시와 대법원규칙 등이 있다.

- ㅇ표준 개인정보 보호지침〔행정안전부예규 제45호, 2011.9.30 제정, 2011.9.30 시행〕
- ㅇ개인정보의 안전성 확보조치 기준〔행정안전부고시 제2011-43호, 2011.9.30 제정, 2011.9.30 시행〕
- ㅇ개인정보 영향평가에 관한 고시〔행정안전부고시 제2011-39호, 2011.9.30 제정, 2011.9.30 시행〕
- ㅇ개인정보 단체소송 규칙〔대법원규칙 제2358호, 2011.9.28 제정, 2011.9.30 시행〕
- ㅇ법원 개인정보 보호에 관한 규칙〔대법원규칙 제2360호, 2011.10.26 제정, 2011.10.26 시행〕

(2) 분야별 개인정보 보호 법령

정보통신, 금융, 교육, 의료 등 각 분야별로 개인정보 보호에 관하여 규정한 법률도 많이 있다.

〈표 7〉 개인정보보호 관련 분야별 주요 법률

분 야	주요 법률
정보통신	「정보통신망 이용촉진 및 정보보호 등에 관한 법률」
	「위치정보의 」
	「통신비밀보호법」
금융·신용	「신용정보의 이용 및 보호에 관한 법률」
	「금융실명거래 비밀보장 등에 관한 법률」
교육	「교육기본법」
	「초·중등교육법」
	「교육정보시스템의 운영 등에 관한 규칙」
의료	「의료법」
	「생명윤리 및 안전에 관한 법률」

이하에서는 「정보통신망 이용촉진 및 정보보호 등에 관한 법률」[20]에 대하여 간략히 설명한다.

정보통신망법은 '정보통신서비스 제공자'와 그로부터 이용자의 개인정보를 제공받은 자에게 적용된다.[21] 다만, 개인정보의 수집·이용·제공과 주민등록번호의 사용 제한에 관한 규정은 '정보통신서비스 제공자'에게만 적용된다. 여기서 "정보통신서비스 제공자"란 「전기통신사업법」 제2조제8호에 따른 전기통신사업자와 영리를 목적으로 전기통신사업자의 전기통신역무를 이용하여 정보를 제공하거나 정보의 제공을 매개하는 자를 말한다(정보통신망법 제3조제3호). 한편 정보통신망법은 개인정보 보호에 관한 규정을 방송사업자에게도 준용하는 것으로 규정하고 있다(정보통신망법 제67조).

또 정보통신망법은 정보통신서비스 이용자의 개인정보에 대해서만 적용된다. 따라서 정보통신서비스 제공자의 직원, 거래처 담당자 등 그 이용자가 아닌 사람의 개인정보는 정보통신망법의 규율대상이 아니다. 여기서 개인정보는 생존하는 개인에 관한 정보이어야 하는 것은 「개인정보 보호법」과 동일하다.

이용자의 개인정보의 수집·이용·제공의 기준·절차, 민감정보의 수집제한, 주민등록번호의 사용 제한, 개인정보의 취급위탁, 영업양도 등에 따른 개인정보의 이전, 개인정보의 보호조치, 개인정보의 파기, 이용자의 권리, 개인정보 취급방침의 공개, 개인정보 관리책임자 지정, 개인정보 누출 등의 통지·신고, 법정대리인의 권리, 손해배상, 국외 이전 개인정보의 보호, 정부의 감독권한 등 대부분의 규정이 「개인정보 보호법」의 규정과 비슷하다. 그러나 주민등록번호의 수집·이용 인정사유로 1) 본인확인기관으로 지정받은 경우, 2) 법령에서 허용하는 경우, 3) 영업 목적상 불가피한 경우로 제한하고, 「개인정보 보호법」과는 달리 정보주체의 '동의'에 의한 수집은 인정하고 있지 않다(정보통신망법 제23조의2). 그리고 개인정보의 파기사유에 '사업의 폐업'을 명시하고, 일정기간 서비스를 이용하지 않는 이용자의 개인정보보호를 위한 파기 등 조치의무를

20) 여기서는 2012년 2월 17일 개정되어 2012년 8월 18일 시행 예정 법률을 중심으로 설명한다.
21) 정보통신망법은 '정보통신서비스 제공자'와 그로부터 이용자의 개인정보를 제공받은 자를 합쳐 "정보통신서비스 제공자등"으로 정의하고 있다(제25조제1항).

부과하고 있다(정보통신망법 제29조). 또 정보통신망법은 이용자의 권리로서 개인정보 수집·이용·제공 등의 동의 철회권을 특별히 규정하고 있다(정보통신망법 제30조제1항).

그리고 정보통신망법은 1) I-PIN 등 주민등록번호 대체수단의 개발·제공·관리를 위한 본인확인기관의 지정, 2) 개인정보 이용내역의 통지, 3) 개인정보 보호 관리체계의 인증, 4) 영리목적의 광고성 정보 전송 제한, 5) 전자우편주소의 무단 수집행위 금지, 6) 법 위반자에 대한 과징금의 부과 등을 별도로 규정하고 있다.

한편 「개인정보 보호법」도 1) 정보주체 이외로부터 수집한 개인정보의 수집 출처 등 고지(제20조), 2) 영상정보처리기기의 설치·운영 제한(제25조), 3) 개인정보취급자에 대한 감독(제28조), 4) 개인정보파일의 등록 및 공개(제32조), 5) 개인정보 영향평가(제33조), 6) 개인정보 분쟁조정위원회(제40조~제50조), 7) 개인정보 단체소송(제51조~제57조), 8) 침해 사실의 신고(제62조) 등 정보통신망법에 없는 내용을 다수 규정하고 있다.

〈표 8〉 「개인정보 보호법」과 정보통신망법의 규정 비교

개인정보 보호법	정보통신망법
제3조(개인정보 보호 원칙)	
제4조(정보주체의 권리)	
제5조(국가 등의 책무)	제3조(정보통신서비스 제공자 및 이용자의 책무)
제6조(다른 법률과의 관계)	제5조(다른 법률과의 관계)
제7·8조(개인정보 보호위원회)	
제9조(기본계획) 제10조(시행계획)	제4조(정보통신망 이용촉진 및 정보보호등에 관한 시책의 마련)
제12조(개인정보 보호지침)	
제13조(자율규제의 촉진 및 지원)	
제14조(국제협력)	제62조(국제협력)

제15조(개인정보의 수집 · 이용)	제22조(개인정보의 수집·이용 동의 등)
제16조(개인정보의 수집 제한)	제23조(개인정보의 수집 제한 등)
제17조(개인정보의 제공)	제24조의2(개인정보의 제공 동의 등) 제63조(국외 이전 개인정보의 보호)
제18조(개인정보의 이용 · 제공 제한)	제24조(개인정보의 이용 제한)
제19조(개인정보를 제공받은 자의 이용 · 제공 제한)	제24조의2(개인정보의 제공 동의 등) 제2항
제20조(정보주체 이외로부터 수집한 개인정보의 수집 출처 등 고지)	
제21조(개인정보의 파기)	제29조(개인정보의 파기)
제22조(동의를 받는 방법)	제26조의2(동의를 받는 방법)
제23조(민감정보의 처리 제한)	제23조(개인정보의 수집 제한 등) 제1항
제24조(고유식별정보의 처리 제한)	제23조의2(주민등록번호의 사용 제한)
	제23조의3(본인확인기관의 지정 등) **제23조의4(본인확인업무의 정지 및 지정취소)**
제25조(영상정보처리기기의 설치 · 운영 제한)	
제26조(업무위탁에 따른 개인정보의 처리 제한)	제25조(개인정보의 취급위탁)
제27조(영업양도 등에 따른 개인정보의 이전 제한)	제26조(영업의 양수 등에 따른 개인정보의 이전)
제28조(개인정보취급자에 대한 감독)	
제29조(안전조치의무)	제28조(개인정보의 보호조치)
제30조(개인정보 처리방침의 수립 및 공개)	제27조의2(개인정보 취급방침의 공개)
제31조(개인정보 보호책임자의 지정)	제27조(개인정보 관리책임자의 지정)
제32조(개인정보파일의 등록 및 공개)	
제33조(개인정보 영향평가)	
제34조(개인정보 유출 통지 등)	제27조의3(개인정보 누출등의 통지·신고)

제35조(개인정보의 열람) 제36조(개인정보의 정정 · 삭제) 제37조(개인정보의 처리정지 등)	제30조(이용자의 권리 등)
	제30조의2(개인정보 이용내역의 통지)
제38조(권리행사의 방법 및 절차)	제31조(법정대리인의 권리)
제39조(손해배상책임)	제32조(손해배상)
제6장 개인정보 분쟁조정위원회(제40조~제50조)	
제7장 개인정보 단체소송(제51조~제57조)	
제13조 제3호(인증마크의 도입 · 시행 지원)	**제47조의3(개인정보보호 관리체계의 인증)**
제58조(적용의 일부 제외)	
제59조(금지행위)	제28조의2(개인정보의 누설금지) 제49조의2(속이는 행위에 의한 개인정보의 수집금지 등)
제60조(비밀유지 등)	제66조(비밀유지 등)
제61조(의견제시 및 개선권고)	
제62조(침해 사실의 신고 등)	
제63조(자료제출 요구 및 검사)	제64조(자료의 제출 등) 제64조의2(자료 등의 보호 및 폐기)
제64조(시정조치 등)	제64조(자료의 제출 등) 제4 · 5 · 10항
제65조(고발 및 징계권고)	제69조의2(고발)
제66조(결과의 공표)	제64조(자료의 제출 등) 제5항
제67조(연차보고)	
	제64조의3(과징금의 부과 등)
	제67조(방송사업자에 대한 준용)
	제50조(영리목적의 광고성 정보 전송 제한)
	제50조의2(전자우편주소의 무단 수집행위 등 금지)

Ⅲ. 개인정보 보호 추진체계와 보호정책의 수립 · 시행

1. 개인정보 보호 추진체계

「개인정보 보호법」은 개인정보 보호정책 관련 최상위 의결기구로서 개인정보 보호위원회를 설치하도록 하고 있다. 또 행정안전부에게 개인정보 보호정책 총괄부처로서의 역할과 권한을 부여하고 있으며, 관계중앙행정기관 · 지방자치단체 · 헌법기관에 대해서도 일정한 권한과 역할을 부여하고 있다. 그리고 개인정보 보호업무의 효율적 수행을 위하여 전문기관에게 특정한 업무를 위탁하고 있다.

가. 개인정보 보호위원회의 설치 · 구성과 기능

(1) 개인정보 보호위원회의 설치 및 구성(제7조)

개인정보 보호에 관한 사항을 심의·의결하기 위하여 대통령 소속으로 개인정보 보호위원회(이하 "보호위원회"라 한다)를 두며, 보호위원회는 그 권한에 속하는 업무를 독립하여 수행한다.

보호위원회는 위원장 1명, 상임위원 1명을 포함한 15명 이내의 위원으로 구성하되, 상임위원은 정무직 공무원으로 임명한다. 위원장은 위원 중에서 공무원이 아닌 사람으로 대통령이 위촉한다. 위원장과 위원의 임기는 3년으로 하되, 1차에 한하여 연임할 수 있다.

위원은 다음 각 호의 어느 하나에 해당하는 사람을 대통령이 임명하거나 위촉한다. 이 경우 위원 중 5명은 국회가 선출하는 자를, 5명은 대법원장이 지명하는 자를 각각 임명하거나 위촉한다.

1. 개인정보 보호와 관련된 시민사회단체 또는 소비자단체로부터 추천을 받은 사람
2. 개인정보처리자로 구성된 사업자단체로부터 추천을 받은 사람
3. 그 밖에 개인정보에 관한 학식과 경험이 풍부한 사람

보호위원회는 그 심의·의결 사항에 대하여 사전에 전문적으로 검토하기 위하여 보호위원회에 분야별 전문위원회를 둘 수 있다(제5조). 전문위원회를 두는 경우 각 전문위원회는 위원장 1명을 포함한 5명 이내의 위원으로 구성하되, 전문위원회 위원은 다음 사람 중에서 보호위원회의 동의를 받아 보호위원회 위원장이 임명하거나 위촉하고, 전문위원회 위원장은 보호위원회 위원장이 전문위원회 위원 중에서 지명한다.

1. 보호위원회 위원 2. 개인정보 보호 관련 업무를 담당하는 중앙행정기관의 관계 공무원 3. 개인정보 보호에 관한 전문지식과 경험이 풍부한 사람 4. 개인정보 보호와 관련된 단체 또는 사업자단체에 속하거나 그 단체의 추천을 받은 사람

그리고 보호위원회는 그 사무를 지원하기 위하여 사무국을 둔다.

(2) 개인정보 보호위원회의 기능

보호위원회는 다음 각 호의 사항을 심의·의결한다.

1. 제9조에 따른 기본계획 및 제10조에 따른 시행계획 2. 개인정보 보호와 관련된 정책, 제도 및 법령의 개선에 관한 사항 3. 개인정보의 처리에 관한 공공기관 간의 의견조정에 관한 사항 4. 개인정보 보호에 관한 법령의 해석·운용에 관한 사항 5. 제18조제2항제5호에 따른 개인정보의 이용·제공에 관한 사항 6. 제33조제3항에 따른 영향평가 결과에 관한 사항 7. 제61조제1항에 따른 의견제시에 관한 사항 8. 제64조제4항에 따른 조치의 권고에 관한 사항 9. 제66조에 따른 처리 결과의 공표에 관한 사항 10. 제67조제1항에 따른 연차보고서의 작성·제출에 관한 사항 11. 개인정보 보호와 관련하여 대통령, 보호위원회의 위원장 또는 위원 2명 이상이 회의에 부치는 사항 12. 그 밖에 이 법 또는 다른 법령에 따라 보호위원회가 심의·의결하는 사항

(3) 개인정보 보호위원회의 운영

1) 보호위원회의 소집 및 의결정족수

보호위원회의 회의는 위원장이 필요하다고 인정하거나 재적위원 4분의 1 이상의 요구가 있는 경우에 위원장이 소집하며, 보호위원회와 전문위원회는 재적위원 과반수의 출석과 출석위원 과반수의 찬성으로 의결한다.

2) 위원의 제척 · 기피

보호위원회의 위원은 다음의 어느 하나에 해당하는 사항에 대한 심의·의결에 관여하지 못한다. 그리고 보호위원회가 심의·의결하는 사항과 직접적인 이해관계가 있는 자는 이러한 제척 사유가 있거나 심의·의결의 공정을 기대하기 어려운 사유가 있는 위원에 대해서는 그 사유를 밝혀 보호위원회에 그 위원의 기피를 신청할 수 있으며, 이 경우 위원장이 기피 여부를 결정한다. 또 위원은 자신이 제척 또는 기피사유에 해당하는 경우에는 스스로 심의·의결을 회피할 수 있다.

> 1) 위원 또는 위원의 배우자, 4촌 이내의 혈족, 2촌 이내의 인척인 사람이나 그 사람이 속한 기관·단체와 이해관계가 있는 사항
> 2) 위원이 증언, 진술 또는 감정(鑑定)을 하거나 대리인으로 관여한 사항
> 3) 위원이나 위원이 속한 공공기관·법인 또는 단체 등이 조언 등 지원을 하고 있는 자와 이해관계가 있는 사항

3) 의견진술 · 자료제출 요구

보호위원회는 심의·의결하기 위하여 필요하면 관계 공무원, 개인정보 보호에 관한 전문 지식이 있는 사람이나 시민사회단체 및 관련 사업자로부터 의견을 들을 수 있고, 관계 기관 등에 대하여 자료 등의 제출을 요구할 수 있다.

나. 법 준수를 위한 기관별 권한

(1) 개인정보 보호위원회

보호위원회는 제8조의 개인정보 보호정책에 대한 심의 · 의결 권한 외에, 중

앙행정기관, 지방자치단체, 국회, 법원, 헌법재판소, 중앙선거관리위원회가 이 법을 위반하였을 때에는 해당 기관의 장에게 침해행위의 중지, 개인정보처리의 일시적인 정지, 제1항 각 호에 해당하는 조치를 하도록 권고할 수 있다. 이 경우 권고를 받은 기관은 특별한 사유가 없으면 이를 존중하여야 한다. 그밖에도 보호위원회는 법령・조례에 대한 의견, 개선권고, 시정조치 명령 등의 내용 및 결과의 공표에 대한 심의·의결 권한을 가지고 있다(제61조제1항・제66조제1항).

한편, 보호위원회의 업무에 종사하거나 종사하였던 자는 다른 법률에 특별한 규정이 있는 경우를 제외하고는 직무상 알게 된 비밀을 다른 사람에게 누설하거나 직무상 목적 외의 용도로 이용하여서는 아니 된다. 위반시에는 3년 이하의 징역 또는 3천만원 이하의 벌금에 처한다(제72조제3호).

(2) **행정안전부**

행정안전부는 개인정보 보호업무의 총괄부처로서 개인정보처리자의 법 준수를 위하여 필요한 권한을 원칙적으로 모든 개인정보처리자를 대상으로 행사할 수 있다.

즉, 행정안전부장관은 「개인정보 보호법」의 준수를 위하여 개인정보처리자를 대상으로 개인정보 처리 실태 개선권고(제61조제2항), 법 위반사항 등 관계 물품·서류 등 자료를 제출요구(제63조제1항), 자료 미제출・법 위반시 검사(제63조제2항), 법 위반시 침해행위 중지 등 시정조치 명령(제64조제1항), 범죄혐의시 수사기관 고발(제65조제1항), 법규 위반시 책임자 징계권고(제65조제2항), 과태료 부과・징수(제75조제4항), 개선권고, 시정조치 명령, 고발・징계권고, 과태료 부과 내용・결과의 공표(제66조제1항) 등의 권한을 가지고 있다. 다만, 시정조치 명령(제64조제1항)은 중앙행정기관, 지방자치단체, 국회, 법원, 헌법재판소, 중앙선거관리위원회에 대해서는 할 수 없으며, 법규 위반시 책임자의 징계권고(제65조제2항)는 그 소속 기관이나 단체에 대해서만 가능하다.

그 밖에 행정안전부장관은 개인정보 보호에 영향을 미치는 내용이 포함된 법령이나 조례에 대하여 필요하다고 인정하면 보호위원회의 심의·의결을 거쳐 관계 기관에 의견을 제시할 수 있다(제61조제1항).

(3) 관계 중앙행정기관

관계중앙행정기관의 장은 행정안전부장관과 마찬가지로 개인정보 처리 실태 개선권고(제61조제3항), 법 위반사항 등 관계 물품·서류 등 자료를 제출요구(제63조제3항), 자료 미제출・법 위반시 검사(제63조제2항), 법 위반시 침해행위 중지 등 시정조치 명령(제64조제2항), 범죄혐의시 수사기관 고발(제65조제3항), 법규 위반시 책임자 징계권고(제65조제3항), 과태료 부과・징수(제75조제4항), 개선권고, 시정조치 명령, 고발・징계권고, 과태료 부과 내용・결과의 공표(제66조제2항) 등의 권한을 가진다. 다만, 이러한 권한은 행사는 해당 관계중앙행정기관의 소관에 속하는 법률이 있는 경우에 한해 그 법률에 따라 각각 이루어져야 한다.

(4) 중앙행정기관 · 지방자치단체 · 헌법기관의 공통적 권한

중앙행정기관, 지방자치단체와 국회, 법원, 헌법재판소, 중앙선거관리위원회는 그 소속 기관 및 소관 공공기관에 대하여 개인정보 보호에 관한 의견을 제시하거나 지도·점검을 할 수 있다(제61조제4항). 그리고 지방자치단체, 국회, 법원, 헌법재판소, 중앙선거관리위원회는 그 소속 기관 및 소관 공공기관이 이 법을 위반하였을 때에는 침해행위의 중지, 개인정보 처리의 일시적인 정지, 개인정보의 보호 및 침해방지 등의 해당 조치를 명할 수 있다(제64조제3항).

〈표 9〉 개인정보 보호 관련 기관별 권한

기 관	권 한	대상기관
보호위원회	법 위반시 시정조치 권고(제64조제4항)	중앙행정기관, 지방자치단체, 국회, 법원, 헌법재판소, 중앙선거관리위원회
	개인정보 보호에 영향을 미치는 법령・조례에 대한 의견 심의·의결(제61조제1항)	행정안전부, 관계 기관
	개선권고, 시정조치 명령, 고발・징계권고, 과태료 부과 내용・결과 공표 심의·의결(제66조제1항)	행정안전부장관
행정안전부	개인정보 보호에 영향을 미치는 법령・조례에	관계 기관

	대한 의견 제시(제61조제1항)	
	개인정보 처리 실태 개선권고(제61조제2항)	개인정보처리자
	법 위반사항 등 관계 물품·서류 등 자료를 제출요구(제63조제1항)	개인정보처리자
	자료 미제출·법 위반시 검사(제63조제2항)	개인정보처리자
	법 위반시 침해행위 중지 등 시정조치 명령(제64조제1항)	이 법 위반자(중앙행정기관, 지방자치단체, 국회, 법원, 헌법재판소, 중앙선관위 제외)
	범죄혐의시 수사기관 고발(제65조제1항)	개인정보처리자
	법규 위반시 책임자 징계권고(제65조제2항)	소속 기관·단체 등의 장
	과태료 부과·징수(제75조제4항)	개인정보처리자
	개선권고, 시정조치 명령, 고발·징계권고, 과태료 부과 내용·결과의 공표(제66조제1항)	
관계 중앙행정기관	개인정보 처리 실태 개선권고(제61조제3항)	개인정보처리자(소관 법률이 있는 경우에 한함)
	법 위반사항 등 관계 물품·서류 등 자료를 제출요구(제63조제3항)	개인정보처리자(소관 법률이 있는 경우에 한함)
	자료 미제출·법 위반시 검사(제63조제2항)	개인정보처리자(소관 법률이 있는 경우에 한함)
	법 위반시 침해행위 중지 등 시정조치 명령(제64조제2항)	개인정보처리자(소관 법률이 있는 경우에 한함)
	범죄혐의시 수사기관 고발(제65조제3항)	개인정보처리자(소관 법률이 있는 경우에 한함)
	법규 위반시 책임자 징계권고(제65조제3항)	개인정보처리자(소관 법률이 있는 경우에 한함)
	과태료 부과·징수(제75조제4항)	소관분야 개인정보처리자
	개선권고, 시정조치 명령, 고발·징계권고, 과태료 부과 내용·결과의 공표(제66조제2항)	개인정보처리자(소관 법률이 있는 경우에 한함)

중앙행정기관, 지방자치단체, 국회, 법원, 헌법재판소, 중앙선거관리위원회	개인정보 보호에 관한 의견제시, 지도·점검(제61조제4항)	그 소속 기관 및 소관 공공기관
	법 위반시 침해행위 중지 등 시정조치 명령(제64조제3항)	그 소속 기관 및 소관 공공기관

(5) 전문기관

「개인정보 보호법」에 따른 행정안전부장관 또는 관계 중앙행정기관의 장의 권한은 그 일부를 대통령령으로 정하는 바에 따라 특별시장, 광역시장, 도지사, 특별자치도지사 또는 대통령령으로 정하는 전문기관에 위임하거나 위탁할 수 있다. 이에 따라 행정안전부장관은 한국정보화진흥원, 한국지역정보개발원, 한국인터넷진흥원을 전문기관으로 하여 권한을 위탁하고 있다. 행정안전부장관은 전문기관에 권한의 일부를 위임하거나 위탁하는 경우 해당 전문기관의 업무 수행을 위하여 필요한 경비를 출연할 수 있다.

〈표 10〉 전문기관별 권한위탁의 내용

전문기관	권한 위탁 내용
한국정보화진흥원(NIA)	▪ 법 제13조제1호에 따른 개인정보 보호에 관한 교육·홍보 ▪ 법 제33조제5항에 따른 관계 전문가의 육성 및 영향평가 기준의 개발 ▪ 법 제35조제2항에 따른 열람 요구의 접수 및 처리 ▪ 제37조제2항에 따른 평가기관 지정신청서의 접수 및 같은 조 제6항에 따른 신고 사항의 접수
한국지역정보개발원(KLID)	▪ 법 제24조제4항에 따른 대체가입수단 제공의 지원
한국인터넷진흥원(KISA)	▪ 법 제63조에 따른 자료제출 요구 및 검사에 관한 권한(법 제62조에 따라 개인정보침해 신고센터에 접수된 신고의 접수·처리 및 상담과 관련된 사항만 해당)

행정안전부장관 또는 관계 중앙행정기관의 장의 권한을 위임 또는 위탁받은 기관은 위임 또는 위탁받은 업무의 처리 결과를 행정안전부장관 또는 관계 중

앙행정기관의 장에게 통보하여야 한다. 그리고 행정안전부장관 또는 관계 중앙행정기관의 장의 권한을 위탁한 업무에 종사하는 관계 기관의 임직원은 「형법」 제129조부터 제132조까지의 규정을 적용할 때에는 공무원으로 본다.

2. 개인정보 보호정책의 수립 · 시행

가. 개인정보보호 기본계획, 시행계획 수립 · 시행

(1) 기본계획의 수립 · 시행(제9조)

행정안전부장관은 개인정보의 보호와 정보주체의 권익 보장을 위하여 3년마다 다음 사항이 포함된 개인정보 보호 기본계획을 관계 중앙행정기관의 장과 협의 하에 작성하여 보호위원회에 제출하고, 보호위원회의 심의·의결을 거쳐 시행하여야 한다. 여기서 보호위원회의 심의 · 의결은 새로운 3년이 시작되는 해의 전전년도 12월 31일까지 거쳐야 한다.

1) 개인정보 보호의 기본목표와 추진방향 2) 개인정보 보호와 관련된 제도 및 법령의 개선 3) 개인정보 침해 방지를 위한 대책 4) 개인정보 보호 자율규제의 활성화 5) 개인정보 보호 교육·홍보의 활성화 6) 개인정보 보호를 위한 전문인력의 양성 7) 그 밖에 개인정보 보호를 위하여 필요한 사항

행정안전부장관은 기본계획을 작성하는 경우에는 미리 관계 중앙행정기관의 장으로부터 부문별 계획을 제출받아 기본계획에 반영할 수 있다. 이 경우 행정안전부장관은 부문별 계획의 작성방법 등에 관한 지침을 마련하여 관계 중앙행정기관의 장에게 통보할 수 있다. 그리고 행정안전부장관은 기본계획이 확정되면 지체 없이 관계 중앙행정기관의 장에게 통보하여야 한다.

또 국회, 법원, 헌법재판소, 중앙선거관리위원회는 해당 기관(그 소속 기관을 포함한다)의 개인정보 보호를 위한 기본계획을 수립·시행할 수 있다.

(2) 시행계획의 수립 · 시행(제10조)

중앙행정기관의 장은 기본계획에 따라 매년 개인정보 보호를 위한 소관분야의 시행계획을 작성하여 보호위원회에 제출하고, 보호위원회의 심의·의결을 거쳐 시행하여야 한다. 관계중앙행정기관의 장은 다음 해에 시행할 시행계획을 작성하여 매년 2월 말일까지 보호위원회에 제출하여야 하며, 보호위원회는 제출된 시행계획을 그 해 4월 30일까지 심의·의결하여야 한다.

그리고 행정안전부장관은 매년 12월 31일까지 다음다음 해 시행계획의 작성방법 등에 관한 지침을 마련하여 관계 중앙행정기관의 장에게 통보하여야 한다.

(3) 자료제출 요구 등(제11조)

행정안전부장관은 기본계획을 효율적으로 수립·추진하기 위하여 개인정보처리자, 관계 중앙행정기관의 장, 지방자치단체의 장 및 관계 단체 등에 개인정보처리자의 법규 준수 현황과 개인정보 관리 실태 등에 관한 자료의 제출이나 의견의 진술 등을 요구할 수 있다. 그리고 중앙행정기관의 장은 시행계획을 효율적으로 수립·추진하기 위하여 소관 분야의 개인정보처리자에게 자료제출 등을 요구할 수 있다.

행정안전부장관 또는 중앙행정기관의 장이 개인정보처리자에게 요구할 수 있는 사항은 다음과 같으며, 자료의 제출이나 의견의 진술 등을 요구할 때에는 기본계획 또는 시행계획을 효율적으로 수립·추진하기 위하여 필요한 최소한의 범위로 한정하여 요구하여야 한다.

1) 해당 개인정보처리자가 처리하는 개인정보 및 개인정보파일의 관리와 영상정보처리기기의 설치·운영에 관한 사항
2) 법 제31조에 따른 개인정보 보호책임자의 지정 여부에 관한 사항
3) 개인정보의 안전성 확보를 위한 기술적·관리적·물리적 조치에 관한 사항
4) 정보주체의 열람, 개인정보의 정정·삭제·처리정지의 요구 및 조치 현황에 관한 사항
5) 그 밖에 법 및 이 영의 준수에 관한 사항 등 기본계획의 수립·추진을 위하여 필요한 사항

그리고 자료제출 등을 요구받은 자는 특별한 사정이 없으면 이에 따라야 한다.

나. 개인정보 보호지침의 제정(제12조)

행정안전부장관은 개인정보의 처리에 관한 기준, 개인정보 침해의 유형 및 예방조치 등에 관한 표준 개인정보 보호지침(이하 "표준지침"이라 한다)을 정하여 개인정보처리자에게 그 준수를 권장할 수 있다.

그리고 중앙행정기관의 장은 표준지침에 따라 소관 분야의 개인정보 처리와 관련한 개인정보 보호지침을 정하여 개인정보처리자에게 그 준수를 권장할 수 있으며, 국회, 법원, 헌법재판소 및 중앙선거관리위원회는 해당 기관(그 소속 기관 포함)의 개인정보 보호지침을 정하여 시행할 수 있다.

다. 자율규제의 촉진 및 지원(제13조)

행정안전부장관은 개인정보처리자의 자율적인 개인정보 보호활동을 촉진하고 지원하기 위하여 다음 각 호의 필요한 시책을 마련하여야 한다.

1) 개인정보 보호에 관한 교육·홍보
2) 개인정보 보호와 관련된 기관·단체의 육성 및 지원
3) 개인정보 보호 인증마크의 도입·시행 지원
4) 개인정보처리자의 자율적인 규약의 제정·시행 지원
5) 그 밖에 개인정보처리자의 자율적 개인정보 보호활동을 지원하기 위하여 필요한 사항

행정안전부장관은 개인정보처리자의 자율적인 개인정보 보호활동을 촉진하기 위하여 예산의 범위에서 개인정보 보호와 관련된 기관 또는 단체에 필요한 지원을 할 수 있다.

라. 국제협력(제14조)

정부는 국제적 환경에서의 개인정보 보호 수준을 향상시키기 위하여 필요한 시책을 마련하여야 한다. 그리고 정부는 개인정보 국외 이전으로 인하여 정보주체의 권리가 침해되지 아니하도록 관련 시책을 마련하여야 한다.

마. 연차보고(제67조)

보호위원회는 관계 기관 등으로부터 필요한 자료를 제출받아 매년 개인정보 보호시책의 수립 및 시행에 관한 보고서를 작성하여 정기국회 개회 전까지 국회에 제출(정보통신망에 의한 제출을 포함)하여야 한다. 연차보고서에는 다음 각 호의 내용이 포함되어야 한다.

> 1) 정보주체의 권리침해 및 그 구제현황
> 2) 개인정보 처리에 관한 실태조사 등의 결과
> 3) 개인정보 보호시책의 추진현황 및 실적
> 4) 개인정보 관련 해외의 입법 및 정책 동향
> 5) 그 밖에 개인정보 보호시책에 관하여 공개 또는 보고하여야 할 사항

Ⅳ. 정보주체의 권리 보장

1. 개관

「개인정보 보호법」은 제4조에서 정보주체가 자신의 개인정보 처리와 관련하여 가지고 있는 권리를 명시적으로 밝히고 있다. 제4조의 규정은 헌법상 보장된 정보주체의 개인정보 자기결정권 보장을 위해 개인정보의 열람, 정정·삭제, 처리정지 요구권을 비롯하여 필요한 권리를 포괄하여 규정한 것이라 할 수 있다.

> 1) 개인정보의 처리에 관한 정보를 제공받을 권리
> 2) 개인정보의 처리에 관한 동의 여부, 동의 범위 등을 선택하고 결정할 권리
> 3) 개인정보의 처리 여부를 확인하고 개인정보에 대하여 열람(사본의 발급을 포함)을 요구할 권리
> 4) 개인정보의 처리 정지, 정정·삭제 및 파기를 요구할 권리
> 5) 개인정보의 처리로 인하여 발생한 피해를 신속하고 공정한 절차에 따라 구제받을 권리

그리고 「개인정보 보호법」은 제6장에서 개인정보의 열람, 정정・삭제, 처리정지 등의 권리에 대하여 그 권리행사의 방법・절차를 특별히 규정하고 있다. 개인정보의 열람, 정정・삭제, 처리정지 요구권 외에 제4조에 규정된 다른 권리는 「개인정보 보호법」의 본문 규정에 의해 구체화되거나 소송 등을 통해 보장받을 수 있는 구체적 권리임에는 틀림없다.

한편, 정보주체의 권리는 제한할 수 없는 절대적인 권리는 아니다. 「헌법」 제37조제2항에 따라 국민의 자유와 권리는 국가안전보장・질서유지 또는 공공복리를 위하여 필요한 경우에 한하여 법률로써 제한할 수 있다. 따라서 국회가 제정한 '법률'에 의해 제한될 수 있다. 그렇더라도 그 제한이 불가피한 경우(보충의 원칙)에 한해 최소한의 제한에 그쳐야 하며(비례의 원칙), 개인정보 자기결정권의 본질적 내용을 침해하여서는 아니된다.

2. 개인정보의 열람, 정정 · 삭제, 처리정지 요구권

가. 개인정보의 열람 요구권(제35조)

(1) 열람 요구

정보주체는 개인정보처리자가 처리하는 자신의 개인정보에 대한 열람을 해당 개인정보처리자에게 요구할 수 있다. 그러나 정보주체가 자신의 개인정보에 대한 열람을 공공기관에 요구하고자 할 때에는 공공기관에 직접 열람을 요구하거나 행정안전부장관을 통하여 열람을 요구할 수 있다. 그리고 자신의 개인정보에 대한 열람을 요구하려는 경우에는 열람하려는 사항[22]을 표시한 개인정보 열람요구서를 개인정보처리자 또는 행정안전부장관에게 제출하여야 한다.

(2) 열람 또는 열람연기의 통지

개인정보처리자는 열람을 요구받았을 때에는 열람할 개인정보와 열람이 가능한 날짜·시간 및 장소 등을 행정안전부령으로 정하는 열람통지서로 해당 정보

22) ① 개인정보의 항목 및 내용, ② 개인정보의 수집·이용의 목적, ③ 개인정보 보유 및 이용 기간, ④ 개인정보의 제3자 제공 현황, ⑤ 개인정보 처리에 동의한 사실 및 내용 등을 말한다.

주체에게 알리고, 10일 내에 정보주체가 해당 개인정보를 열람할 수 있도록 하여야 한다. 이 경우 해당 기간 내에 열람할 수 없는 정당한 사유가 있을 때에는 정보주체에게 그 사유를 알리고 열람을 연기할 수 있으며, 그 사유가 소멸하면 지체 없이 열람하게 하여야 한다.

(3) 열람의 제한 또는 거절

개인정보처리자는 다음 각 호의 어느 하나에 해당하는 경우에는 정보주체에게 그 사유를 알리고 열람을 제한하거나 거절할 수 있다. 다만, 개인정보처리자는 열람 요구 사항 중 일부가 다음 각 호의 어느 하나에 해당하는 경우에는 그 일부에 대하여 열람을 제한할 수 있으며, 열람이 제한되는 사항을 제외한 부분은 열람할 수 있도록 하여야 한다.

1. 법률에 따라 열람이 금지되거나 제한되는 경우
2. 다른 사람의 생명・신체를 해할 우려가 있거나 다른 사람의 재산과 그 밖의 이익을 부당하게 침해할 우려가 있는 경우
3. 공공기관이 다음 각 목의 어느 하나에 해당하는 업무를 수행할 때 중대한 지장을 초래하는 경우

가. 조세의 부과·징수 또는 환급에 관한 업무
나. 「초·중등교육법」 및 「고등교육법」에 따른 각급 학교, 「평생교육법」에 따른 평생교육시설, 그 밖의 다른 법률에 따라 설치된 고등교육기관에서의 성적 평가 또는 입학자 선발에 관한 업무
다. 학력·기능 및 채용에 관한 시험, 자격 심사에 관한 업무
라. 보상금·급부금 산정 등에 대하여 진행 중인 평가 또는 판단에 관한 업무
마. 다른 법률에 따라 진행 중인 감사 및 조사에 관한 업무

그리고 개인정보처리자가 정보주체의 열람을 연기하거나 열람을 거절하려는 경우에는 열람 요구를 받은 날부터 10일 이내에 연기 또는 거절의 사유 및 이의제기방법을 행정안전부령으로 정하는 열람의 연기·거절 통지서로 해당 정보주체에게 알려야 한다.

나. 개인정보의 정정 · 삭제(제36조)

(1) 정정 · 삭제 요구

법 제35조에 따라 자신의 개인정보를 열람한 정보주체는 개인정보처리자에

게 행정안전부령으로 정하는 개인정보 정정·삭제 요구서로 그 개인정보의 정정 또는 삭제를 요구할 수 있다. 다만, 다른 법령에서 그 개인정보가 수집 대상으로 명시되어 있는 경우에는 그 삭제를 요구할 수 없다.

다른 개인정보처리자로부터 개인정보를 제공받아 개인정보파일을 처리하는 개인정보처리자는 개인정보의 정정 또는 삭제 요구를 받으면 그 요구에 따라 해당 개인정보를 정정·삭제하거나 그 개인정보 정정·삭제 요구서를 해당 개인정보를 제공한 기관의 장에게 지체 없이 보내고 그 처리 결과에 따라 필요한 조치를 하여야 한다.

(2) 삭제·정정 등 필요한 조치 및 결과 통지

개인정보처리자는 정보주체의 요구를 받았을 때에는 개인정보의 정정 또는 삭제에 관하여 다른 법령에 특별한 절차가 규정되어 있는 경우를 제외하고는 정정·삭제 요구서를 받은 날부터 10일 이내에 그 개인정보를 조사하여 정보주체의 요구에 따라 정정·삭제 등 필요한 조치를 한 후 그 결과를 정보주체에게 알려야 한다. 개인정보처리자는 조사를 할 때 필요하면 해당 정보주체에게 정정·삭제 요구사항의 확인에 필요한 증거자료를 제출하게 할 수 있다.

그리고 법 제36조제1항 단서[23]에 해당하여 삭제 요구에 따르지 아니한 경우에는 그 사실 및 이유와 이의제기방법을 행정안전부령으로 정하는 개인정보 정정·삭제 결과 통지서로 해당 정보주체에게 알려야 한다.

개인정보처리자가 개인정보를 삭제할 때에는 복구 또는 재생되지 아니하도록 조치하여야 한다.

다. 개인정보의 처리정지(제37조)

(1) 처리정지 요구

정보주체는 개인정보처리자에 대하여 행정안전부령으로 정하는 개인정보 처리정지 요구서로 자신의 개인정보 처리의 정지를 요구할 수 있다. 이 경우 공공기관에 대하여는 법 제32조에 따라 등록 대상이 되는 개인정보파일 중 자신의 개인정보에 대한 처리의 정지를 요구할 수 있다.

---

23) 다만, 다른 법령에서 그 개인정보가 수집 대상으로 명시되어 있는 경우에는 그 삭제를 요구할 수 없다.

(2) 처리의 정지 및 결과의 통지

개인정보처리자는 처리정지 요구를 받았을 때에는 지체 없이 정보주체의 요구에 따라 개인정보 처리의 전부를 정지하거나 일부를 정지하여야 한다. 개인정보처리자는 개인정보 처리정지 요구를 받은 날부터 10일 이내에 해당 개인정보의 처리정지 조치를 한 경우에는 그 조치를 한 사실을 행정안전부령으로 정하는 개인정보 처리정지 요구에 대한 결과 통지서로 해당 정보주체에게 알려야 한다. 그리고 개인정보처리자는 정보주체의 요구에 따라 처리가 정지된 개인정보에 대하여 지체 없이 해당 개인정보의 파기 등 필요한 조치를 하여야 한다.

(3) 처리정지 요구의 거절

개인정보처리자는 다음 어느 하나에 해당하는 경우에는 정보주체의 처리정지 요구를 거절할 수 있다.

1. 법률에 특별한 규정이 있거나 법령상 의무를 준수하기 위하여 불가피한 경우
2. 다른 사람의 생명·신체를 해할 우려가 있거나 다른 사람의 재산과 그 밖의 이익을 부당하게 침해할 우려가 있는 경우
3. 공공기관이 개인정보를 처리하지 아니하면 다른 법률에서 정하는 소관 업무를 수행할 수 없는 경우
4. 개인정보를 처리하지 아니하면 정보주체와 약정한 서비스를 제공하지 못하는 등 계약의 이행이 곤란한 경우로서 정보주체가 그 계약의 해지 의사를 명확하게 밝히지 아니한 경우

개인정보처리자는 처리정지 요구를 거절하였을 때에는 개인정보 처리정지 요구를 받은 날부터 10일 이내에 그 사실 및 이유와 이의제기방법을 행정안전부령으로 정하는 개인정보 처리정지 요구에 대한 결과 통지서로 해당 정보주체에게 알려야 한다.

3. 권리행사의 방법 및 절차(법 제38조)

가. 대리인을 통한 권리행사

정보주체는 개인정보의 열람, 정정·삭제, 처리정지 등의 요구(이하 "열람등요

구"라 한다)를 대리인에게 하게 할 수 있다. 이 경우 정보주체를 대리할 수 있는 자는 1) 정보주체의 법정대리인, 2) 정보주체로부터 위임을 받은 자로 하며, 개인정보처리자에게 행정안전부령으로 정하는 정보주체의 위임장을 제출하여야 한다.

나. 아동의 법정대리인의 열람등요구권

만 14세 미만 아동의 법정대리인은 개인정보처리자에게 그 아동의 개인정보 열람등요구를 할 수 있다.

다. 정보주체 또는 대리인의 확인

개인정보처리자는 열람등요구를 받았을 때에는 열람등요구를 한 자가 본인이거나 정당한 대리인 인지를 확인하여야 한다. 공공기관인 개인정보처리자가 「전자정부법」 제36조제1항에 따른 행정정보의 공동이용을 통하여 본인 또는 정당한 대리인 여부를 확인할 수 있는 경우에는 행정정보의 공동이용을 통하여 확인하여야 한다.

라. 열람등요구 수수료

개인정보처리자는 열람등요구를 하는 자에게 대통령령으로 정하는 바24)에

---

24) 시행령 제47조(수수료 등의 금액 등)

① 법 제38조제3항에 따른 수수료와 우송료의 금액은 열람등요구에 필요한 실비의 범위에서 해당 개인정보처리자가 정하는 바에 따른다. 다만, 개인정보처리자가 지방자치단체인 경우에는 그 지방자치단체의 조례로 정하는 바에 따른다.

② 개인정보처리자는 열람등요구를 하게 된 사유가 그 개인정보처리자에게 있는 경우에는 수수료와 우송료를 청구해서는 아니 된다.

③ 법 제38조제3항에 따른 수수료 또는 우송료는 다음 각 호의 구분에 따른 방법으로 낸다. 다만, 국회, 법원, 헌법재판소, 중앙선거관리위원회, 중앙행정기관 및 그 소속 기관(이하 이 조에서 "국가기관"이라 한다) 또는 지방자치단체인 개인정보처리자는 「전자금융거래법」 제2조제11호에 따른 전자지급수단 또는 「정보통신망 이용촉진 및 정보보호 등에 관한 법률」 제2조제10호에 따른 통신과금서비스를 이용하여 수수료 또는 우송료를 내게 할 수 있다.

1. 국가기관인 개인정보처리자에게 내는 경우: 수입인지
2. 지방자치단체인 개인정보처리자에게 내는 경우: 수입증지

따라 수수료와 우송료(사본의 우송을 청구하는 경우에 한한다)를 청구할 수 있다.

마. 열람등요구 또는 이의제기의 방법、절차의 공개、안내

개인정보처리자는 정보주체가 열람등요구를 할 수 있는 구체적인 방법과 절차를 마련하고, 이를 정보주체가 알 수 있도록 공개하여야 한다. 또 개인정보처리자는 정보주체가 열람등요구에 대한 거절 등 조치에 대하여 불복이 있는 경우 이의를 제기할 수 있도록 필요한 절차를 마련하고 안내하여야 한다.

바. 열람 요구 지원시스템의 구축 등(제48조)

개인정보처리자는 열람등요구 및 그에 대한 통지를 갈음하여 해당 업무를 전자적으로 처리할 수 있도록 시스템을 구축·운영하거나 그 밖의 절차를 정하여 해당 업무를 처리할 수 있다. 또한 행정안전부장관은 개인정보처리자 중 공공기관이 보유하고 있는 개인정보에 관한 열람등요구 및 그에 대한 통지에 관한 공공기관의 업무 수행을 효율적으로 지원하기 위하여 시스템을 구축·운영할 수 있다.

4. 손해배상책임(제39조)

가. 손해배상청구권 및 입증책임의 전환

정보주체는 개인정보처리자가 이 법을 위반한 행위로 손해를 입으면 개인정보처리자에게 손해배상을 청구할 수 있다. 이 경우 그 개인정보처리자는 고의 또는 과실이 없음을 입증하지 아니하면 책임을 면할 수 없다(법 제39조제1항).

손해배상청권이 성립되기 위해서는 1) 「개인정보 보호법」 위반행위가 있을 것, 2) 위반행위로 인한 손해 발생, 3) 손해와 법 위반행위 사이의 인과관계, 4) 개인정보처리자의 고의 또는 과실이 있어야 한다. 법위반행위로 인한 손해

3. 국가기관 및 지방자치단체 외의 개인정보처리자에게 내는 경우: 해당 개인정보처리자가 정하는 방법

배상청구권은 피해자(정보주체 등) 또는 그 법정대리인이 그 손해 및 가해자를 안 날로부터 3년간 행사하지 아니하면 시효로 인하여 소멸하며, 불법행위를 한 날로부터 10년이 지난 때에도 소멸한다(민법 제766조).

한편 「개인정보 보호법」은 개인인 정보주체의 공공기관・기업・단체를 상대로 한 고의・과실 입증의 어려움을 고려하고, 정보주체의 신속・공정한 피해구제를 받을 권리의 실질적 보장을 위해 피고인 개인정보처리자가 스스로 고의 또는 과실이 없음을 입증하도록 하는 입증책임의 전환을 규정하고 있다. 그리고 고의・과실 입증책임만 전환되므로 법 위반여부, 손해발생, 손해와 법위반간 인과관계에 대하여는 원고인 정보주체에게 입증책임이 있다.

나. 손해배상책임의 경감

개인정보처리자가 이 법에 따른 의무를 준수하고 상당한 주의와 감독을 게을리하지 아니한 경우에는 개인정보의 분실·도난·유출·변조 또는 훼손으로 인한 손해배상책임을 감경받을 수 있다. 이는 개인정보처리자가 선량한 관리자로서 개인정보 보호를 위해 상당한 주의와 노력을 기울인 경우에 손해배상 규모를 산정할 때 참작할 수 있도록 한 것이다.

5. 개인정보 침해신고(제62조)

개인정보처리자가 개인정보를 처리할 때 개인정보에 관한 권리 또는 이익을 침해받은 사람은 행정안전부장관에게 그 침해 사실을 신고할 수 있다.

행정안전부장관은 신고의 접수·처리 등에 관한 업무를 효율적으로 수행하기 위하여 전문기관을 지정할 수 있다.[25] 이 경우 전문기관은 개인정보침해 신고센터를 설치·운영하여야 한다.

침해신고센터는 1) 개인정보 처리와 관련한 신고의 접수·상담, 2) 사실의 조사·확인 및 관계자의 의견 청취, 3) 그밖의 부대업무를 수행한다.

---

25) 「개인정보 보호법 시행령」 제59조는 한국인터넷진흥원을 침해신고 접수・처리업무 수행 전문기관으로 지정하고 있다.

그리고 행정안전부장관은 사실 조사·확인 등의 업무를 효율적으로 하기 위하여 필요하면 「국가공무원법」 제32조의4에 따라 소속 공무원을 전문기관에 파견할 수 있다.

개인정보보호법 해설 및 실습

제1절 개인정보의 처리

제2절 개인정보의 안전한 관리

▮ 제1절 개인정보의 처리 ▮

Ⅰ. 개인정보의 수집 및 이용

1. 개인정보 '수집'의 의미

개인정보의 수집이란 정보주체로부터 직접 이름, 주소, 전화번호 등의 정보를 제공받는 것 뿐만 아니라 정보주체에 관한 모든 형태의 개인정보를 취득하는 것을 말한다(지침 §6). 예를 들면, 명함을 받음으로써 부수적으로 개인정보를 취득하는 행위, 본인 이외 제3자로부터 정보주체의 개인정보를 취득하는 행위, 인터넷 검색이나 인명부, 전화번호부, 잡지, 신문기사 등 공개된 정보에서 개인정보를 취득하는 행위, 정보주체 본인이나 제3자 또는 그 밖의 출처로부터 취득한 개인정보 이외에 개인정보처리자가 보유하는 개인에 관한 정보를 바탕으로 직접 정보를 생성하는 경우 등이 이에 해당된다.

2. 개인정보 수집 및 이용 기준

가. 개인정보처리자는 다음의 경우에 개인정보를 수집할 수 있으며, 그 수집목적의 범위에서 이용할 수 있음(법 § 15①, 지침 § 6②)

(1) 정보주체의 동의를 받은 경우.

- 개인정보처리자가 정보주체로부터 직접 명함 또는 그와 유사한 매체(이하 "명함 등"이라 함)를 제공받음으로써 개인정보를 수집하는 경우, 정보주체가 동의의사를 명확히 표시하거나 그렇지 않은 경우 명함 등을 제공하는 정황 등에 비추어 사회통념상 동의 의사가 있었다고 인정되는 범위 내에서만 이용할 수 있음(지침 §6③)
- 개인정보처리자가 인터넷 홈페이지 등 공개된 매체 또는 장소(이하 "인터넷 홈페이지등"이라 함)에서 개인정보를 수집하는 경우, 해당 개인정보는 본인의 개인정보를 인터넷 홈페이지등에 게시하거나 게시하도록 허용한 정보주체의 동의 의사가 명확히 표시되거나 인터넷 홈페이지등의 표시 내용에 비추어 사회통념상 동의 의사가 있었다고 인정되는 범위 내에서만 이용할 수 있음(지침 §6④)

(2) 법률에 특별한 규정이 있거나 법령상 의무를 준수하기 위하여 불가피한 경우.

법률에 특별한 규정이 있는 경우의 예로서 병역법 제11조의2가 있다. 이에 의하면, 지방병무청장은 징병검사와 관련하여 징병검사전담의사, 징병검사전문의사(徵兵檢査專門醫師) 또는 제12조의2에 따라 신체검사를 위하여 파견된 군의관(軍醫官) 등이 질병이나 심신장애의 확인을 위하여 필요하다고 인정하는 경우 「의료법」에 따른 의료기관의 장, 「국민건강보험법」에 따른 국민건강보험공단의 장, 「초·중등교육법」에 따른 학교의 장 등에 대하여 징병검사 대상자의 진료기록·치료 관련 기록 내역, 학교생활기록부 등의 제출을 요구할 수 있는데, 이 때 자료 제출을 요구받은 사람은 특별한 사유가 없으면 요구에 따라야 한다. 이 규정에 의하여 지방병무청장은 개인정보를 수집할 수 있다. 법령상의 의무를 준수하기 위하여 불가피한 경우로는 「청소년보호법」 제17조에 따라 청소년유해매체물 판매·대여·배포 등을 하고자 하는 경우에 그 상대방의 연령을 확인하여야 할 의무, 「청소년보호법」 제23조의3에 따라 인터넷게임(정보통신망을 통하여 실시간으로 제공되는 게임물)의 제공자가 16세 미만 청소년에게 오전0시~오전6시까지 인터넷게임을 제공하지 않을 의무, 「청소년보호법」 제24조에 따라 청소년유해업소 업주가 종업원을 고용하고자 하는 때 그 연령을 확인하고 출입자의 연령을 확인하여 청소년이 당해 업소에 출입·이용하지 못하게 할 의무를 이행하기 위하여 상대방의 개인정보를 수집하는 경우가 이에 해당된다.

(3) 공공기관이 법령 등에서 정하는 소관 업무의 수행을 위하여 불가피한 경우.

> 예를 들면, 행정안전부가 정부조직법 제29조, 행정안전부와 그 소속기관 직제 및 행정안전부와 그 소속기관 직제 시행규칙에 따라 공무원의 인사·윤리·복무·연금 등 관리를 위해 공무원인사 관련파일을 수집·이용하거나 국가인재데이터베이스 시스템을 구축·운영하는 경우가 이에 해당된다.

(4) 정보주체와의 계약의 체결 및 이행을 위하여 불가피하게 필요한 경우.

> - 개인정보처리자는 계약 등의 상대방인 정보주체가 대리인을 통하여 법률행위 또는 의사표시를 하는 경우 대리인의 대리권 확인을 위한 목적으로만 대리인으로부터 또는 의사표시를 하는 경우 대리인의 개인정보를 수집・이용할 수 있다(지침 §6⑤).
> - 근로자와 사용자가 근로계약을 체결하는 경우 「근로기준법」 제2조제5호의 임금지급, 교육, 증명서 발급, 근로자 복지제공을 위하여 근로자의 동의 없이 개인정보를 수집・이용할 수 있다(지침 §6⑥). 계약의 체결을 위한 경우로서는 부동산매매계약의 체결에 앞서 부동산 소유자 및 권리관계를 조사·확인하는 경우나 근로계약의 체결을 위하여 채용 대상자의 신상정보나 학력정보 등을 수집하는 경우가 해당되며, 계약의 이행을 위한 경우로서는 물품배송을 위하여 배송지의 정보를 수집하는 경우나 포인트적립을 위하여 그에 필요한 정보를 수집하는 경우 등을 들 수 있다.

(5) 정보주체 또는 그 법정대리인이 의사표시를 할 수 없는 상태에 있거나 주소불명 등으로 사전 동의를 받을 수 없는 경우로서 명백히 정보주체 또는 제3자의 급박한 생명, 신체, 재산의 이익을 위하여 필요하다고 인정되는 경우

> 정보주체의 사전 동의를 받을 수 없는 경우(법 제15조 제1항 제5호 및 제18조 제2항 제3호) 정보주체의 사전 동의 없이 개인정보를 수집, 이용 또는 제공한 경우, 당해 사유가 해소된 때에는 개인정보의 처리를 즉시 중단하여야 하며, 정보주체에게 사전 동의 없이 개인정보를 수집 또는 이용한 사실, 그 사유와 이용내역을 알려야 함 (지침 §7)

(6) 개인정보처리자의 정당한 이익을 달성하기 위하여 필요한 경우로서 명백하게 정보주체의 권리보다 우선하는 경우. 이 경우 개인정보처리자의 정당한 이익과 상당한 관련이 있고 합리적인 범위를 초과하지 아니하는 경우에 한함.

나. 고지 후 동의(Informed consent)

개인정보처리자가 정보주체로부터 개인정보를 수집하여 이용하기 위해서 동의를 얻고자 하는 경우에는 정보주체가 자신의 행한 동의의 내용과 범위를 명확히 인식하고 있어야 한다. 이러한 인식하에서 정보주체의 개인정보에 대한 권리가 명확히 보장될 수 있다. 이를 위하여 개인정보보호법은 정보주체에게 동의를 받을 때에는 다음의 내용을 정보주체에게 알려야 하며, 아래 사항들 중 어느 하나의 사항을 변경하는 경우에도 이를 알리고 동의를 받아야 한다고 규정함(법 §15②)

1. 개인정보의 수집·이용 목적 2. 수집하려는 개인정보의 항목 3. 개인정보의 보유 및 이용 기간 4. 동의를 거부할 권리가 있다는 사실 및 동의 거부에 따른 불이익이 있는 경우에는 그 불이익의 내용

3. 개인정보의 수집 제한

가. 개인정보처리자는 개인정보를 수집하는 경우에는 그 목적에 필요한 최소한의 개인정보를 수집하여야 함

최소정보의 예
· 홈쇼핑업체가 고객에게 상품을 배송하기 위해 수집한 이름, 주소, 전화번호(자택 및 휴대전화번호) 등은 필요 최소한의 개인정보라고 할 수 있으나, 주민등록번호나 기타 배송과 관련없는 개인정보를 요구하는 것은 최소정보의 범위를 벗어난 것임 · 포인트 카드 발급시 동명이인을 구분하기 위해 이름과 생년월일을 수집하는 것은 최소한의 정보라고 할 수 있으나 주민등록번호를 수집하는 것은 최소정보의 범위를 벗어난 것임

나. 최소한의 개인정보 수집이라는 입증책임은 개인정보처리자가 부담 (법 §16①)

다. 개인정보처리자는 정보주체가 필요한 최소한의 정보 외의 개인정보 수집에 동의하지 아니한다는 이유로 정보주체에게 재화 또는 서비스의 제공을 거부할 수 없음 (법 §16②)

Ⅱ. 개인정보의 제3자 제공

1. 개인정보 제공의 의미

개인정보의 저장매체 또는 개인정보가 담긴 출력물이나 책자 등의 물리적 이전, 네트워크를 통한 개인정보의 전송, 개인정보에 대한 제3자의 접근권한 부여, 개인정보처리자와 제3자의 개인정보 공유 등 개인정보의 이전과 공동으로 이용할 수 있는 상태를 초래하는 모든 행위를 말한다(지침 §8).

2. 개인정보 제3자 제공의 기준

가. 개인정보처리자는 다음의 어느 하나에 해당되는 경우에는 정보주체의 개인정보를 제3자에게 제공(공유를 포함)할 수 있음 (법 §17①)

> 1. 정보주체의 동의를 받은 경우
> 2. 법 제15조제1항제2호·제3호 및 제5호에 따라 개인정보를 수집한 목적 범위에서 개인정보를 제공하는경우

> **법 제15조 제1항 각호**
>
> 1. 정보주체의 동의를 받은 경우
> 2. 법률에 특별한 규정이 있거나 법령상 의무를 준수하기 위하여 불가피한 경우
> 3. 공공기관이 법령 등에서 정하는 소관 업무의 수행을 위하여 불가피한 경우
> 4. 정보주체와의 계약의 체결 및 이행을 위하여 불가피하게 필요한 경우
> 5. 정보주체 또는 그 법정대리인이 의사표시를 할 수 없는 상태에 있거나 주소불명 등으로 사전 동의를 받을 수 없는 경우로서 명백히 정보주체 또는 제3자의 급박한 생명, 신체, 재산의 이익을 위하여 필요하다고 인정되는 경우

나. "제3자" 의 의미(지침 § 8②)

개인정보의 제공의 상대방인 '제3자'란 정보주체와 정보주체 또는 그의 법정

대리인으로부터 개인정보를 실질적·직접적으로 수집·보유한 개인정보처리자를 제외한 모든 자를 의미한다. 이 때 법 제26조제2항에 따른 수탁자는 제외된다.

다. 제3자 제공 요건

개인정보처리자는 정보주체의 동의를 받아 개인정보를 제3자에게 제공하는 경우, 다음의 내용을 정보주체에게 알려야 하며 다음 중 어느 하나의 사항을 변경하는 경우에도 이를 알리고 동의를 받아야 함(법 §17②)

1. 개인정보를 제공받는 자 (그 성명(법인 또는 단체인 경우에는 그 명칭)과 연락처를 포함 지침§8③)
2. 개인정보를 제공받는 자의 개인정보 이용 목적
3. 제공하는 개인정보의 항목
4. 개인정보를 제공받는 자의 개인정보 보유 및 이용 기간
5. 동의를 거부할 권리가 있다는 사실 및 동의 거부에 따른 불이익이 있는 경우에는 그 불이익의 내용

라. 국외 제3자 제공 기준

개인정보처리자가 개인정보를 국외의 제3자에게 제공할 때에는 다음 사항을 정보주체에게 알리고 동의를 받아야 한다.

1. 개인정보를 제공받는 자 (그 성명(법인 또는 단체인 경우에는 그 명칭)과 연락처를 포함 지침 §8③)
2. 개인정보를 제공받는 자의 개인정보 이용 목적
3. 제공하는 개인정보의 항목
4. 개인정보를 제공받는 자의 개인정보 보유 및 이용 기간
5. 동의를 거부할 권리가 있다는 사실 및 동의 거부에 따른 불이익이 있는 경우에는 그 불이익의 내용

이는 개인정보보호법은 개인정보를 국외의 제3자에게 제공할 때 별도의 동의를 받도록 한 것이기 때문에 국외의 개인정보처리자가 직접 국내의 정보주체로부터 개인정보를 수집하는 경우에는 별도의 동의를 요하지 않는다.

마. 국외이전계약 금지

개인정보보호법을 위반하는 내용으로 개인정보의 국외 이전에 관한 계약을 체결하지 말아야 한다(법 §17③).

Ⅲ. 개인정보의 이용 · 제공 범위

1. 개인정보의 이용·제공 제한

가. 개인정보처리자는 개인정보의 수집 목적의 범위를 초과하여 이용하거나 개인정보의 제3자 제공과 관련한 규정(법 제17조 제1항 및 제3항)의 범위를 초과하여 제3자에게 제공하여서는 안 됨 (법 §18①)

나. "제3자"의 의미(지침 § 9①)

정보주체와 정보주체 또는 그의 법정대리인으로부터 개인정보를 실질적 · 직접적으로 수집 · 보유한 개인정보처리자를 제외한 모든 자를 의미하며, 다만, 법 제26조제2항에 따른 수탁자는 제외된다.

다. 예외

개인정보의 수집 목적의 범위 초과 및 제3자제공의 제한(법 §17①)에도 불구하고 개인정보처리자는 다음의 어느 하나에 해당하는 경우에는 정보주체 또는 제3자의 이익을 부당하게 침해할 우려가 있을 때를 제외하고는 개인정보를 목적 외의 용도로 이용하거나 이를 제3자에게 제공할 수 있음(법 §18②)

(1) 정보주체로부터 별도의 동의를 받은 경우

개인정보처리자는 정보주체로부터 별도의 동의를 받아 개인정보를 목적 외의 용도로 이용하거나 제3자에게 제공하는 경우에 다음의 내용을 정보주체에게 알려야 하며 다음 중 어느 하나의 사항을 변경하는 경우에도 이를 알리고 동의를 받아야 함 (법 §18③)
1. 개인정보를 제공받는 자(그 성명(법인 또는 단체인 경우에는 그 명칭)과 연락처를 포함. 지침 §9④)
2. 개인정보의 이용 목적(제공 시에는 제공받는 자의 이용 목적을 말함)
3. 이용 또는 제공하는 개인정보의 항목
4. 개인정보의 보유 및 이용 기간(제공 시에는 제공받는 자의 보유 및 이용 기간을 말함)
5. 동의를 거부할 권리가 있다는 사실 및 동의 거부에 따른 불이익이 있는 경우에는 그 불이익의 내용

(2) 다른 법률에 특별한 규정이 있는 경우

(3) 정보주체 또는 그 법정대리인이 의사표시를 할 수 없는 상태에 있거나 주소불명 등으로 사전 동의를 받을 수 없는 경우로서 명백히 정보주체 또는 제3자의 급박한 생명, 신체, 재산의 이익을 위하여 필요하다고 인정되는 경우

(4) 통계작성 및 학술연구 등의 목적을 위하여 필요한 경우로서 특정 개인을 알아볼 수 없는 형태로 개인정보를 제공하는 경우(다른 정보와 결합하여서도 특정 개인을 알아볼 수 없는 형태로 제공하여야 함 지침 §9⑤)

〈공공기관에만 적용〉

(5) 개인정보를 목적 외의 용도로 이용하거나 이를 제3자에게 제공하지 아니하면 다른 법률에서 정하는 소관 업무를 수행할 수 없는 경우로서 보호위원회의 심의·의결을 거친 경우 (법 §18②단서)

(6) 조약, 그 밖의 국제협정의 이행을 위하여 외국정부 또는 국제기구에 제공하기 위하여 필요한 경우 (법 §18②단서)

(7) 범죄의 수사와 공소의 제기 및 유지를 위하여 필요한 경우 (법 §18②단서)

(8) 법원의 재판업무 수행을 위하여 필요한 경우 (법 §18②단서)

(9) 형(刑) 및 감호, 보호처분의 집행을 위하여 필요한 경우 (법 §18②단서)

〔개인정보의 수집·이용기준과 제공기준의 비교〕

기준	수집 · 이용(제15조)	제공(제17조)
• 정보주체의 동의를 받은 경우	수집·이용 가능	제공 가능
• 법률에 특별한 규정이 있거나 법령상 의무를 준수하기 위하여 불가피한 경우	수집·이용 가능	수집목적 범위 안에서 제공 가능
• 공공기관이 법령 등에서 정하는 소관 업무의 수행을 위하여 불가피한 경우	수집·이용 가능	수집목적 범위 안에서 제공 가능
• 정보주체와의 계약의 체결 및 이행을 위하여 불가피하게 수반되는 경우	수집·이용 가능	제공 불가 (정보주체 동의 필요)
• 정보주체 또는 그 법정대리인이 의사표시를 할 수 없는 상태에 있거나 주소불명 등으로 사전 동의를 받을 수 없는 경우로서 명백히 정보주체 또는 제3자의 급박한 생명, 신체, 재산의 이익을 위하여 필요하다고 인정되는 경우	수집·이용 가능	수집목적 범위 안에서 제공 가능
• 개인정보처리자의 정당한 이익을 달성하기 위하여 필요한 경우로서 명백히 정보주체의 권리보다 우선하는 경우	수집·이용 가능	제공 불가 (정보주체 동의 필요)

라. 목적외 이용 · 제공시 공공기관의 공개 의무

- 공공기관은 개인정보를 목적 외의 용도로 이용하거나 이를 제3자에게 제공하는 경우에는 그 이용 또는 제공의 법적 근거, 목적 및 범위 등에 관하여 필요한 사항을 행정안전부령으로 정하는 바에 따라 관보 또는 인터넷 홈페이지 등에 게재하여야 함(법 §18④)

- 개인정보를 목적외이용등을 한 날부터 30일 이내에 다음의 사항을 관보 또는 인터넷 홈페이지에 게재하여야 한다. 이 경우 인터넷 홈페이지에 게재할 때에는 10일 이상 계속 게재하되, 게재를 시작하는 날은 목적외이용등을 한 날부터 30일 이내여야 함(규칙 §2)

1. 목적외이용등을 한 날짜
2. 목적외이용등의 법적 근거
3. 목적외이용등의 목적
4. 목적외이용등을 한 개인정보의 항목

[목적외 이용사례]

- 공무원들에게 업무용으로 발급한 이메일 계정 주소로 사전 동의절차 없이 교육 등 마케팅 홍보자료를 발송한 경우
- 조세 담당 공무원이 자신과 채권채무 관계로 소송 중인 사람에 관한 납세정보를 조회하여 소송에 이용한 경우
- 게시판 운영자가 본인확인 목적으로 수집한 주민등록번호를 고객 데이터베이스의 검색 키값으로 이용한 경우
- 상품배송을 목적으로 수집한 개인정보를 사전에 동의받지 않은 자사의 별도 상품·서비스의 홍보에 이용
- 고객 만족도 조사, 판촉행사, 경품행사에 응모하기 위하여 우송하거나 입력한 개인정보를 사전에 동의받지 않은 자사의 할인판매행사 안내용 광고물 발송에 이용
- A/S센터에서 고객 불만 및 불편 사항을 처리하기 위해 수집한 개인정보를 자사의 신상품 광고에 이용
- 공개된 개인정보의 성격과 공개 취지 등에 비추어 그 공개된 목적을 넘어 DB마케팅을 위하여 수집한 후 이용하는 행위

[목적외 제공사례]

- 주민센터 복지카드 담당 공무원이 복지카드 신청자의 개인정보(홍보 마케팅 등으로 개인정보 제공을 동의하지 않은 경우)를 정보주체의 동의 없이 사설학습지 회사에 제공
- 홈쇼핑 회사가 주문상품을 배달하기 위해 수집한 고객정보를 정보주체의 동의 없이 계열 콘도미니엄사에 제공하여 콘도미니엄 판매용 홍보자료 발송에 활용

마. 목적외 이용·제공시 공공기관의 '개인정보의 목적 외 이용 및 제3자 제공 대장' 기록 관리 의무

공공기관은 개인정보를 목적 외의 용도로 이용하거나 이를 제3자에게 제공하는 경우에는 다음의 사항을 '개인정보의 목적 외 이용 및 제3자 제공 대장'에 기록하고 관리하여야 함(시행령 §15)

1. 이용하거나 제공하는 개인정보 또는 개인정보파일의 명칭
2. 이용기관 또는 제공받는 기관의 명칭
3. 이용 목적 또는 제공받는 목적
4. 이용 또는 제공의 법적 근거
5. 이용하거나 제공하는 개인정보의 항목
6. 이용 또는 제공의 날짜, 주기 또는 기간
7. 이용하거나 제공하는 형태
8. 법 제18조제5항에 따라 제한을 하거나 필요한 조치를 마련할 것을 요청한 경우에는 그 내용

바. 목적외 이용 · 제공시 안전성 확보

개인정보처리자는 정보주체로부터 별도의 동의를 받아 개인정보를 목적 외의 용도로 이용하거나 제3자에게 제공하는 경우에 개인정보를 제공받는 자에게 이용 목적, 이용 방법, 그 밖에 필요한 사항에 대하여 제한을 하거나, 개인정보의 안전성 확보를 위하여 필요한 조치를 마련하도록 요청하여야 함 이 경우 요청을 받은 자는 개인정보의 안전성 확보를 위하여 필요한 조치를 하여야 한다(법 §18⑤). 제공과 동시에 또는 필요한 경우 제공한 이후에 개인정보를 제공받는 자에게 이용 목적, 이용 방법, 이용 기간, 이용 형태 등을 제한하거나, 개인정보의 안전성 확보를 위하여 필요한 구체적인 조치를 마련하도록 문서(전자문서를 포함)로 요청하여야 한다. 이 경우 요청을 받은 자는 그에 따른 조치를 취하고 그 사실을 개인정보를 제공한 개인정보처리자에게 문서로 알려야 한다(지침 §9②). 개인정보를 목적 외의 용도로 제3자에게 제공하는 경우에는 개인정보를 제공하는 자와 개인정보를 제공받는 자는 개인정보의 안전성에 관한 책임관계를 명확히 하여야 함(지침 §9③)

Ⅳ. 개인정보를 제공받은 자의 이용 · 제공 제한

1. 제공받은 자의 이용·제공 기준

개인정보처리자로부터 개인정보를 제공받은 자는 다음의 어느 하나에 해당하

는 경우를 제외하고는 개인정보를 제공받은 목적 외의 용도로 이용하거나 이를 제3자에게 제공하여서는 안 됨(법 §19)

> 1. 정보주체로부터 별도의 동의를 받은 경우
> 2. 다른 법률에 특별한 규정이 있는 경우

2. 고지의무

개인정보처리자가 정보주체 이외로부터 수집한 개인정보를 처리하는 때에는 정보주체의 요구가 있으면 즉시 다음의 모든 사항을 정보주체에게 알려야 함(법 §20①)

> 1. 개인정보의 수집 출처
> 2. 개인정보의 처리 목적
> 3. 개인정보의 처리정지권리(법§37)에 따른 개인정보 처리의 정지를 요구할 권리가 있다는 사실

정보주체 이외로부터 수집한 개인정보를 처리하는 때에는 정당한 사유가 없는 한 정보주체의 요구가 있은 날로부터 3일 이내에 위의 모든 사항을 정보주체에게 알려야 함(지침 §10①)

이러한 고지의무에 대하여 일정한 예외가 인정된다. 즉, 다음과 같은 경우에 개인정보보호법에 따른 정보주체의 권리보다 명백히 우선하는 경우에는 적용하지 않는다(법 §20②). 다만, 이에 따라 정보주체의 요구를 거부하는 경우에는 정당한 사유가 없는 한 정보주체의 요구가 있은 날로부터 3일 이내에 그 거부의 근거와 사유를 정보주체에게 알려야 함(지침 §10②)

(1) 고지를 요구하는 대상이 되는 개인정보가 다음의 어느 하나에 해당하는 개인정보파일에 포함되어 있는 경우

> - 국가 안전, 외교상 비밀, 그 밖에 국가의 중대한 이익에 관한 사항을 기록한 개인정보파일
> - 범죄의 수사, 공소의 제기 및 유지, 형 및 감호의 집행, 교정처분, 보호처분, 보안관찰처분과 출입국관리에 관한 사항을 기록한 개인정보파일
> - 「조세범처벌법」에 따른 범칙행위 조사 및 「관세법」에 따른 범칙행위 조사에 관한 사항을

기록한 개인정보파일

- 공공기관의 내부적 업무처리만을 위하여 사용되는 개인정보파일

〔사례〕
- 임직원 전화번호부, 비상연락망, 인사기록파일 등
- 요금정산, 회의참석자 수당지급, 자문기구운영 등을 위한 개인정보파일

- 다른 법령에 따라 비밀로 분류된 개인정보파일

〔사례〕

「공공기록물관리에관한법률」 제33조(비밀 기록물의 관리) ① 공공기관은 비밀 기록물을 생산하는 때에는 당해 기록물의 원본에 비밀 보호기간 및 보존기간을 함께 정하여 보존기간이 만료될 때까지 관리되도록 하여야 한다. 이 경우 보존기간은 비밀 보호기간 이상의 기간으로 책정하여야 한다.

②비밀 기록물의 원본은 대통령령이 정하는 바에 따라 소관 기록물관리기관으로 이관하여 보존하여야 한다.

「보안업무규정」 제4조(비밀의 구분) 비밀은 그 중요성과 가치의 정도에 따라 다음 각호에 의하여 이를 Ⅰ급비밀·Ⅱ급비밀 및 Ⅲ급비밀로 구분한다.

1. 누설되는 경우 대한민국과 외교관계가 단절되고 전쟁을 유발하며, 국가의 방위계획·정보활동 및 국가방위상 필요불가결한 과학과 기술의 개발을 위태롭게 하는등의 우려가 있는 비밀은 이를 Ⅰ급비밀로 한다.
2. 누설되는 경우 국가안전보장에 막대한 지장을 초래할 우려가 있는 비밀은 이를 Ⅱ급비밀로 한다.
3. 누설되는 경우 국가안전보장에 손해를 끼칠 우려가 있는 비밀은 이를 Ⅲ급비밀로 한다.

(2) 고지로 인하여 다른 사람의 생명·신체를 해할 우려가 있거나 다른 사람의 재산과 그 밖의 이익을 부당하게 침해할 우려가 있는 경우

Ⅴ. 개인정보의 파기

1. 불필요시 파기 원칙(법 §21)

개인정보처리자는 다른 법령에 따라 보존하여야 하는 경우 이외에는 보유기간의 경과, 개인정보의 처리 목적 달성 등 그 개인정보가 불필요하게 되었을 때

에는 지체 없이 그 개인정보를 파기하여야 함

- 개인정보처리자는 개인정보의 보유기간이 경과된 경우에는 정당한 사유가 없는 한 보유기간의 종료일로부터 5일 이내에, 개인정보의 처리 목적 달성, 해당 서비스의 폐지, 사업의 종료 등 그 개인정보가 불필요하게 되었을 때에는 정당한 사유가 없는 한 개인정보의 처리가 불필요한 것으로 인정되는 날로부터 5일 이내에 그 개인정보를 파기하여야 함 (지침 §11①)
- 개인정보처리자는 개인정보의 파기에 관한 사항을 기록・관리하여야 함 (지침 §11③)
- 개인정보파기의 시행 및 확인은 개인정보 보호책임자의 책임 하에 수행 (지침 §11④)
- 개인정보 보호책임자는 개인정보 파기 시행 후 파기 결과를 확인하여야 함 (지침 §11⑤)
- 개인정보처리자 중 공공기관의 개인정보파일 파기에 관하여는 제62조 및 제63조를 적용 (지침 §11⑥)

불필요하게 된 때란 개인정보처리자가 당초 고지하고 동의를 받았던 보유기간이 경과하였거나 동의를 받거나 법령 등에서 인정된 수집·이용·제공 목적의 달성한 경우, 회원탈퇴, 제명, 계약관계 종료, 동의철회 등에 따른 개인정보처리의 법적 근거가 소멸된 경우, 개인정보처리자의 폐업이나 청산, 대금 변제일이나 채권소멸시효기간이 만료한 때 등을 의미

개인정보처리자는 법 제21조에 따라 개인정보를 파기할 때에는 다음의 구분에 따른 방법으로 하여야 한다(시행령 §16). 구체적인 파기방법과 파기수준은 전자적 파일의 경우와 그 외의 경우에 상이함

1. 전자적 파일 형태인 경우: 복원이 불가능한 방법으로 영구 삭제
2. 전자적 파일 형태 이외의 기록물, 인쇄물, 서면, 그 밖의 기록매체인 경우: 파쇄 또는 소각

개인정보를 파기할 때에는 복구 또는 재생되지 아니하도록 조치하여야 함 (법§21②)

2. 예외: 분리보관

다른 법령에 따라 보존하여야 하는 경우에는 파기의무가 없다(법 §21). 개인정보처리자가 다른 법령에 의하여 개인정보를 파기하지 아니하고 보존하여야 하는 경우에는 해당 개인정보 또는 개인정보파일을 다른 개인정보와 분리하여

서 저장·관리하여야 한다(법 §21③). 개인정보를 파기하지 아니하고 보존하여야 하는 경우에는 법령에 따라 해당 개인정보 또는 개인정보파일을 보존한다는 점을 분명히 표시하여야 함(지침 §12)

Ⅵ. 정보주체의 동의

1. 정보주체의 동의

가. 개인정보처리자는 개인정보보호법에 따른 개인정보의 처리에 대하여 정보주체(법정대리인을 포함)의 동의를 받을 때에는 각각의 동의 사항을 구분하여 정보주체가 이를 명확하게 인지할 수 있도록 알리고 각각 동의를 받아야 함 (법 §22①)

구분하여 동의를 받아야 하는 사항
수집·이용 동의(제15조제1항제1호), 제3자 제공 동의(제17조제1항제1호), 국외 제3자 제공 동의(제17조제3항), 목적외 이용·제공 동의(제18조제2항제1호), 마케팅 목적 처리 동의(제22조제3항), 법정대리인의 동의(제22조제5항), 민감정보 처리 동의(제23조제1항제1호), 고유식별정보 처리 동의(제24조제1항제1호) 등

나. 개인정보처리자는 개인정보의 처리에 대하여 정보주체의 동의를 받을 때에는 정보주체와의 계약 체결 등을 위하여 정보주체의 동의 없이 처리할 수 있는 개인정보와 정보주체의 동의가 필요한 개인정보를 구분하여야 함. 이 경우 동의 없이 처리할 수 있는 개인정보라는 입증책임은 개인정보처리자가 부담 (법 §22②)

정보주체의 동의가 필요없는 개인정보
· 계약의 체결 및 이행을 위해 필수적인 정보, 법령상 의무준수를 위해 불가피한 정보, 급박한 생명·신체·재산상 이익보호를 위해 필요한 정보, 개인정보처리자의 정당한 이익 달성을 위해 필요한 정보 등
정보주체의 동의가 필요한 개인정보
· 상품 광고 및 판매에 필요한 정보, 고객성향 분석을 위해 필요한 정보, 고유식별정보, 민감정보, VIP회원 가입정보 등

다. 개인정보처리자는 정보주체에게 재화나 서비스를 홍보하거나 판매를 권유하기 위하여 개인정보의 처리에 대한 동의를 받으려는 때에는 정보주체가 이를 명확하게 인지할 수 있도록 알리고 동의를 받아야 함 (법 §22③)

라. 재화나 서비스의 제공 거부 금지

① 개인정보처리자는 정보주체가 선택적으로 동의할 수 있는 사항을 동의하지 아니하거나 재화나 서비스를 홍보하거나 판매를 권유하기 위한 개인정보의 처리에 대한 동의 및 제18조 제2항 제1호에 따른 동의(개인정보의 초과 이용 및 제3자제공에 대한 동의)를 하지 아니한다는 이유로 정보주체에게 재화 또는 서비스의 제공을 거부하여서는 안 됨 (법 §22④)

② 합리적 사유에 근거를 둔 거부는 가능: 계열사 고객정보DB를 통합하면서 정보 제공 및 공유에 동의하지 않는다고 서비스 제공을 중단하는 것은 불법이나, 정보 제공 및 공유에 동의한 고객들에 대하여 인센티브로서 제공하는 5년간의 발레파킹 주차권의 지급을 거부한 것은 불법이 아니다.

2. 아동의 법정대리인의 동의

가. 개인정보처리자는 만 14세 미만 아동의 개인정보를 처리하기 위하여 이 법에 따른 동의를 받아야 할 때에는 그 법정대리인의 동의를 받아야 함

〈법정대리인〉

본인의 의사에 의하지 않고 법률의 규정에 의하여 대리인이 된 자로 미성년자의 친권자(「민법」 제909조, 제911조, 제916조, 제920조), 후견인(「민법」 제931조 ~ 제936조), 법원이 선임한 부재자의 재산관리인(「민법」 제22조, 제23조), 상속재산관리인(「민법」 제1023조 제2항, 제1053조), 유언집행자(「민법」 제1096조) 등이 이에 해당한다.

이 경우 법정대리인의 동의를 받기 위하여 필요한 최소한의 정보(법정대리인의 성명·연락처에 관한 정보)는 법정대리인의 동의 없이 해당 아동으로부터 직접 수집할 수 있음 (법 §22⑤, 시행령 §17②)

나. 개인정보처리자가 법정대리인의 성명·연락처를 수집할 때에는 해당 아동에게 자신의 신분과 연락처, 법정대리인의 성명과 연락처를 수집하고자 하는 이유를 알려야 함

다. 개인정보처리자는 수집한 법정대리인의 개인정보를 법정대리인의 동의를 얻기 위한 목적으로만 이용하여야 하며, 법정대리인의 동의 거부가 있거나 법정대리인의 동의 의사가 확인되지 않는 경우 수집일로부터 5일 이내에 파기해야 함

3. 동의 방법

가. 동의는 다음 중 어느 하나의 방법에 의하여야 함(시행령 § 17①)

1. 동의 내용이 적힌 서면을 정보주체에게 직접 발급하거나 우편 또는 팩스 등의 방법으로 전달하고, 정보주체가 서명하거나 날인한 동의서를 받는 방법
2. 전화를 통하여 동의 내용을 정보주체에게 알리고 동의의 의사표시를 확인하는 방법[26)]
3. 전화를 통하여 동의 내용을 정보주체에게 알리고 정보주체에게 인터넷주소 등을 통하여 동의 사항을 확인하도록 한 후 다시 전화를 통하여 그 동의 사항에 대한 동의의 의사표시를 확인하는 방법
4. 인터넷 홈페이지 등에 동의 내용을 게재하고 정보주체가 동의 여부를 표시하도록 하는 방법
5. 동의 내용이 적힌 전자우편을 발송하여 정보주체로부터 동의의 의사표시가 적힌 전자우편을 받는 방법
6. 그 밖에 1.~5.의 방법에 준하는 방법으로 동의 내용을 알리고 동의의 의사표시를 확인하는 방법

26) 개인정보처리자가 시행령 제17조제1항제2호의 규정에 따라 전화에 의한 동의와 관련하여 통화내용을 녹취할 때에는 녹취사실을 정보주체에게 알려야 함

나. 법 및 시행령(§ 17③)에 따라 개인정보처리자에게 다음과 같은 동의를 받는 방법에 관하여 권장할 수 있음 (지침 § 13,§ 14)

개인정보처리자가 친목단체를 운영하기 위하여 다음 각 호의 어느 하나에 해당하는 개인정보를 수집하는 경우에는 기본적인 재화 또는 서비스의 제공을 위하여 반드시 필요한 최소한의 개인정보와 부가적인 재화 또는 서비스의 제공을 위하여 필요한 최소한의 개인정보를 구분하여 정보주체에게 알리고 동의를 받을 의무를 부담하지 않음 1. 친목단체의 가입을 위한 성명, 연락처 및 친목단체의 회칙으로 정한 공통의 관심사나 목표와 관련된 인적 사항 2. 친목단체의 회비 등 친목유지를 위해 필요한 비용의 납부현황에 관한 사항 3. 친목단체의 활동에 대한 구성원의 참석여부 및 활동내용에 관한 사항 4. 기타 친목단체의 구성원 상호간의 친교와 화합을 위해 구성원이 다른 구성원에게 알리기를 원하는 생일, 취향 및 가족의 애경사 등에 관한 사항

Ⅶ. 민감정보의 처리제한

1. 민감정보의 의미

민감정보란 사상·신념, 노동조합·정당의 가입·탈퇴, 정치적 견해, 건강, 성생활 등에 관한 정보, 그 밖에 정보주체의 사생활을 현저히 침해할 우려가 있는 개인정보로서 대통령령으로 정하는 정보를 말하며, 대통령령으로 정하는 정보(공공기관이 법 제18조 제2항 제5호부터 제9호까지의 규정에 따라 다음 각 호의 어느 하나에 해당하는 정보를 처리하는 경우의 해당 정보는 제외) (시행령 §18)란 유전자검사 등의 결과로 얻어진 유전정보와「형의 실효 등에 관한 법률」 제2조제5호에 따른 범죄경력자료에 해당하는 정보를 말함

민감정보의 정의

- '사상·신념'이란 개인의 가치관에 기초로 하여 형성된 사유체계, 개인이 굳게 믿고 지키고자 하는 믿음 · 생각 등을 말하는 것으로 각종 이데올로기 또는 사상적 경향, 종교적 신념 등을 말한다.
- '정치적 견해'란 정치적 사안에 대한 입장이나 특정 정당의 지지 여부에 관한 정보이다.
- '노동조합·정당의 가입·탈퇴'란 노동조합 또는 정당에의 가입 · 탈퇴에 관한 정보이다. 반드시 적법한 노동조합이거나 정당일 필요는 없다.
- '건강 및 성생활 등에 관한 정보'란 개인의 과거 및 현재의 병력(病歷), 신체적·정신적 장애(장애등급 유무 등), 성적 취향 등에 관한 정보이다. 혈액형은 이해 해당하지 않는다.
- '사생활을 현저하게 침해할 우려가 있는 개인정보'란 해당 정보를 수집·처리함으로써 「헌법」 상 보장된 프라이버시권의 본질적 내용이 침해될 우려가 있는 것을 말한다. 해석의 여지가 크기 때문에 민감정보로 특별히 보호할 필요가 있다고 사회적 합의가 이루어진 정보를 상황에 맞게 규정할 수 있도록 대통령령에 위임하였다.

2. 민감정보의 처리제한

개인정보처리자는 다음의 어느 하나에 해당하는 경우 외에는 민감정보를 처리하여서는 안 됨(법 §23)

- 개인정보처리자가 법 제23조제1호에 따라 민감정보의 처리를 위하여 정보주체에게 동의를 받고자 하는 경우에는 다른 개인정보와 민감정보를 구분하여 민감정보에 대하여는 정보주체가 별도로 동의할 수 있도록 조치를 취하여야 함 (지침 §15①)

- 개인정보처리자는 이와 관련한 동의를 받을 때에는 다음의 사항을 정보주체에게 알려야 함. 다음의 어느 하나의 사항을 변경하는 경우에도 이를 알리고 동의를 받아야 함 (지침 §15②)

1. 민감정보의 수집·이용 목적
2. 수집하려는 민감정보의 항목
3. 민감정보의 보유 및 이용 기간
4. 동의를 거부할 권리가 있다는 사실 및 동의 거부에 따른 불이익이 있는 경우에는 그 불이익의 내용

(1) 정보주체에게 제15조제2항 각 호 또는 제17조제2항 각 호의 사항을 알리고 다른 개인정보의 처리에 대한 동의와 별도로 동의를 받은 경우

(2) 법령에서 민감정보의 처리를 요구하거나 허용하는 경우

사례 「의료법」 제21조제2항

제21조(기록 열람 등) ② 제1항의 규정에 불구하고 의료인은 동일한 환자의 진료상 필요에 의하여 다른 의료기관에서 그 기록·임상소견서 및 치료경위서의 열람이나 사본의 송부를 요구한 때 또는 환자가 검사기록 및 방사선필름 등의 사본 교부를 요구한 때에는 이에 응하여야 한다.

사례 「총포·도검·화약류 등 단속법 시행규칙」 별지 제10호의3 서식

■ 총포・도검・화약류 등 단속법 시행규칙 [별지 제10호의3서식] <신설 2011.2.22>

병력(病歷) 신고 및 개인정보 이용 동의서

※ 다음 물음을 읽고 있음 또는 없음의 해당 [ ]란에 √표시를 하며, 있음에 표시한 경우 그 내용을 적습니다. (앞 쪽)

접수번호	접수일자	처리일자	처리기간 10일

(1) 귀하는 정신분열증・정동장애(情動障碍)・고도의 성격장애 및 이에 준하는 증세로 인하여 치료받은 사실이 있습니까?			[ ]있음 [ ]없음
(있는 경우)	병명	치료병원	
	치료개시일	치료종료일	
(2) 귀하는 경련성질환(간질) 등으로 치료받은 사실이 있습니까?			[ ]있음 [ ]없음
(있는 경우)	병명	치료병원	
	치료개시일	치료종료일	
(3) 귀하는 마약・대마・향정신성의약품・알코올중독 등으로 치료 받거나 수사기관에 단속된 사실이 있습니까?			[ ]있음 [ ]없음
(치료사실이 있는 경우)	병명	치료병원	
	치료개시일	치료종료일	
(단속된 사실이 있는 경우)	단속일시	단속기관	
	위반행위		

년월일

신고인 (서명 또는 인)

지방경찰청장・경찰서장 귀하

개인정보 이용 동의서

본인은 허가관청이 「총포・도검・화약류 등 단속법」 제13조에 따른 총포 소지허가 결격사유 등의 해당여부 판단을 위해 국민건강보험공단이 보관 중인 본인의 동의일로부터 최근 5년간 치매, 정신분열병, 분열형 정동장애, 양극성 정동장애, 재발성 우울장애, 정신 발육지연, 간질의 치료경력을 조회하는 데 동의합니다.

년월일

동의인 (서명 또는 인)

사례 「보험업법」 제176조제10항

제176조(보험요율 산출기관) ⑩ 보험요율 산출기관은 순보험요율을 산출하기 위하여 필요한 경우에는 교통법규 위반에 관한 개인정보를 보유하고 있는 기관의 장으로부터 그 정보를 제공받아 보험회사가 보험계약자에게 적용할 순보험료의 산출에 이용하게 할 수 있다.

사례 「병역법」 제11조의2

제11조의2(자료의 제출 요구 등) ①지방병무청장은 징병검사와 관련하여 징병전담의사·징병검사전문의사 또는 제12조의2의 규정에 따라 신체검사를 위하여 파견된 군의관 등이 질병 또는 심신장애의 확인을 위하여 필요하다고 인정하는 경우 「의료법」에 따른 의료기관의 장, 「국민건강보험법」에 따른 국민건강보험공단의 장, 「초·중등교육법」에 따른 학교의 장 등에 대하여 징병검사대상자의 진료기록·치료 관련 기록내역·학교생활기록부 등의 제출을 요구할 수 있다. 이 경우 자료의 제출을 요구받은 사람은 특별한 사유가 없는 한 이에 응하여야 한다.

② 누구든지 제1항의 규정에 따라 취득한 징병검사대상자에 대한 정보·자료를 공개 또는 누설하거나 타인에게 제공하는 등 징병검사 외의 목적으로 사용하여서는 아니 된다.

Ⅷ. 고유식별정보의 처리 제한

1. 고유식별정보의 의미

가. 법령에 따라 개인을 고유하게 구별하기 위하여 부여된 식별정보로서 대통령령으로 정하는 정보

나. 대통령령으로 정하는 정보(공공기관이 법 제18조제2항제5호부터 제9호까지의 규정에 따라 다음의 어느 하나에 해당하는 정보를 처리하는 경우의 해당 정보는 제외) (시행령§19)

1. 「주민등록법」 제7조제3항에 따른 주민등록번호
2. 「여권법」 제7조제1항제1호에 따른 여권번호
3. 「도로교통법」 제80조에 따른 운전면허의 면허번호
4. 「출입국관리법」 제31조제4항에 따른 외국인등록번호

2. 고유식별정보의 처리 제한

가. 원칙

개인정보처리자는 원칙적으로 고유식별정보를 처리할 수 없음(법 §24①)

나. 예외

(1) 정보주체에게 제15조제2항 각 호 또는 제17조제2항 각 호의 사항을 알리고 다른 개인정보의 처리에 대한 동의와 별도로 동의를 받은 경우

- 개인정보처리자가 고유식별정보의 처리를 위하여 정보주체에게 동의를 받고자 하는 경우에는 다른 개인정보와 고유식별정보를 구분하여 고유식별정보에 대하여는 정보주체가 별도로 동의할 수 있도록 조치를 취하여야 함

- 개인정보처리자는 동의를 받을 때에는 다음의 사항을 정보주체에게 알려야 하며, 다음 어느 하나의 사항을 변경하는 경우에도 이를 알리고 동의를 받아야 함
  1. 고유식별정보의 수집·이용 목적
  2. 수집하려는 고유식별정보의 항목
  3. 고유식별정보의 보유 및 이용 기간
  4. 동의를 거부할 권리가 있다는 사실 및 동의 거부에 따른 불이익이 있는 경우에는 그 불이익의 내용

(2) 법령에서 구체적으로 고유식별정보의 처리를 요구하거나 허용하는 경우

사례 「금융실명거래 및 비밀보장에 관한 법률」 시행령 제3조

제3조(실지명의) 법 제2조제4호의 규정에 의한 실지명의는 다음 각호의 구분에 따른 명의로 한다.

1. 개인의 경우 :주민등록표에 기재된 성명 및 주민등록번호. 다만, 재외국민의 경우에는 여권에 기재된 성명 및 여권번호(여권이 발급되지 아니한 재외국민은 「재외국민등록법」에 의한 등록부에 기재된 성명 및 등록번호)

2 ~ 3. 생략

4. 외국인의 경우 : 「출입국관리법」에 의한 등록외국인기록표에 기재된 성명 및 등록번호. 다만, 외국인등록증이 발급되지 아니한 자의 경우에는 여권 또는 신분증에 기재된 성명 및 번호

사례	「결혼중개업법」 시행령 제11조

제11조(장부 등의 비치) 결혼중개업자는 법 제14조에 따라 다음 각 호의 장부·대장을 작성하여 3년 동안 갖추어 두어야 한다. 다만, 장부·대장의 서식이 해당 사업에 적합하지 아니한 경우에는 시장·군수·구청장의 승인을 받아 변경하여 사용할 수 있다.

1. 별지 제9호서식에 따른 종사자 명부
2. 별지 제10호서식에 따른 회원 명부

※ 종사자 명부에는 직책, 성명, 주민등록번호, 주소 등을 기재하도록 되어 있음

3. 주민등록번호의 이용 제한

가. 대통령령으로 정하는 기준에 해당하는 개인정보처리자는 정보주체가 인터넷 홈페이지를 통하여 회원으로 가입할 경우 주민등록번호를 사용하지 아니하고도 회원으로 가입할 수 있는 방법을 제공하여야 함(법 §24②)

- 행정안전부장관은 이러한 방법의 제공을 지원하기 위하여 관계 법령의 정비, 계획의 수립, 필요한 시설 및 시스템의 구축 등 제반 조치를 마련할 수 있음(법 §24④)

나. 주민등록번호를 사용하지 아니하고도 회원으로 가입할 수 있는 방법(이하 "대체가입수단"이라 한다)을 제공하여야 하는 개인정보처리자(시행령 §20①)

1. 공공기관
2. 공공기관 외에 인터넷 홈페이지를 운영하는 개인정보처리자로서 전년도 말 기준 직전 3개월간 그 인터넷 홈페이지를 이용한 정보주체의 수(홈페이지의 방문자 수. 지침§17①)가 하루 평균 1만명 이상인 개인정보처리자

다. 개인정보처리자가 주민등록번호를 사용하지 아니하고도 회원으로 가입할 수 있는 방법("대체수단")을 제공해야 하는 경우, 정보주체는 주민등록번호가 아닌 대체수단을 사용하여서도 회원으로 가입할 수 있다는 점을 회원가입절차를 위한 화면을 통하여 명시적으로 알리고 회원가입을 받아야 함

- 이 경우 주민등록번호를 이용한 회원가입 방법과 대체수단을 이용한 회원가입 방법을 하나의 화면을 통하여 제공하여야 함 (지침 §17②)

- 대체가입수단 제공과 관련하여 다음의 사항을 인터넷 홈페이지에 게재하여야 함 (시행령 §20②)

1. 제1항에 따라 대체가입수단을 제공하여야 하는 개인정보처리자의 명칭 및 인터넷 홈페이지 주소 2. 제공할 수 있는 대체가입수단의 종류 및 내용 3. 대체가입수단의 제공 기한

4. 고유식별정보의 안전성 확보 조치

가. 개인정보처리자가 고유식별정보를 처리하는 경우에는 그 고유식별정보가 분실·도난·유출·변조 또는 훼손되지 아니하도록 대통령령으로 정하는 바에 따라 암호화 등 안전성 확보에 필요한 조치를 하여야 함 (법§24③)

나. 안전성 확보 조치 (시행령§30 준용규정)

1. 개인정보의 안전한 처리를 위한 내부 관리계획의 수립·시행 2. 개인정보에 대한 접근 통제 및 접근 권한의 제한 조치 3. 개인정보를 안전하게 저장·전송할 수 있는 암호화 기술의 적용 또는 이에 상응하는 조치 4. 개인정보 침해사고 발생에 대응하기 위한 접속기록의 보관 및 위조·변조 방지를 위한 조치 5. 개인정보에 대한 보안프로그램의 설치 및 갱신 6. 개인정보의 안전한 보관을 위한 보관시설의 마련 또는 잠금장치의 설치 등 물리적 조치

Ⅸ. CCTV

1. 영상정보처리기기의 설치·운영 제한

가. 원칙

누구든지 공개된 장소에 영상정보처리기기를 설치·운영하여서는 안 됨 (법§25①)

[영상정보처리기기]

일정한 공간에 지속적으로 설치되어 사람 또는 사물의 영상 등을 촬영하거나 이를 유·무선망을 통하여 전송하는 장치로서 대통령령으로 정하는 장치를 말한다.

[공개된 장소]

- 도로, 공원, 공항, 항만, 주차장, 놀이터, 지하철역 등의 공공장소
- 백화점, 대형마트, 상가, 놀이공원(테마파크) 등 시설
- 버스, 택시 등 누구나 탑승할 수 있는 대중교통

[공개된 장소에 대한 판례]

- 다른 도로와 연결되어 있고 차단기가 설치되어 있지 않거나 설치되어 있더라도 별다른 통제가 없고 개방되어 누구나 차량으로 통행하는 아파트단지 또는 대학구내의 통행로는 불특정 다수의 사람이나 차량의 통행을 위하여 공개된 장소로 봄 (대법원 2006.1.13. 선고 2005도6986 판결)
- 특정상가 건물을 위한 것이 아니고 관리인이 상주·관리하지 않고 출입차단장치가 없으며 무료로 운영되어 불특정 다수인이 수시로 이용할 수 있는 공영주차장은 불특정 다수의 사람 또는 차량의 통행을 위하여 공개된 장소로 봄 (대법원 2005. 9. 15. 선고 2005도3781 판결)

나. 예외

(1) 법령에서 구체적으로 허용하고 있는 경우

〈 영상정보처리기기의 설치를 규정하고 있는 법령 〉

관련 법령	내용
「주차장법 시행규칙」	주차대수 30대를 초과하는 규모의 자주식 주차장으로서 지하식 또는 건축물식에 의한 노외주차장에는 관리사무소에서 주차장 내부 전체를 볼 수 있는 폐쇄회로 텔레비전 및 녹화장치를 포함하는 방범설비를 설치·관리하여야 함 (제6조제1항제11호)
「주택법 시행규칙」	주택단지에 폐쇄회로 텔레비전을 설치하거나 설치한 폐쇄

	회로 텔레비전을 보수하려는 경우에는 이를 법 제47조에 따른 장기수선계획에 반영하여야 함(제24조의2)
「아동복지법」	유치원, 초등학교, 특수학교, 보육시설, 도시공원 등 아동보호구역으로 지정된 시설에서는 폐쇄회로 텔레비전을 설치·운영할 수 있음(제9조의2)
「폐광지역개발 지원에 관한 특별법 시행령」	카지노사업자는 호텔의 내부 및 외부의 주요 지점에 폐쇄회로 텔레비전을 설치·운영하여야 함(제14조제2항)
「외국인보호규칙」	외국인보호시설의 소장은 보호시설의 안전대책 확보를 위하여 폐쇄회로 텔레비전을 설치·운영할 수 있음(제37조)
「공중위생관리법 시행규칙」	목욕장업자는 목욕실, 발한실, 탈의실 이외의 시설에 무인감시카메라를 설치할 수 있음(별표 1)
「국제항해선박 및 항만시설의 보안에 관한 법률 시행규칙」	국제여객선터미널의 여객 대기지역, 항만시설 내 국토해양부령으로 정하는 지역에 설치하는 울타리등에 폐쇄회로 텔레비전을 설치하여야 함(별표 4)
「생명윤리 및 안전에 관한 법률 시행규칙」	체세포복제배아연구기관은 실험실 및 보관시설의 감시를 위하여 CCTV 등을 설치하여야 함(별표 3)
「지하공공보도시설의 결정·구조 및 설치기준에 관한 규칙」	지하공공보도시설의 중앙방재실은 자체 감시카메라(CCTV) 설비를 갖추어야 함(제12조)

(2) 범죄의 예방 및 수사를 위하여 필요한 경우

〈범죄의 예〉

형법상의 범죄 이외에 각종 개별법이나 단속법상의 범죄. 「경범죄처벌법」 상의 각종 경범죄(도로 등에서의 물품강매·청객, 광고물 무단첩부등, 담배꽁초·껌·휴지·쓰레기 등 오물방치, 노상방요등, 공원·명승지·유원지등의 자연훼손, 자릿세 징수등, 암표매매, 금연장소에서의 흡연 등)를 예방・수사하기 위해서도 감시카메라를 설치・운영할 수 있다. 우범지역의 도로나 골목길에 CCTV를 설치·운영하는 경우, 은행 ATM 시설에 범죄방지용 CCTV를 설치·운영하는 경우, 백화점・편의점 등에서 도난방지용 CCTV를 설치·운영하는 경우, 회사의 자체창고에 도난방지용 CCTV를 설치·운영하는 경우 등

(3) 시설안전 및 화재 예방을 위하여 필요한 경우

각종 자연재해, 시설 노후화, 인위적 훼손·난동, 방화, 낙서 등으로부터 공공시설, 문화재, 사유재산 등을 보호하기 위하여 필요한 경우 영상정보처리기기의 설치·운영이 허용된다. 즉 지하철역 안전사고 예방, 공공건물의 전기·가스·수도 등 시설관리 및 화재예방, 문화재 시설 안전 및 보호를 위한 경우 등

(4) 교통단속을 위하여 필요한 경우

각종 차량 및 사람들의 교통법규 위반을 단속·예방하기 위하여 필요한 경우 영상정보처리기기의 설치·운영이 허용된다. 주·정차 위반, 신호위반, 규정속도 위반 등 교통법규 위반행위 단속을 위해 CCTV를 설치하는 것

(5) 교통정보의 수집·분석 및 제공을 위하여 필요한 경우

영상정보처리기기를 설치·운영하려는 공공기관의 장은 다음의 어느 하나에 해당하는 절차를 거쳐 관계 전문가 및 이해관계인의 의견을 수렴하여야 함 (시행령§23①)

1. 「행정절차법」에 따른 행정예고의 실시 또는 의견청취
2. 해당 영상정보처리기기의 설치로 직접 영향을 받는 지역 주민 등을 대상으로 하는 설명회·설문조사 또는 여론조사

※ 예외에 따라 영상정보처리기기를 설치·운영하려는 공공기관의 장은 공청회·설명회의 개최 등 대통령령으로 정하는 절차를 거쳐 관계 전문가 및 이해관계인의 의견을 수렴하여야 함 (법§25③)

다. 누구든지 불특정 다수가 이용하는 목욕실, 화장실, 발한실(發汗室), 탈의실 등 개인의 사생활을 현저히 침해할 우려가 있는 장소의 내부를 볼 수 있도록 영상정보처리기기를 설치·운영하여서는 안 됨(법§ 25②)

- 예외: 교도소, 정신보건 시설 등 법령에 근거하여 사람을 구금하거나 보호하는 시설로서 대통령령으로 정하는 다음의 시설 (법§25②, 시행령§22①)

1. 「형의 집행 및 수용자의 처우에 관한 법률」 제2조제4호에 따른 교정시설
2. 「정신보건법」 제3조제3호부터 제5호까지의 규정에 따른 정신의료기관(수용시설을 갖추고 있는 것만 해당한다), 정신질환자사회복귀시설 및 정신요양시설

- 중앙행정기관의 장은 소관 분야의 개인정보처리자가 위의 시설에 영상정보처리기기를 설치·운영하는 경우 정보주체의 사생활 침해를 최소화하기 위하여 필요한 세부 사항을 개인정보 보호지침으로 정하여 그 준수를 권장할 수 있음 (시행령§22②)
- 예외에 따라 영상정보처리기기를 설치·운영하려는 자는 공청회·설명회의 개최 등 대통령령으로 정하는 절차를 거쳐 관계 전문가 및 이해관계인의 의견을 수렴하여야 함 (법§25③)

대통령령으로 정하는 시설에 영상정보처리기기를 설치·운영하려는 자는 다음의 사람으로부터 의견을 수렴하여야 함 (시행령§23②) 1. 관계 전문가 2. 해당 시설에 종사하는 사람, 해당 시설에 구금되어 있거나 보호받고 있는 사람 또는 그 사람의 보호자 등 이해관계인

2. 안내판 설치 등 필요한 조치 의무

가. 영상정보처리기기운영자는 정보주체가 쉽게 인식할 수 있도록 대통령령으로 정하는 바에 따라 안내판 설치 등 필요한 조치를 하여야 함. 다만, 대통령령으로 정하는 시설은 예외(법 §25④)

나. 영상정보처리기기운영자는 영상정보처리기기가 설치·운영되고 있음을 정보주체가 쉽게 알아볼 수 있도록 다음의 사항이 포함된 안내판을 설치하여야 함. 다만, 건물 안에 여러 개의 영상정보처리기기를 설치하는 경우에는 출입구 등 잘 보이는 곳에 해당 시설 또는 장소 전체가 영상정보처리기기 설치지역임을 표시하는 안내판을 설치할 수 있음 (시행령 §24①)

① 설치목적 및 장소 ② 촬영범위 및 시간 ③ 관리책임자 및 연락처 ④(영상정보처리기기 설치・운영을 위탁한 경우) 위탁받는 자의 명칭 및 연락처

다. 영상정보처리기기운영자가 설치·운영하는 영상정보처리기기가 다음의 어느 하나

에 해당하는 경우에는 안내판 설치를 갈음하여 영상정보처리기기운영자의 인터넷 홈페이지에 설치 목적 및 장소, 촬영 범위 및 시간, 관리책임자의 성명 및 연락처를 게재할 수 있음 (시행령 §24②)

1. 공공기관이 원거리 촬영, 과속·신호위반 단속 또는 교통흐름조사 등의 목적으로 영상정보처리기기를 설치하는 경우로서 개인정보 침해의 우려가 적은 경우 2. 산불감시용 영상정보처리기기를 설치하는 경우 등 장소적 특성으로 인하여 안내판을 설치하는 것이 불가능하거나 안내판을 설치하더라도 정보주체가 쉽게 알아볼 수 없는 경우

라. 인터넷 홈페이지에 게재할 수 없으면 영상정보처리기기운영자는 다음의 어느 하나 이상의 방법으로 설치 목적 및 장소, 촬영 범위 및 시간, 관리책임자의 성명 및 연락처를 공개하여야 함 (시행령 §24③)

1. 영상정보처리기기운영자의 사업장·영업소·사무소·점포 등(이하 "사업장등"이라 한다)의 보기 쉬운 장소에 게시하는 방법 2. 관보(영상정보처리기기운영자가 공공기관인 경우만 해당한다)나 영상정보처리기기운영자의 사업장등이 있는 특별시·광역시·도 또는 특별자치도(이하 "시·도"라 한다) 이상의 지역을 주된 보급지역으로 하는 「신문 등의 진흥에 관한 법률」 제2조제1호가목·다목 및 같은 조 제2호에 따른 일반일간신문, 일반주간신문 또는 인터넷신문에 싣는 방법

마. 공공기관의 장은 다음의 어느 하나에 해당하는 시설에 설치하는 영상정보처리기기에 대해서는 안내판을 설치하지 않을 수 있음 (시행령 §24④)

1. 「군사기지 및 군사시설 보호법」 제2조제2호에 따른 군사시설 2. 「통합방위법」 제2조제13호에 따른 국가중요시설 3. 「보안업무규정」 제36조에 따른 보안목표시설

〈안내판 설치 의무 면제 시설〉

구분	내용
군사시설	전투진지, 군사목적을 위한 장애물, 폭발물 관련 시설, 사격장, 훈련장, 군용전기통신설비, 그 밖에 군사목적에 직접 공용(供用)되는 시설
국가중요시설	국가중요시설"이란 공공기관, 공항·항만, 주요 산업시설 등 적에 의하여 점령 또는 파괴되거나 기능이 마비될 경우 국가안보와 국민생활에 심각한 영향을 주게 되는 시설을 말한다.
보안목표시설	국가안전보장에 연쇄적 혼란을 초래할 우려가 있는 시설

3. 영상정보처리기기운영자의 의무

가. 영상정보처리기기운영자는 영상정보처리기기의 설치 목적과 다른 목적으로 영상정보처리기기를 임의로 조작하거나 다른 곳을 비춰서는 아니 되며, 녹음기능은 사용할 수 없음 (법 §25⑤)

[참조판례]
음식점 내부에 감시용 카메라와 도청마이크 등을 설치하여 타인간의 대화를 녹음하려 시도하거나 청취한 사안에서, 위 음식점 내에서 이루어진 타인간의 대화는 통신비밀보호법 제3조 제1항의 '공개되지 아니한 타인간의 대화'에 해당함 (대법원 2007.12.27. 선고 2007도9053 판결)

나. 영상정보처리기기운영자는 개인정보가 분실 · 도난 · 유출 · 변조 또는 훼손되지 아니하도록 제29조(안전조치의무)에 따라 안전성 확보에 필요한 조치를 하여야 함 (법 § 25⑥)

> **개인정보보호법 제29조(안전조치의무)** 개인정보처리자는 개인정보가 분실·도난·유출·변조 또는 훼손되지 아니하도록 내부 관리계획 수립, 접속기록 보관 등 대통령령으로 정하는 바에 따라 안전성 확보에 필요한 기술적·관리적 및 물리적 조치를 하여야 한다.

〈 개인영상정보에 대한 안전성 확보 조치 〉

- 개인영상정보의 안전한 처리를 위한 내부 관리계획의 수립 · 시행
- 개인영상정보에 대한 접근 통제 및 접근 권한의 제한 조치
- 개인영상정보를 안전하게 저장 · 전송할 수 있는 기술의 적용 (네트워크 카메라의 경우 안전한 전송을 위한 암호화 조치, 개인영상정보파일에 대한 비밀번호 설정 등)
- 처리기록의 보관 및 위조 · 변조 방지를 위한 조치 (개인영상정보의 생성 일시, 열람할 경우에 열람 목적 · 열람자 · 열람 일시 등 기록 · 관리 조치 등)
- 개인영상정보의 안전한 물리적 보관을 위한 보관시설 마련 또는 잠금장치 설치

다. 영상정보처리기기운영자는 대통령령으로 정하는 바에 따라 영상정보처리기기 운영·관리 방침을 마련하여야 한다. 이 경우 제30조(개인정보 처리방침의 수립 및 공개)에 따른 개인정보 처리방침을 정하지 않을 수 있음

- 영상정보처리기기운영자는 다음의 사항이 포함된 영상정보처리기기 운영·관리 방침을 마련하여야 함 (시행령 §25①)

1. 영상정보처리기기의 설치 근거 및 설치 목적 2. 영상정보처리기기의 설치 대수, 설치 위치 및 촬영 범위 3. 관리책임자, 담당 부서 및 영상정보에 대한 접근 권한이 있는 사람 4. 영상정보의 촬영시간, 보관기간, 보관장소 및 처리방법 5. 영상정보처리기기운영자의 영상정보 확인 방법 및 장소 6. 정보주체의 영상정보 열람 등 요구에 대한 조치 7. 영상정보 보호를 위한 기술적·관리적 및 물리적 조치 8. 그 밖에 영상정보처리기기의 설치·운영 및 관리에 필요한 사항

4. 영상정보처리기기의 설치·운영에 관한 사무의 위탁

가. 영상정보처리기기운영자는 영상정보처리기기의 설치·운영에 관한 사무를 위탁할 수 있다. 다만, 공공기관이 영상정보처리기기 설치·운영에 관한 사무를 위탁하는 경우에는 대통령령으로 정하는 절차 및 요건에 따라야 함(법 §25⑦)

나. 공공기관이 영상정보처리기기의 설치·운영에 관한 사무를 위탁하는 경우에는 다음의 내용이 포함된 문서로 하여야 함(시행령 §26①)

1. 위탁하는 사무의 목적 및 범위 2. 재위탁 제한에 관한 사항 3. 영상정보에 대한 접근 제한 등 안전성 확보 조치에 관한 사항 4. 영상정보의 관리 현황 점검에 관한 사항 5. 위탁받는 자가 준수하여야 할 의무를 위반한 경우의 손해배상 등 책임에 관한 사항

다. 사무를 위탁한 경우에는 제24조제1항부터 제3항까지의 규정에 따른 안내판 등에 위탁받는 자의 명칭 및 연락처를 포함시켜야 함(시행령 §26②)

〈 공공기관 영상정보처리기기 설치 · 운영 위탁시 문서 포함사항 〉

1. 위탁하는 사무의 목적 및 범위
2. 재위탁 제한에 관한 사항
3. 영상정보에 대한 접근 제한 등 안전성 확보 조치에 관한 사항
4. 영상정보의 관리현황 점검에 관한 사항
5. 수탁자가 준수하여야 할 의무를 위반한 경우의 손해배상 등 책임에 관한 사항

X. 개인정보 처리업무의 위탁

1. 업무위탁에 따른 개인정보의 처리 제한

〈 업무위탁으로 인한 개인정보 침해유형 〉

- 판매실적 증대를 위한 무분별한 재위탁 등 개인정보의 전전제공
- 다른 회사의 상품·서비스를 동시 취급하면서 개인정보를 공유
- 고객 개인정보를 이용하여 부가서비스 등 다른 서비스에 무단 가입
- 서비스가입신청서 등 개인정보의 분실·유출
- 고객DB를 빼내어 판매
- 정보시스템 안전조치 미비로 인한 개인정보 유출 등

가. 개인정보처리자가 제3자에게 개인정보의 처리 업무를 위탁하는 경우에는 다음의 내용이 포함된 문서에 의하여야 함 (법 §26①)

1. 위탁업무 수행 목적 외 개인정보의 처리 금지에 관한 사항
2. 개인정보의 기술적·관리적 보호조치에 관한 사항
3. 그 밖에 개인정보의 안전한 관리를 위하여 대통령령으로 정한 사항 (시행령 §28①)
   3-1. 위탁업무의 목적 및 범위
   3-2. 재위탁 제한에 관한 사항
   3-3. 개인정보에 대한 접근 제한 등 안전성 확보 조치에 관한 사항
   3-4. 위탁업무와 관련하여 보유하고 있는 개인정보의 관리 현황 점검 등 감독에 관한 사항
   3-5. 법 제26조제2항에 따른 수탁자가 준수하여야 할 의무를 위반한 경우의 손해배상 등 책임에 관한 사항

나. 개인정보의 처리 업무를 위탁하는 개인정보처리자는 위탁하는 업무의 내용과 개인정보 처리 업무를 위탁받아 처리하는 자를 정보주체가 언제든지 쉽게 확인할 수 있도록 개인정보 처리 업무를 위탁하는 개인정보처리자가 위탁자의 인터넷 홈페이지에 위탁하는 업무의 내용과 수탁자를 지속적으로 게재하는 방법에 따라 공개하여야 함(법 §26②, 시행령 §28②)

- 인터넷 홈페이지에 게재할 수 없는 경우에는 다음의 어느 하나 이상의 방법으로 위탁하는 업무의 내용과 수탁자를 공개하여야 함 (시행령 §28③)

1. 위탁자의 사업장등의 보기 쉬운 장소에 게시하는 방법 2. 관보(위탁자가 공공기관인 경우만 해당한다)나 위탁자의 사업장등이 있는 시·도 이상의 지역을 주된 보급지역으로 하는 「신문 등의 진흥에 관한 법률」 제2조제1호가목·다목 및 같은 조 제2호에 따른 일반일간신문, 일반주간신문 또는 인터넷신문에 싣는 방법 3. 같은 제목으로 연 2회 이상 발행하여 정보주체에게 배포하는 간행물·소식지·홍보지 또는 청구서 등에 지속적으로 싣는 방법 4. 재화나 용역을 제공하기 위하여 위탁자와 정보주체가 작성한 계약서 등에 실어 정보주체에게 발급하는 방법

다. 위탁자가 재화 또는 서비스를 홍보하거나 판매를 권유하는 업무를 위탁하는 경우에는 대통령령으로 정하는 방법(서면, 전자우편, 팩스, 전화, 문자전송 또는 이에 상당하는 방법. 시행령 §28④)에 따라 위탁하는 업무의 내용과 수탁자를 정보주체에게 알려야 한다. 위탁하는 업무의 내용이나 수탁자가 변경된 경우에도 동일함 (법 §26③)

라. 위탁자가 과실 없이 서면, 전자우편, 팩스, 전화, 문자전송 또는 이에 상당하는 방법으로 위탁하는 업무의 내용과 수탁자를 정보주체에게 알릴 수 없는 경우에는 해당 사항을 인터넷 홈페이지에 30일 이상 게재하여야 한다. 다만, 인터넷 홈페이지를 운영하지 아니하는 위탁자의 경우에는 사업장등의 보기 쉬운 장소에 30일 이상 게시하여야 함 (시행령 §28⑤)

2. 위탁자의 의무와 책임

가. 위탁자는 업무 위탁으로 인하여 정보주체의 개인정보가 분실·도난·유출·변조 또는 훼손되지 아니하도록 수탁자를 교육하고, 처리 현황 점검 등 대통령령으로 정

하는 바에 따라 수탁자가 개인정보를 안전하게 처리하는지를 감독하여야 함(법 §26④)

나. 위탁자는 수탁자가 개인정보 처리 업무를 수행하는 경우에 법 또는 이 영에 따라 개인정보처리자가 준수하여야 할 사항과 법 제26조제1항 각 호의 사항(위탁업무 수행 목적 외 개인정보의 처리 금지에 관한 사항, 개인정보의 기술적·관리적 보호조치에 관한 사항, 그 밖에 개인정보의 안전한 관리를 위하여 대통령령으로 정한 사항)을 준수하는지를 같은 조 제4항에 따라 감독하여야 함(시행령 §28⑥)

다. 수탁자는 개인정보처리자로부터 위탁받은 해당 업무 범위를 초과하여 개인정보를 이용하거나 제3자에게 제공하여서는 안 됨(법 §26⑤)

라. 수탁자가 위탁받은 업무와 관련하여 개인정보를 처리하는 과정에서 이 법을 위반하여 발생한 손해배상책임에 대하여는 수탁자를 개인정보처리자의 소속 직원으로 봄(법 §26⑥)

XI. 영업양도 등에 따른 개인정보의 이전 제한(영업양도·합병 시 고지의무)

가. 개인정보처리자는 영업의 전부 또는 일부의 양도·합병 등으로 개인정보를 다른 사람에게 이전하는 경우에는 미리 다음의 사항을 대통령령으로 정하는 방법(서면 등의 방법. 시행령 §29①)에 따라 해당 정보주체에게 알려야 함(법 §27①)

1. 개인정보를 이전하려는 사실 2. 개인정보를 이전받는 자("영업양수자등")의 성명(법인의 경우에는 법인의 명칭), 주소, 전화번호 및 그 밖의 연락처 3. 정보주체가 개인정보의 이전을 원하지 아니하는 경우 조치할 수 있는 방법 및 절차

나. 영업양수자등은 개인정보를 이전받았을 때에는 지체 없이 그 사실을 대통령령으로 정하는 방법(서면 등의 방법. 시행령 §29①)에 따라 정보주체에게 알려야 한다. 다만, 개인정보처리자가 그 이전 사실을 이미 알린 경우에는 예외(법 §27②)

다. 영업양도자등이 과실 없이 제1항에 따른 방법(서면 등의 방법)으로 법 제27조 제1항 각 호의 사항을 정보주체에게 알릴 수 없는 경우에는 해당 사항을 인터넷 홈페이지에 30일 이상 게재하여야 한다. 다만, 인터넷 홈페이지를 운영하지 아니하는 영업양도자등의 경우에는 사업장등의 보기 쉬운 장소에 30일 이상 게시하여야 함(시행령 §29②)

라. 영업양수자등은 영업의 양도·합병 등으로 개인정보를 이전받은 경우에는 이전 당시의 본래 목적으로만 개인정보를 이용하거나 제3자에게 제공할 수 있다. 이 경우 영업양수자등은 개인정보처리자로 봄(법 §27③)

XII. 개인정보취급자에 대한 감독

1. 개인정보취급자의 감독

개인정보취급자와 개인정보처리자의 차이

개인정보처리자란 업무를 목적으로 개인정보파일을 운용하기 위하여 스스로 또는 다른 사람을 통하여 개인정보를 처리하는 자를 말한다. 즉 공공기관, 법인, 단체 및 개인 등이 이에 해당한다(법 제2조제5호). 이에 비해, 개인정보취급자란 개인정보처리자의 지휘·감독을 받아 개인정보를 처리하는 임직원, 파견근로자, 시간제근로자 등을 말한다. 표준지침에서는 이를 구체화하여, 개인정보처리자의 지휘·감독을 받아 개인정보를 처리하는 업무를 담당하는 자로서 직접 개인정보에 관한 업무를 담당하는 자와 그 밖에 업무상 필요에 의해 그 밖에 업무상 필요에 의해 개인정보에 접근하여 처리하는 모든 자를 의미한다고 규정하고 있다.

개인정보처리자는 개인정보를 처리함에 있어서 개인정보가 안전하게 관리될 수 있도록 임직원, 파견근로자, 시간제근로자 등 개인정보처리자의 지휘·감독을 받아 개인정보를 처리하는 자("개인정보취급자")에 대하여 적절한 관리·감독을 행하여야 함(법 §28①)

(지침 § 18)

- 개인정보처리자는 개인정보취급자를 업무상 필요한 한도 내에서 최소한으로 두어야 하며, 개인정보취급자의 개인정보 처리범위를 업무상 필요한 한도 내에서 최소한으로 제한하여야 한다.
- 개인정보처리자는 개인정보 처리시스템에 대한 접근권한을 업무의 성격에 따라 당해 업무수행에 필요한 최소한의 범위로 업무담당자에게 차등 부여하고 접근권한을 관리하기 위한 조치를 취해야 한다.
- 개인정보처리자는 개인정보취급자로 하여금 보안서약서를 제출하도록 하는 등 적절한 관리・감독을 해야 하며, 인사이동 등에 따라 개인정보취급자의 업무가 변경되는 경우에는 개인정보에 대한 접근권한을 변경 또는 말소해야 한다.

2. 개인정보취급자의 교육

개인정보처리자는 개인정보의 적정한 취급을 보장하기 위하여 개인정보취급자에게 정기적으로 필요한 교육을 실시하여야 함(법 §28②)

제2절 개인정보의 안전한 관리

I. 안전성 확보조치 의무

1. 개인정보처리자는 개인정보가 분실·도난·유출·변조 또는 훼손되지 아니하도록 내부 관리계획 수립, 접속기록 보관 등 대통령령으로 정하는 바에 따라 안전성 확보에 필요한 기술적·관리적 및 물리적 조치를 하여야 함(법 §29)

2. 개인정보의 안전성 확보 조치 (시행령 §30①)

(1) 개인정보의 안전한 처리를 위한 내부 관리계획의 수립 · 시행

내부관리계획에는 개인정보 보호 조직의 구성 및 운영에 관한 다음과 같은 사항이 포함되어야 한다.

- 개인정보 보호책임자의 지정에 관한 사항
- 개인정보 보호책임자 및 개인정보취급자의 역할 및 책임에 관한 사항
- 안전성 확보조치 기준 고시 제4조(접근 권한의 관리), 제5조(비밀번호 관리), 제6조(접근통제 시스템 설치 및 운영), 제7조(개인정보의 암호화), 제8조(접속기록의 보관 및 위 · 변조방지), 제9조(보안프로그램 설치 및 운영), 제10조(물리적 접근방지)에 따른 개인정보의 안전성 확보에 필요한 조치에 관한 사항
- 개인정보취급자에 대한 교육에 관한 사항
- 그 밖에 개인정보 보호를 위하여 필요한 사항

개인정보 내부관리계획 목차 (예시)

제1장 총칙
제1조(목적)
제2조(적용범위)
제3조(용어 정의)

제2장 내부관리계획의 수립 및 시행
제4조(내부관리계획의 수립 및 승인)

제5조(내부관리계획의 공표)

제3장 개인정보보호책임자의 의무와 책임

제6조(개인정보보호책임자의 지정)

제7조(개인정보보호책임자의 의무와 책임)

제8조(개인정보취급자의 범위 및 의무와 책임)

제4장 개인정보의 처리단계별 기술적·관리적 안전조치

제9조(개인정보취급자 접근 권한 관리 및 인증)

제10조(접근통제)

제11조(개인정보의 암호화)

제12조(접근기록의 위변조 방지)

제13조(보안프로그램의 설치 및 운영)

제14조(물리적 접근제한)

제5장 개인정보보호 교육

제6장 개인정보 침해대응 및 피해구제

(2) 개인정보에 대한 접근 통제 및 접근 권한의 제한 조치

개인정보처리자는 정보통신망을 통한 불법적인 접근 및 침해사고 방지를 위해 다음 각 호의 기능을 포함한 시스템을 설치・운영하여야 한다(안전성 확보조치 고시 제6조제1항).

1. 개인정보처리시스템에 대한 접속 권한을 IP(Internet Protocol)주소 등으로 제한하여 인가받지 않은 접근을 제한
2. 개인정보처리시스템에 접속한 IP(Internet Protocol)주소 등을 분석하여 불법적인 개인정보 유출 시도를 탐지

(3) 개인정보를 안전하게 저장・전송할 수 있는 암호화 기술의 적용 또는 이에 상응하는조치

- 안전성 확보조치 기준 고시에서는 암호화 대상 개인정보로서 고유식별정보, 비밀번호 및 바이오정보만을 정하고 있다(안전성 확보조치 고시 제7조제1항).
- 안전성 확보조치 기준 고시는 암호화의 기준에 대해, 전송시의 암호화와 저장시의 암호화로 구분하여 규정하고, 개인정보 저장시에는 다시 그 저장대상 개인정보가 어떤 것인지, 저장 구간은 어떻게 되는지에 대해 차등적으로 규율하고 있다.

• 개인정보처리자는 암호화 대상 개인정보를 정보통신망을 통하여 송・수신하거나 보조저장매체 등을 통하여 전달하는 경우에는 이를 반드시 암호화하여야 한다(안전성 확보조치 고시 제7조제2항).

- 개인정보처리자는 비밀번호 및 바이오정보를 저장하는 경우에는 반드시 암호화하여 저장하여야 한다(안전성 확보조치 고시 제7조제3항).
- 개인정보처리자는 인터넷 구간 및 인터넷 구간과 내부망의 중간 지점(DMZ : Demilitarized Zone)에 고유식별정보를 저장하는 경우에는 이를 암호화하여야 한다 (안전성 확보조치 고시 제7조제4항).
- 개인정보처리자가 내부망에 고유식별정보를 저장하는 경우에는 다음 기준에 따라 암호화의 적용여부 및 적용범위를 정하여 시행할 수 있다.
  1. 법 제33조에 따른 개인정보 영향평가의 대상이 되는 공공기관의 경우에는 해당 개인정보 영향평가의 결과
  2. 개인정보 영향평가의 대상이 되는 공공기관 외의 개인정보처리자의 경우에는 위험도 분석에 따른 결과
- 개인정보처리자는 개인정보 저장시 암호화를 적용하는 경우에는 이 기준 시행일(2011년 9월 30일)로부터 3개월 이내에 암호화 계획을 수립하고, 2012년 12월 31일까지 암호화를 적용해야 한다(안전성 확보조치 고시 제7조제7항).
- 고유식별정보는 개인정보처리시스템이 아닌 단순한 업무용 컴퓨터에 저장되는 경우에도 손쉽게 유출·도용될 우려가 있다. 따라서 주민등록번호 등 고유식별정보는 업무용 컴퓨터에 저장하여 관리하는 경우 상용 암호화 소프트웨어 또는 안전한 암호화 알고리즘을 사용하여 암호화 저장하여야 한다.

(4) 개인정보 침해사고 발생에 대응하기 위한 접속기록의 보관 및 위조 · 변조 방지를 위한 조치

개인정보처리자는 개인정보취급자가 개인정보처리시스템에 접속한 기록을 최소 6개월 이상 보관·관리하여야 한다. 그리고 개인정보취급자의 접속기록이 위·변조 및 도난, 분실되지 않도록 해당 접속기록을 안전하게 보관하여야 한다(안전성 확보조치 고시 제8조).

(5) 개인정보에 대한 보안프로그램의 설치 및 갱신

(6) 개인정보의 안전한 보관을 위한 보관시설의 마련 또는 잠금장치의 설치 등 물리적 조치

물리적 보호조치

1. 개인정보의 안전한 보관을 위한 보관시설의 마련
2. 잠금장치의 설치 등

3. 행정안전부장관은 개인정보처리자가 안전성 확보 조치를 하도록 시스템을 구축하는 등 필요한 지원을 할 수 있음(시행령 §30②)

4. 안전성 확보 조치에 관한 세부 기준은 행정안전부장관이 정하여 고시(시행령 §30③)

Ⅱ. 개인정보 처리방침의 수립 및 공개

1. 개인정보 처리방침의 수립

개인정보처리자는 다음의 사항이 포함된 개인정보의 처리 방침("개인정보 처리방침")을 정하여야 한다. 이 경우 공공기관은 제32조에 따라 등록대상이 되는 개인정보파일에 대하여 개인정보 처리방침을 정한다. (법 §30①)

1. 개인정보의 처리 목적
2. 개인정보의 처리 및 보유 기간
3. 개인정보의 제3자 제공에 관한 사항(해당되는 경우에만 정한다)
4. 개인정보처리의 위탁에 관한 사항(해당되는 경우에만 정한다)
5. 정보주체의 권리·의무 및 그 행사방법에 관한 사항
6. 그 밖에 개인정보의 처리에 관하여 대통령령으로 정한 사항 (시행령 §31①)
   6-1. 처리하는 개인정보의 항목
   6-2. 개인정보의 파기에 관한 사항
   6-3. 제30조에 따른 개인정보의 안전성 확보 조치에 관한 사항

등록이 면제된 개인정보파일(법 제32조제2항)

1. 국가 안전, 외교상 비밀, 그 밖에 국가의 중대한 이익에 관한 사항을 기록한 개인정보파일
2. 범죄의 수사, 공소의 제기 및 유지, 형 및 감호의 집행, 교정처분, 보호처분, 보안관찰처분과 출입국관리에 관한 사항을 기록한 개인정보파일
3. 「조세범처벌법」에 따른 범칙행위 조사 및 「관세법」에 따른 범칙행위 조사에 관한 사항을 기록한 개인정보파일
4. 공공기관의 내부적 업무처리만을 위하여 사용 되는 개인정보파일
5. 다른 법령에 따라 비밀로 분류된 개인정보파일

2. 개인정보 수립방침의 공개

가. 개인정보처리자가 개인정보 처리방침을 수립하거나 변경하는 경우에는 정보주체가 쉽게 확인할 수 있도록 대통령령으로 정하는 방법에 따라 공개하여야 함(법 § 30②)

이에 따라 수립하거나 변경한 개인정보 처리방침을 개인정보처리자의 인터넷 홈페이지에 지속적으로 게재하여야 함(시행령 §31②)

나. 인터넷 홈페이지에 게재할 수 없는 경우에는 다음의 어느 하나 이상의 방법으로 수립하거나 변경한 개인정보 처리방침을 공개하여야 함(시행령 § 31③)

1. 개인정보처리자의 사업장등의 보기 쉬운 장소에 게시하는 방법 2. 관보(개인정보처리자가 공공기관인 경우만 해당한다)나 개인정보처리자의 사업장등이 있는 시·도 이상의 지역을 주된 보급지역으로 하는 「신문 등의 진흥에 관한 법률」 제2조제1호가목·다목 및 같은 조 제2호에 따른 일반일간신문, 일반주간신문 또는 인터넷신문에 싣는 방법 3. 같은 제목으로 연 2회 이상 발행하여 정보주체에게 배포하는 간행물·소식지·홍보지 또는 청구서 등에 지속적으로 싣는 방법 4. 재화나 용역을 제공하기 위하여 개인정보처리자와 정보주체가 작성한 계약서 등에 실어 정보주체에게 발급하는 방법

3. 개인정보 처리방침의 내용과 개인정보처리자와 정보주체 간에 체결한 계약의 내용이 다른 경우에는 정보주체에게 유리한 것을 적용(법 §30③)

4. 행정안전부장관은 개인정보 처리방침의 작성지침을 정하여 개인정보처리자에게 그 준수를 권장할 수 있음(법 §30④)

Ⅲ. 개인정보 보호책임자

1. 개인정보 보호책임자의 지정

가. 개인정보처리자는 개인정보의 처리에 관한 업무를 총괄해서 책임질 개인정보 보호책임자를 지정하여야 함(법 §31①)

> 개인정보 보호책임자를 지정하려는 경우에는 다음의 구분에 따라 지정한다. (시행령 §32②)
>
> 1. 공공기관: 다음 각 목의 구분에 따른 기준에 해당하는 공무원 등
>   가. 국회, 법원, 헌법재판소, 중앙선거관리위원회의 행정사무를 처리하는 기관 및 중앙행정기관: 고위공무원단에 속하는 공무원(이하 "고위공무원"이라 한다) 또는 그에 상당하는 공무원
>   나. 가목 외에 정무직공무원을 장(長)으로 하는 국가기관: 3급 이상 공무원(고위공무원을 포함한다) 또는 그에 상당하는 공무원
>   다. 가목 및 나목 외에 고위공무원, 3급 공무원 또는 그에 상당하는 공무원 이상의 공무원을 장으로 하는 국가기관: 4급 이상 공무원 또는 그에 상당하는 공무원
>   라. 가목부터 다목까지의 규정에 따른 국가기관 외의 국가기관(소속 기관을 포함한다): 해당 기관의 개인정보 처리 관련 업무를 담당하는 부서의 장
>   마. 시·도 및 시·도 교육청: 3급 이상 공무원 또는 그에 상당하는 공무원
>   바. 시·군 및 자치구: 4급 공무원 또는 그에 상당하는 공무원
>   사. 제2조제5호에 따른 각급 학교: 해당 학교의 행정사무를 총괄하는 사람
>   아. 가목부터 사목까지의 규정에 따른 기관 외의 공공기관: 개인정보 처리 관련 업무를 담당하는 부서의 장. 다만, 개인정보 처리 관련 업무를 담당하는 부서의 장이 2명 이상인 경우에는 해당 공공기관의 장이 지명하는 부서의 장이 된다.
> 2. 공공기관 외의 개인정보처리자: 다음 각 목의 어느 하나에 해당하는 사람
>   가. 사업주 또는 대표자
>   나. 개인정보 처리 관련 업무를 담당하는 부서의 장 또는 개인정보 보호에 관한 소양이 있는 사람
>
> ※ 개인정보 보호에 관한 소양이 있는 사람 : 관련 개인정보 처리 업무경험이 있는 자로서, 개인정보보호를 위한 관리적·기술적·물리적 보호조치를 할 수 있는 자 (지침 §22②)

나. 친목단체는 법 제58조제3항에 따라 개인정보 보호책임자를 지정하지 아니할 수 있다. 이 경우 친목단체의 대표자가 개인정보 보호책임자의 직무를 수행할 수 있음(지침 §22③)

다. 「정보통신망 이용촉진 및 정보보호 등에 관한 법률」 제27조에 따른 개인정보관리책임자를 지정한 경우에는 개인정보 보호책임자를 별도로 두지 않을 수 있음 (지침 §22④)

2. 개인정보 보호책임자의 공개 (지침 §23)

가. 개인정보처리자가 개인정보 보호책임자를 지정하거나 변경하는 경우 개인정보 보호책임자의 지정 및 변경 사실, 성명과 부서의 명칭, 전화번호 등 연락처를 공개하여야 함

나. 개인정보처리자는 개인정보 보호책임자를 공개하는 경우 개인정보 보호와 관련한 고충처리 및 상담을 실제로 처리할 수 있는 연락처를 공개하여야 한다. 다만, 개인정보 보호책임자와 개인정보 보호 업무를 처리하는 담당자의 성명, 부서의 명칭, 전화번호 등 연락처를 함께 기재할 수 있음

3. 개인정보 보호책임자의 업무 (법 §31②)

1. 개인정보 보호 계획의 수립 및 시행
2. 개인정보 처리 실태 및 관행의 정기적인 조사 및 개선
3. 개인정보 처리와 관련한 불만의 처리 및 피해 구제
4. 개인정보 유출 및 오용·남용 방지를 위한 내부통제시스템의 구축
5. 개인정보 보호 교육 계획의 수립 및 시행
6. 개인정보파일의 보호 및 관리·감독
7. 그 밖에 개인정보의 적절한 처리를 위하여 대통령령으로 정한 업무 (시행령 §32①)
   - 7-1. 법 제30조에 따른 개인정보 처리방침의 수립·변경 및 시행
   - 7-2. 개인정보 보호 관련 자료의 관리
   - 7-3. 처리 목적이 달성되거나 보유기간이 지난 개인정보의 파기

4. 행정안전부장관의 지원

가. 행정안전부장관은 개인정보 보호책임자가 업무를 원활히 수행할 수 있도록 개인

정보 보호책임자에 대한 교육과정을 개설·운영하는 등 지원을 할 수 있음(시행령 §32③)

교육계획의 수립 및 시행 (지침 § 25)
1. 행정안전부장관은 매년 초 당해연도 개인정보 보호책임자 교육계획을 수립하여 시행한다. 2. 행정안전부장관은 교육계획에 따라 사단법인 한국개인정보보호협의회 등의 단체에 개인정보 보호책임자 교육을 실시하게 할 수 있다. 3. 행정안전부장관은 개인정보 보호책임자가 지리적·경제적 여건에 구애받지 않고 편리하게 교육을 받은 수 있는 여건 조성을 위해 노력하여야 한다.

나. 개인정보 보호책임자의 교육 (지침 § 24)

행정안전부장관이 개설 운영할 수 있는 개인정보 보호책임자에 대한 교육의 내용은 다음과 같음

1. 개인정보 보호 관련 법령 및 제도의 내용 2. 법 제31조제2항 및 시행령 제32조제1항 각 호의 업무수행에 필요한 사항 3. 그 밖에 개인정보처리자의 개인정보 처리를 위하여 필요한 사항

5. 개인정보 보호책임자의 역할

가. 개인정보 보호책임자는 해당 업무를 수행함에 있어서 필요한 경우 개인정보의 처리 현황, 처리 체계 등에 대하여 수시로 조사하거나 관계 당사자로부터 보고를 받을 수 있음(법 §31③)

나. 개인정보 보호책임자는 개인정보 보호와 관련하여 이 법 및 다른 관계 법령의 위반 사실을 알게 된 경우에는 즉시 개선조치를 하여야 하며, 필요하면 소속 기관 또는 단체의 장에게 개선조치를 보고하여야 함(법 §31④)

다. 개인정보처리자는 개인정보 보호책임자가 업무를 수행함에 있어서 정당한 이유 없이 불이익을 주거나 받게 하여서는 안 됨(법 §31⑤)

Ⅳ. 개인정보파일의 등록 및 공개

1. 공공기관의 장이 개인정보파일을 운용하는 경우에는 다음 각 호의 사항을 행정안전부 장관에게 등록하여야 한다. 등록한 사항이 변경된 경우에도 동일 (법 §32①)

1. 개인정보파일의 명칭
2. 개인정보파일의 운영 근거 및 목적
3. 개인정보파일에 기록되는 개인정보의 항목
4. 개인정보의 처리방법
5. 개인정보의 보유기간
6. 개인정보를 통상적 또는 반복적으로 제공하는 경우에는 그 제공받는 자
7. 그 밖에 대통령령으로 정하는 사항

파일 등록 의무자

개인정보파일 등록 의무가 있는 공공기관은 구체적으로 다음과 같다(표준지침 제53조).

1. 중앙행정기관(대통령 소속 기관과 국무총리 소속 기관을 포함한다) 및 그 소속 기관, 지방자치단체
2. 「국가인권위원회법」에 따른 국가인권위원회
3. 「공공기관의 운영에 관한 법률」에 따른 공공기관
4. 「지방공기업법」에 따른지방공사 및 지방공단
5. 특별법에 의하여 설립된 특수법인
6. 「초·중등교육법」, 「고등교육법」 및 그 밖의 다른 법률에 따라 설치된 각급 학교

2. 등록예외

다음 내용에 해당하는 개인정보 파일의 경우에는 등록 및 공개를 적용하지 않음(법 §32②)

1. 국가 안전, 외교상 비밀, 그 밖에 국가의 중대한 이익에 관한 사항을 기록한 개인정보파일
2. 범죄의 수사, 공소의 제기 및 유지, 형 및 감호의 집행, 교정처분, 보호처분, 보안관찰처분과 출입국관리에 관한 사항을 기록한 개인정보파일
3. 「조세범처벌법」에 따른 범칙행위 조사 및 「관세법」에 따른 범칙행위 조사에 관한 사항을 기록한 개인정보파일
4. 공공기관의 내부적 업무처리만을 위하여 사용되는 개인정보파일[27)]
5. 다른 법령에 따라 비밀로 분류된 개인정보파일[28)]

3. 개인정보파일의 등록사항 (시행령 §33)

1. 개인정보파일을 운용하는 공공기관의 명칭 2. 개인정보파일로 보유하고 있는 개인정보의 정보주체 수 3. 해당 공공기관에서 개인정보 처리 관련 업무를 담당하는 부서 4. 제41조에 따른 개인정보의 열람 요구를 접수·처리하는 부서 5. 개인정보파일의 개인정보 중 법 제35조제4항에 따라 열람을 제한하거나 거절할 수 있는 개인정보의 범위 및 제한 또는 거절 사유

4. 개인정보파일의 등록 및 공개 (시행령 §34①)

개인정보파일을 운용하는 공공기관의 장은 그 운용을 시작한 날부터 60일 이내에 행정안전부령으로 정하는 바에 따라 행정안전부장관에게 법 제32조제1항 및 이 영 제33조에 따른 등록사항의 등록을 신청하여야 한다. 등록 후 등록한 사항이 변경된 경우에도 동일

5. 행정안전부장관은 개인정보파일의 등록사항을 등록하거나 변경하는 업무를 전자적으로 처리할 수 있도록 시스템을 구축·운영할 수 있음(시행령 §34③)

6. 행정안전부장관은 필요하면 개인정보파일의 등록사항과 그 내용을 검토하여 해당 공공기관의 장에게 개선을 권고할 수 있음(법 §32③)

---

27) **[사례]**

- 임직원 전화번호부, 비상연락망, 인사기록파일 등
- 요금정산, 회의참석자 수당지급, 자문기구운영 등을 위한 개인정보파일

28) **[사례]**

「공공기록물관리에관한법률」 **제33조(비밀 기록물의 관리)** ①공공기관은 비밀 기록물을 생산하는 때에는 당해 기록물의 원본에 비밀 보호기간 및 보존기간을 함께 정하여 보존기간이 만료될 때까지 관리되도록 하여야 한다. 이 경우 보존기간은 비밀 보호기간 이상의 기간으로 책정하여야 한다.

②비밀 기록물의 원본은 대통령령이 정하는 바에 따라 소관 기록물관리기관으로 이관하여 보존하여야 한다.

「보안업무규정」 **제4조(비밀의 구분)** 비밀은 그 중요성과 가치의 정도에 따라 다음 각호에 의하여 이를 Ⅰ급비밀 · Ⅱ급비밀 및 Ⅲ급비밀로 구분한다.

1. 누설되는 경우 대한민국과 외교관계가 단절되고 전쟁을 유발하며, 국가의 방위계획 · 정보활동 및 국가방위상 필요불가결한 과학과 기술의 개발을 위태롭게 하는등의 우려가 있는 비밀은 이를 Ⅰ급비밀로 한다.
2. 누설되는 경우 국가안전보장에 막대한 지장을 초래할 우려가 있는 비밀은 이를 Ⅱ급비밀로 한다.
3. 누설되는 경우 국가안전보장에 손해를 끼칠 우려가 있는 비밀은 이를 Ⅲ급비밀로 한다.

〈 개인정보파일 등록시 개선 권고 사항 〉

1. 개인정보파일이 과다하게 운용된다고 판단되는 경우 2. 등록하지 않은 개인정보파일이 있는 경우 3. 개인정보파일 등록 사실이 삭제되었음에도 불구하고 개인정보파일을 계속 보유하고 있는 경우 4. 개인정보 영향평가를 받은 개인정보파일을 보유하고 있음에도 그 결과를 등록사항에 포함시키지 않은 경우 5. 기타 법 제32조에 따른 개인정보파일의 등록 및 공개에 위반되는 사항이 있다고 판단되는 경우

7. 행정안전부장관은 개인정보파일의 등록 현황을 누구든지 쉽게 열람할 수 있도록 공개하여야 한다. (법 §32④) 이에 따라 개인정보파일의 등록 현황을 인터넷 홈페이지에 게재하여야 함(시행령 §34②)

8. 국회, 법원, 헌법재판소, 중앙선거관리위원회(그 소속 기관을 포함한다)의 개인정보파일 등록 및 공개에 관하여는 국회규칙, 대법원규칙, 헌법재판소규칙 및 중앙선거관리위원회규칙으로 정함(법 §32⑥)

V. 개인정보 영향평가

1. 개인정보 영향평가

개인정보 영향평가 개인정보파일의 운용으로 인하여 정보주체의 개인정보 침해가 우려되는 경우에 그 위험요인을 분석하고 개선사항을 도출하기 위한 평가(법 제33조)

가. 공공기관의 장은 대통령령으로 정하는 기준에 해당하는 개인정보파일의 운용으로 인하여 정보주체의 개인정보 침해가 우려되는 경우에는 그 위험요인의 분석과

개선 사항 도출을 위한 평가("영향평가")를 하고 그 결과를 행정안전부장관에게 제출하여야 한다. 이 경우 공공기관의 장은 영향평가를 행정안전부장관이 지정하는 기관("평가기관") 중에서 의뢰하여야 함(법 §33①)

나. 개인정보 영향평가의 대상 (시행령 § 35)

법 제33조제1항에서 "대통령령으로 정하는 기준에 해당하는 개인정보파일"이란 개인정보를 전자적으로 처리할 수 있는 개인정보파일로서 다음의 어느 하나에 해당하는 개인정보파일을 말함

1. 구축·운용 또는 변경하려는 개인정보파일로서 5만명 이상의 정보주체에 관한 법 제23조에 따른 민감정보 또는 고유식별정보의 처리가 수반되는 개인정보파일
2. 구축·운용하고 있는 개인정보파일을 해당 공공기관 내부 또는 외부에서 구축·운용하고 있는 다른 개인정보파일과 연계하려는 경우로서 연계 결과 50만명 이상의 정보주체에 관한 개인정보가 포함되는 개인정보파일
3. 구축·운용 또는 변경하려는 개인정보파일로서 100만명 이상의 정보주체에 관한 개인정보파일
4. 법 제33조제1항에 따른 개인정보 영향평가를 받은 후에 개인정보 검색체계 등 개인정보파일의 운용체계를 변경하려는 경우 그 개인정보파일(이 경우 영향평가 대상은 변경된 부분으로 한정)

2. 평가기관의 지정 및 지정취소 (시행령 §37)

가. 지정요건

행정안전부장관은 다음의 요건을 모두 갖춘 법인을 개인정보 영향평가기관으로 지정할 수 있음

1. 최근 5년간 다음 각 목의 어느 하나에 해당하는 업무 수행의 대가로 받은 금액의 합계액이 2억원 이상인 법인
   가. 영향평가 업무 또는 이와 유사한 업무
   나. 「전자정부법」 제2조제13호에 따른 정보시스템(정보보호시스템을 포함)의 구축 업무 중 정보보호컨설팅 업무(전자적 침해행위에 대비하기 위한 정보시스템의 분석·평가와 이에 기초한 정보 보호 대책의 제시 업무)
   다. 「전자정부법」 제2조제14호에 따른 정보시스템 감리 업무 중 정보보호컨설팅 업무
   라. 「정보통신산업 진흥법」 제33조제1항제1호 및 제2호에 따른 업무
   마. 「정보통신망 이용촉진 및 정보보호 등에 관한 법률」 제2조제8호에 따른 정보보호산업에 해당하는 업무 중 정보보호컨설팅 업무
2. 별표 1에 따른 전문인력을 10명 이상 상시 고용하고 있는 법인
3. 다음 각 목의 사무실 및 설비를 갖춘 법인
   가. 신원 확인 및 출입 통제를 위한 설비를 갖춘 사무실
   나. 기록 및 자료의 안전한 관리를 위한 설비

〈평가기관이 보유해야 하는 전문인력〉

- 일반수행인력으로는 다음과 같은 자가 해당된다(영향평가 고시 제5조).

- 한국인터넷진흥원이 시행하는 정보보호전문가(SIS) 자격을 취득한 후 1년 이상 개인정보 영향평가 관련 분야에서 업무를 수행한 경력이 있는 사람

> 정보보호전문가(SIS: Specialist for Information Security)는 한국인터넷진흥원에서 주관하는 자격증으로서, 정보보호 분야의 전문기술 및 실무경험을 갖춘 능력을 검정하고 정보보호 전문인력의 수요에 대응하기 위해 개발 · 시행된 자격제도이다.

- 「전자정부법」 제60조에 따른 감리원(ISA) 자격을 취득한 후 1년 이상 개인정보 영향평가 관련 분야에서 업무를 수행한 경력이 있는 사람

> 정보시스템감리사(ISA : Information Systems Auditor)는 한국정보화진흥원에서 주관하는 자격증으로 국가 주요 정보사업에 대한 감리체계의 확립과 실제 감리작업을 수행할 수 있는 전문인력을 양성하기 위하여 도입 실시되는 국가공인 민간자격증이다.

- 「국가기술자격법」에 따른 정보통신 직무분야의 국가기술자격 중 정보관리기술사, 컴퓨터시스템응용기술사, 정보통신기술사, 전자계산기조직응용기사, 정보처리기사 또는 정보통신기사 기술자격을 취득한 후 1년 이상 개인정보 영향평가 관련 분야에서 업무를 수행한 경력이 있는 사람

「국가기술자격법 시행규칙」 제3조에 따른 전자계산조직응용기사 · 정보관리기술사 · 정보처리기사 · 컴퓨터시스템응용기술사 · 정보통신기술사 · 정보통신기사 자격을 취득한 자로서, 개인정보 취급 정보시스템을 개발 · 운용 · 유지 · 보수 등을 통해 안전하게 관리하는 업무를 수행한다.

- 국제정보시스템감사통제협회의 공인정보시스템감사사(CISA) 자격을 취득한 후 1년 이상 개인정보 영향평가 관련 분야에서 업무를 수행한 경력이 있는 사람

공인정보시스템감사사(CISA : Certified Information Systems Auditor)는 정보시스템감사통제협회(ISACA)에서 일정한 자격 요건을 갖춘 사람들에게 부여하는 '정보시스템 지배, 통제, 보안 및 감사 분야의 공인 전문 자격증'으로 경영 전략과 조직관리, 정보시스템 기반 기술, 정보시스템 보안 및 위험관리, 정보시스템 개발 및 프로젝트 관리, BPR과 전자상거래 등의 분야에 대한 체계적인 지식과 실무 경험을 보유하고 있다고 볼 수 있다.

- 국제정보시스템보안자격협회의 공인정보시스템보호전문가(CISSP) 자격을 취득한 후 1년 이상 개인정보 영향평가 관련 분야에서 업무를 수행한 경력이 있는 사람

공인정보시스템보호전문가(CISSP : Certified Information Systems Security Professional)는 ISC2(International Information Systems Security Certification Consortium)에서 주관하는 자격증으로 이 자격증을 취득한 자는 기업이 견고한 보안 수행을 구현하고, 위험분석을 수행하고, 필요한 대책을 파악하고, 그리고 전체 조직이 시설, 네트워크, 시스템, 그리고 정보를 보호하는 작업을 도와줄 수 있는 기술적 능력, 지식, 경험을 가진 자라고 볼 수 있다.

- 개인정보 보호와 관련된 자격으로서 행정안전부장관이 정하는 자격을 취득한 후 1년 이상 개인정보 영향평가 관련 분야에서 업무를 수행한 경력이 있는 사람

"개인정보 영향평가 관련 분야에서 업무를 수행한 경력이 있는 사람"이란 공공기관, 법인 및 단체 등의 임직원으로 개인정보 보호를 위한 공통기반기술(암호기술, 인증기술 등을 말한다), 시스템 · 네트워크 보호(시스템 보호, 해킹 · 바이러스 대응, 네트워크 보호 등을 말한다) 또는 응용서비스 보호(전자거래 보호, 응용서비스 보호, 정보보호 표준화 등을 말한다)에 해당되는 분야에서 계획, 분석, 설계, 개발,운영, 유지 · 보수, 감리, 컨설팅 또는 연구 · 개발 업무 등을 수행한 경력이 있는 사람을 말한다.

- 한국CPO포럼이 시행하는 개인정보관리사(CPPG) 자격을 취득한 후 1년 이상 개인정보 영향평가 관련 분야에서 업무를 수행한 경력이 있는 사람

개인정보관리사(CPPG)는 개인정보 보호 정책 및 대처 방법론에 대한 지식 및 능력을 검정하기 위해 개발 · 시행된 자격제도로써 한국CPO포럼이 주관하는 자격증이다.

- 고급수행인력 자격은 ① 일반수행인력의 자격을 갖춘 후 5년이상의 영향평가 관련 경력이 있는 사람, ② 관련 분야 박사학위를 취득한 후 3년 이상의 영향평가 관련 경력이 있는 사람, ③ 「국가기술자격법 시행규칙」 제3조에 따른 정보관리기술사 · 컴퓨터시스템응용기술사 · 정보통신기술사자격을 취득한 후 3년 이상의 영향평가 관련 경력이 있는 사람

나. 평가기관으로 지정받으려는 자는 행정안전부령으로 정하는 평가기관 지정신청서에 다음의 서류(전자문서를 포함)를 첨부하여 행정안전부장관에게 제출하여야 한다.

1. 정관 2. 대표자 및 임원의 성명 3. 제1항제2호에 따른 전문인력의 자격을 증명할 수 있는 서류 4. 그 밖에 행정안전부령으로 정하는 서류 　4-1. 별지 제4호서식의 개인정보 영향평가 수행인력 보유 현황 　4-2. 별지 제5호서식의 개인정보 영향평가 수행 관련 사무실 및 설비 보유 현황 　4-3. 영 제37조제1항제1호의 사실을 증명할 수 있는 서류 등 행정안전부장관이 정하는 서류 5.「출입국관리법」 제88조제2항에 따른 외국인등록 사실증명(영 제37조제3항 각 호 외의 부분 단서에 해당하는 경우에만 첨부한다)

〈 시행규칙 및 고시에서 정하는 서류 〉

시행규칙에 따른 제출서류	고시에 따른 제출서류
① 개인정보 영향평가 수행인력 보유현황 ② 개인정보 영향평가 수행 관련 사무실 및 설비 보유현황	① 개인정보 영향평가 수행실적 명세서 ② 개인정보 영향평가 수행실적물 관리카드 ③ 개인정보 영향평가 수행인력의 경력 및 실적 증명서 ④ 개인정보 영향평가 수행인력 관리카드 ⑤ 개인정보 영향평가 수행능력 세부 심사자료 ⑥ 개인정보 영향평가 관련 기술자산 보유목록

다. 제2항에 따라 평가기관 지정신청서를 제출받은 행정안전부장관은 「전자정부법」 제36조제1항에 따른 행정정보의 공동이용을 통하여 다음 각 호의 서류를 확인하여야 한다. 다만, 신청인이 제2호의 확인에 동의하지 아니하는 경우에는 신청인에게 그 서류를 첨부하게 하여야 함

1. 법인 등기사항증명서 2. 「출입국관리법」 제88조제2항에 따른 외국인등록 사실증명(외국인인 경우만 해당한다)

라. 행정안전부장관은 평가기관을 지정한 경우에는 지체 없이 평가기관 지정서를 발급하고, 다음의 사항을 관보에 고시하여야 한다. 고시된 사항이 변경된 경우에도 동일

1. 평가기관의 명칭·주소 및 전화번호와 대표자의 성명 2. 지정 시 조건을 붙이는 경우 그 조건의 내용

마. 행정안전부장관은 지정된 평가기관이 다음의 어느 하나에 해당하는 경우에는 평가기관의 지정을 취소 또는 취소할 수 있다. 행정안전부장관은 평가기관의 지정을 취소하려는 경우에는 청문을 하여야 함

필요적 취소사유

1. 거짓이나 그 밖의 부정한 방법으로 평가기관의 지정을 받은 경우
2. 지정된 평가기관 스스로 지정취소를 원하는 경우나 폐업한 경우

임의적 취소사유

3. 제1항에 따른 지정요건을 충족하지 못하게 된 경우
4. 제6항에 따른 신고의무를 이행하지 아니한 경우
5. 고의 또는 중대한 과실로 영향평가 업무를 부실하게 수행하여 그 업무를 적정하게 수행할 수 없다고 인정되는 경우
6. 그 밖에 법 또는 이 영에 따른 의무를 위반한 경우

3. 신고의무

지정된 평가기관은 지정된 후 다음의 어느 하나에 해당하는 사유가 발생한 경우에는 행정안전부령으로 정하는 바에 따라 그 사유가 발생한 날부터 7일 이내에 행정안전부장관에게 신고하여야 함

1. 지정요건에 관한 사항이 변경된 경우
2. 평가기관의 명칭·주소 및 전화번호와 대표자의 성명이 변경된 경우
3. 평가기관을 양도·양수하거나 합병하는 등의 사유가 발생한 경우(이 경우에는 그 사유가 발생한 날부터 30일 이내에 신고하여야 한다.)

4. 영향평가시 고려사항

〈 개인정보 영향평가 절차 〉

	사전 분석			영향평가의 실시			평가결과의 정리	
	영향평가 필요성 검토	영향평가 수행주체 선정	평가수행계획 수립	평가자료 수집	개인정보 흐름분석	개인정보 침해요인 분석	개선계획 수립	영향평가서 작성
평가절차	사전평가 수행	영향평가팀 구성방안 협의 영향평가기관 선정 영향평가팀 역할정의 영향평가팀 운영계획 수립	평가수행계획 수립	내부정책 자료분석 외부정책 자료분석 대상시스템 관련 자료분석	개인정보 취급업무 현황 분석 개인정보 흐름표 작성 개인정보 흐름도 작성 시스템 구조도 작성	평가항목 작성 개인정보 보호조치 현황 및 계획 파악 개인정보 침해요인 도출 개인정보 위험도 산정 개선방안 도출	개선계획 수립	영향평가서 작성 보고서 제출 및 최종 보고 회의
산출물	영향평가 필요성 검토서 질문서	영향평가팀 구성 및 운영 계획서	평가계획서	자료목록 / 사업 개요서	개인정보 취급 업무표/ 개인정보 흐름표 개인정보 흐름도/ 시스템 구조도	영향평가 항목표/ 개인정보 침해요인 목록/ 위험도 산정결과/ 개선방안 목록	개선 계획서	영향평가 평가서 (결과보고서)

가. 영향평가를 하는 경우에는 다음 사항을 고려하여야 함(법 § 33②)

1. 처리하는 개인정보의 수
2. 개인정보의 제3자 제공 여부
3. 정보주체의 권리를 해할 가능성 및 그 위험 정도
4. 그 밖에 대통령령으로 정한 사항
   (시행령 §36)
   4-1. 민감정보 또는 고유식별정보의 처리 여부
   4-2. 개인정보 보유기간

나. 영향평가의 평가기준 등 (시행령 § 38)

1. 해당 공공기관에서 처리하는 개인정보의 종류·성질, 정보주체의 수 및 그에 따른 개인정보 침해의 가능성
2. 법 제24조제3항, 제25조제6항 및 제29조에 따른 안전성 확보 조치의 수준 및 이에 따른 개인정보 침해의 가능성
3. 개인정보 침해의 위험요인별 조치 여부
4. 그 밖에 법 및 이 영에 따라 필요한 조치 또는 의무 위반 요소에 관한 사항

〈개인정보 영향평가 수행능력심사 세부평가기준〉

구분	평가항목	세부평가항목	배점	평가지표	세부 평가 기준
I. 정량 평가	1.경험 (20)	최근 5년간 영향평가 수행실적	10	계약금액 총액	· 5억원 이상: 배점의 100% · 5억원 미만: 배점의 χ% ※ χ = (계약금액총액/5억원) × 100
		최근 2년간 계약금액 1천만원 이상의 영향평가 수행실적	10	수행건수	· 5건 이상: 배점의 100% · 5건 미만: 배점의 χ% ※ χ = (수행건수/5건) × 100
	2.전문화 정도 (20)	고급수행 인력의 수	10	인원수	· 인원수 × 1점(최대 10점)
		총매출액대비 영향평가분야 매출액의 비율	10	비율	· 배점 × 총매출액대비 개인정보영향평가 분야매출액의 비율(%) ※ 개인정보 영향평가 분야 매출액의 비율이 30%미만인 경우 일괄적으로 배점의 30% 부여
	3. 신뢰도 (10)	부채비율	5	비율	· 상위그룹: 배점의 100% · 중상그룹: 배점의 80% · 중간그룹: 배점의 60% · 중하그룹: 배점의 40% · 하위그룹: 배점의 20% ※ 그룹 당 동수로 5그룹을 편성한 후, 나머지가 있는 경우는 상위그룹부터 1개씩 추가 편성 ※ 대기업과 중소기업을 구별
		자기자본 이익률	5	비율	
II. 정성 평가	1.경험 (20)	영향평가 수행실적의 질적 평가	10	비계량	· 영향평가 실적 유형(공공/민간) · 영향평가 수행기관 · 영향평가 수행건수 및 규모 · 영향평가 수행방법

		영향평가 책임자의 자질과 경험	5	비계량	· 영향평가 책임자의 자질과 경험 · 영향평가 수행인력 구성의 다양성 · 영향평가 수행인력의 숙련도
		영향평가 수행인력의 자질 및 경험	5	비계량	· 영향평가 수행인력의 자질과 경험 · 관련분야 교육 이수
	2.전문화 정도 (20)	영향평가 전문지식	10	비계량	※ 신청서류, 현장실사 등을 통해 평가
		영향평가 방법론	5	비계량	· 방법론의 체계성·일관성 · 방법론의 타당성·적합성 · 방법론의 독창성 · 사례를 통해서 본 방법론의 우수성
		영향평가 기술개발 등	5	비계량	· 평가과정의 독창성·차별성 · 평가방법, 항목 등 평가체계의 독창성·차별성
	3. 신뢰도 (10)	지정신청법인의 자체 개인정보영향평가대책	5	비계량	· 위험분석의 타당성 · 개인정보영향평가의 적절성 · 개인정보영향평가의 실효성
		지정신청법인의 관련 대외활동	5	비계량	· 관련 협회 가입 여부 · 그밖에 개인정보 보호관련 활동
III. 기타		「벤처기업육성에 관한 특별조치법」 제25조에 따라 벤처기업으로 확인을 받은 기업	가점	확인여부	※ 벤처 확인기업: 가점 5점
		최근 3년간 조달법령에 따라부정당업자로 지정되어 입찰참가가 제한을 받은 기간	감점	입찰참가 제한월수	※ 제한월수 1월당: 감점 0.5점

5. 영향평가의 활용 등

가. 행정안전부장관은 제출받은 영향평가 결과에 대하여 보호위원회의 심의·의결을 거쳐 의견을 제시할 수 있음(법 §33③)

나. 공공기관의 장은 제1항에 따라 영향평가를 한 개인정보파일을 제32조제1항에 따라 등록할 때에는 영향평가 결과를 함께 첨부하여야 함(법 §33④)

다. 행정안전부장관은 영향평가의 활성화를 위하여 관계 전문가의 육성, 영향평가 기준의 개발·보급 등 필요한 조치를 마련하여야 함(법 §33⑤)

라. 영향평가 결과의 보고절차(시행령 § 38)

영향평가를 의뢰받은 평가기관은 평가기준에 따라 개인정보파일의 운용으로 인한 개인정보 침해의 위험요인을 분석·평가한 후 다음의 사항이 포함된 평가결과를 영향평가서로 작성하여 해당 공공기관의 장에게 보내야 하며, 공공기관의 장은 제35조 각 호에 해당하는 개인정보파일(개인정보 영향평가의 대상)을 구축·운용하기 전에 그 영향평가서를 행정안전부장관에게 제출(영향평가서에 개선 필요 사항이 포함된 경우에는 그에 대한 조치 내용을 포함한다)하여야 함

1. 개인정보파일 운용과 관련된 사업의 개요 및 개인정보파일 운용의 목적 2. 영향평가 대상 개인정보파일의 개요 3. 평가기준에 따른 개인정보 침해의 위험요인에 대한 분석·평가 및 개선이 필요한 사항 4. 영향평가 수행 인력 및 비용

마. 국회, 법원, 헌법재판소, 중앙선거관리위원회(그 소속 기관을 포함한다)의 영향평가에 관한 사항은 국회규칙, 대법원규칙, 헌법재판소규칙 및 중앙선거관리위원회규칙으로 정하는 바에 따름(법 §33⑦)

바. 공공기관 외의 개인정보처리자는 개인정보파일 운용으로 인하여 정보주체의 개인정보 침해가 우려되는 경우에는 영향평가를 하기 위하여 적극 노력하여야 함(법 §33⑧)

Ⅵ. 개인정보 유출 통지

1. 개인정보 유출 시 개인정보처리자의 의무

가. 유출통지의무

개인정보처리자는 개인정보가 유출되었음을 알게 되었을 때에는 지체 없이 해당 정보주체에게 다음의 사실을 알려야 함(법 §34①)

1. 유출된 개인정보의 항목 2. 유출된 시점과 그 경위 3. 유출로 인하여 발생할 수 있는 피해를 최소화하기 위하여 정보주체가 할 수 있는 방법 등에 관한 정보 4. 개인정보처리자의 대응조치 및 피해 구제절차 5. 정보주체에게 피해가 발생한 경우 신고 등을 접수할 수 있는 담당부서 및 연락처

[개인정보의 유출에 대한 참조 판례]

• ○○온라인 게임을 이용하는 과정에서 PC방 컴퓨터에 기록·저장된 로그파일에 해당 온라인 게임의 아이디와 비밀번호가 기록된 경우에는 컴퓨터에 관한 일정 지식이 있는 제3자라면 누구라도 로그파일에 접근하여 해당 정보를 알 수 있는 상태에 이르렀다고 보아 게임사의 손해배상 책임을 인정

(서울중앙지방법원 2007.1.26 판결)

나. 필요한 조치 의무

개인정보처리자는 개인정보가 유출된 경우 그 피해를 최소화하기 위한 대책을 마련하고 필요한 조치를 하여야 함(법 §34②)

다. 유출 신고 의무

(1) 개인정보처리자는 대통령령으로 정한 규모 이상의 개인정보가 유출된 경우에는 유출 통지 및 필요한 조치 결과를 지체 없이 행정안전부장관 또는 대통령령으로 정하는 전문기관에 신고하여야 한다. 이 경우 행정안전부장관 또는 대통령령으로 정하는 전문기관은 피해 확산방지, 피해 복구 등을 위한 기술을 지원할 수 있음(법 §34③)

(2) 개인정보 유출 신고의 범위 및 기관 (시행령 § 39)

> 1. 대통령령으로 정한 규모 이상의 개인정보 : 1만명 이상의 정보주체에 관한 개인정보.
> 2. 대통령령으로 정하는 전문기관 : 「국가정보화 기본법」 제14조에 따른 한국정보화진흥원 또는 「정보통신망 이용촉진 및 정보보호 등에 관한 법률」 제52조에 따른 한국인터넷진흥원

2. 개인정보 유출 통지 시기 및 방법 (법 §34④)

가. 개인정보 유출 통지의 방법 및 절차 (시행령 § 40)

> 1. 개인정보처리자는 개인정보가 유출되었음을 알게 되었을 때에는 서면등의 방법으로 지체 없이 유출된 개인정보의 항목, 유출된 시점과 그 경위, 유출로 인하여 발생할 수 있는 피해를 최소화하기 위하여 정보주체가 할 수 있는 방법 등에 관한 정보, 개인정보처리자의 대응조치 및 피해 구제절차, 정보주체에게 피해가 발생한 경우 신고 등을 접수할 수 있는 담당부서 및 연락처를 정보주체에게 알려야 한다. 다만, 유출된 개인정보의 확산 및 추가 유출을 방지하기 위하여 접속경로의 차단, 취약점 점검·보완, 유출된 개인정보의 삭제 등 긴급한 조치가 필요한 경우에는 그 조치를 한 후 지체 없이 정보주체에게 알릴 수 있다.
> 2. 개인정보처리자는 개인정보가 유출되었음을 알게 되었을 때나 단서에 따라 유출 사실을 알고 긴급한 조치를 한 후에도 유출된 개인정보의 항목 및 유출된 시점과 그 경위에 관한 구체적인 유출 내용을 확인하지 못한 경우에는 먼저 개인정보가 유출된 사실과 유출이 확인된 사항만을 서면등의 방법으로 먼저 알리고 나중에 확인되는 사항을 추가로 알릴 수 있다.
> 3. 1.과 2.에도 불구하고 1만명 이상의 정보주체에 관한 개인정보가 유출된 경우에는 서면등의 방법과 함께 인터넷 홈페이지에 정보주체가 알아보기 쉽도록 법 유출된 개인정보의 항목, 유출된 시점과 그 경위, 유출로 인하여 발생할 수 있는 피해를 최소화하기 위하여 정보주체가 할 수 있는 방법 등에 관한 정보, 개인정보처리자의 대응조치 및 피해 구제절차, 정보주체에게 피해가 발생한 경우 신고 등을 접수할 수 있는 담당부서 및 연락처를 7일 이상 게재하여야 한다. 다만, 인터넷 홈페이지를 운영하지 아니하는 개인정보처리자의 경우에는 서면등의 방법과 함께 사업장등의 보기 쉬운 장소에 위 사항을 7일 이상 게시하여야 한다.

나. 개인정보 유출신고

신고기관	• 행정안전부(개인정보보호 종합지원시스템) • 한국정보화진흥원 • 한국인터넷진흥원
신고시기	5일 이내(정보주체에 대한 통지 및 조치결과 신고)
신고내용	기관명, 통지여부, 유출된 개인정보 항목·규모, 유출시점·경위, 유출피해 최소화 대책·조치 및 결과, 정보주체가 할 수 있는 피해 최소화 방법 및 구제절차, 담당부서, 담당자 및 연락처 등
신고방법	• 전자우편, 팩스 인터넷사이트를 통해 유출사고 신고 및 신고서 제출 • 시간적 여유가 없거나 특별한 사정이 있는 경우:전화를 통하여 통지내용을 신고한 후, 유출 신고서를 제출할 수 있음

개인정보 소송사례

개인정보 소송사례

I. 분쟁해결 절차

1. 분쟁해결 일반

개인정보보호법은, 법을 위반하거나 제3자의 개인정보를 침해하는 사고가 발생한 경우 개인정보보호법 위반 사항에 대하여 형사처벌 및 과태료 규정을 두고 있다. 한편, 정보주체는 개인정보 침해행위를 초래한 자에 대하여 민사소송절차에 따라 침해금지 및 손해배상 등의 소송을 제기할 수 있을 것인데, 이와 관련하여 개인정보보호법은 손해배상에 대한 특칙을 마련하고 있고, 분쟁 조정신청, 집단분쟁 조정신청 및 단체 소송 절차에 대하여도 특별히 규정하고 있다. 이하에서는 손해배상에 대한 특칙과 분쟁 조정신청제도, 집단 분쟁 조정신청 및 단체소송절차에 대하여 살펴보기로 한다.

2. 손해배상 특칙

민법의 불법행위 책임과 관련한 손해배상 책임에 대한 특별규정으로 개인정보보호법 제39조(손해배상책임) 제1항에서는, "정보주체는 개인정보처리자가 이 법을 위반한 행위로 손해를 입으면 개인정보처리자에게 손해배상을 청구할 수 있다"고 규정하고 있다. 또한, 그 경우 "개인정보처리자는 고의 또는 과실이 없음을 입증하지 아니하면, 책임을 면할 수 없다"고 규정함으로써 고의 또는 과실이 없다는 점에 대한 입증책임을 전환하여 개인정보처리자에게 그 의무를 부과하고 있다. 아울러 제2항에서는 "개인정보처리자가 이 법에 따른 의무를 준수하고 상당한 주의와 감독을 게을리하지 아니한 경우에는 개인정보의 분실, 도난, 유출, 변조 또는 훼손으로 인한 손해배상책임을 감경받을 수 있다"고 규정하여 개인정보처리자가 주의감독의무를 준수한 경우 배상액의 임의적 감경사유에 해당하는 것으로 규정하고 있다.

3. 분쟁조정제도

가. 서

개인정보 유출 등과 관련한 사고는 큰 규모의 분쟁으로 이어지는 경우도 있으나, 대부분의 경우 규모가 작고, 실제 손해배상 역시 정신적 손해배상에 국한되는 경우가 많아서 정식 소송 절차와 입증 책임 부담 원칙만을 고수할 경우 분쟁의 효율적 해결을 도모하기 어렵다. 이런 점을 고려하여 법은 개인정보 분쟁조정위원회에 의한 조정절차를 마련하여 두고 있다. 아래 표는, 개인정보보호종합지원 포털사이트 내에 게시된 분쟁조정제도의 개요이다.

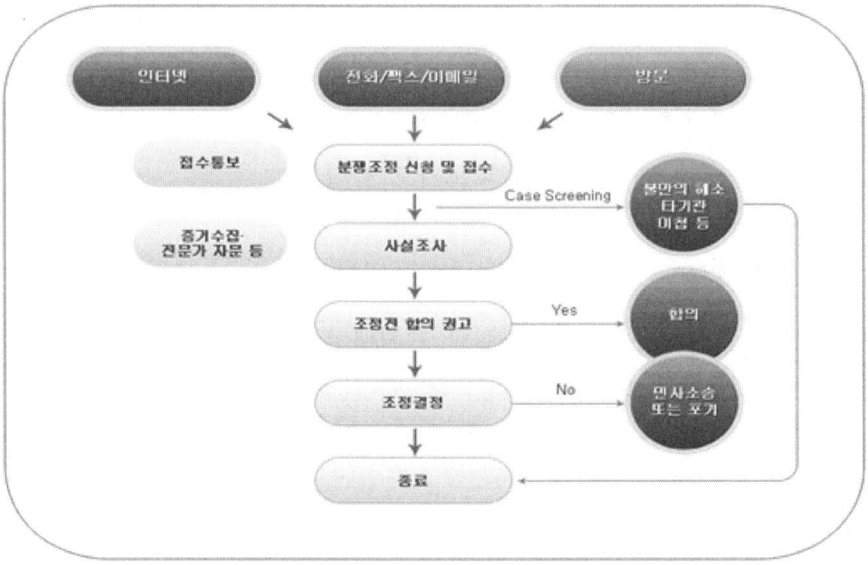

나. 개인정보 분쟁조정위원회(이하 '분쟁조정위원회')

개인정보 분쟁을 조정절차에 의하여 해결하는 기관인 분쟁조정위원회는 20인 이내의 위원으로 구성되며 위원장은 공무원이 아닌 위원 중 행정안전부장관이 임명하도록 되어 있고, 위원은 (i) 개인정보보호업무를 관장하는 고위공무원단에 속하는 공무원 또는 이에 상당하는 공공부문 및 관련 단체의 직에 있거나 재직하였던 사람으로서 개인정보 보호업무의 경험이 있는 사람, (ii) 대학이나 공인된 연구기관에서 부교수 이상 또는 이에 상당하는 직에 재직하고 있거나 재직하였던 사람, (iii) 판사, 검사, 변호사로 재직하고 있거나 재직하였던 사람, (iv) 개인정보 보호와 관련된 시민사회단체 또는 소비자단체 추천자, (v) 개인정보처리자로 구성된 사업자단체의 임원으로 재직하고 있거나 재직하였던 사람에 해당하여야 한다.

분쟁조정위원회는 분쟁조정 업무를 효율적으로 수행하기 위하여 필요하면 조정사건의 분야별로 5명 이내의 위원으로 구성되는 조정부를 둘 수 있고, 조정부는 분쟁조정위원회의 위원장이 지명하는 5인 이내의 위원으로 구성하되, 그 중 1명은 변호사의 자격이 있는 위원으로 한다(영 제49조 제1항). 분쟁조정위원회 및 조정부의 회의는 공개하지 아니한다. 다만, 필요하다고 인정되는 경우에는 분쟁조정위원회의 의결로 당사자 또는 이해관계인에게 방청하게 할 수 있다(제9항, 영 제51조). 분쟁조정제도는 준사법적 절차로서 조정의 독립성과 공정성이 보장되어야 하므로 임기 2년(1회 연임 가능)의 위원에 대하여는 자격정지 이상의 형을 선고받거나 심신상의 장애로 직무를 수행할 수 없는 경우를 제외하고는 그의 의사에 반하여 면직되거나 해촉되지 아니하도록 하는 신분 보장 규정을 마련하고 있고(법 제41조), 제척, 기피, 회피 사유에 대하여도 규정하고 있다(법 제42조).

다. 분쟁조정의 절차(개인정보보호법 제43조 내지 제48조)

(1) 분쟁 조정신청 및 신청의 대상 등

개인정보와 관련한 분쟁의 조정을 원하는 자는 분쟁조정위원회에 분쟁조정을 신청할 수 있다. 분쟁조정위원회는 반드시 개인정보보호법 위반 사항과 관련되어야 하는 것은 아니고, 개인정보와 관련한 모든 분쟁의 조정 신청이 가능하다. 신청의 내용은, 법령위반행위의 금지 또는 중지일 수도 있고, 손해배상의 청구, 개인정보 열람, 정정 및 삭제청구도 포함될 수 있다[1].

(2) 통지 및 조정진행의 거부 등

분쟁조정위원회는 분쟁조정신청을 접수 받았을 때에는 그 신청 내용을 상대방에게 알려야 한다(법 제43조 제2항). 분쟁조정위원회는 분쟁의 성질상 분쟁조정위원회에서 조정하는 것이 적합하지 아니하다고 인정하거나 부정한 목적으로 조정이 신청되었다고 인정하는 경우에는 그 조정을 거부할 수 있다(법 제48조)[2].한편, 분쟁조정은 강제적 조정절차가 아니므로 통지를 받은 상대방은 조정절차 참여여부를 결정할 수 있으나, 공공기관은 분쟁 조정의 통지를 받은 경우 특별한 사유가 없는 한 분쟁 조정에 응하여야 한다(법 제43조 제3항).

(3) 사실조사 및 조정 전 합의 권고

분쟁조정위원회는 분쟁조정신청을 받았을 때에는 해당 분쟁의 조정을 위하여 필요한 자료를 분쟁 당사자에게 요청할 수 있다. 이 경우 분쟁 당사자는 정당한 사유가 없는 한 그 요청에 따라야 한다. 분쟁조정위원회는 필요하다고 인정하면 분쟁당사자나 참고인을 위원회에 출석하도록 하여 그 의견을 들을 수 있다(법 제45조). 한편, 분쟁조정위원회는 분쟁 조정신청을 받았을 때에는 당사자에게 그 내용을 제시하고 조정 전 합의를 권고할 수 있다(법 제46조). 분쟁은 당사자의 자발적 합의에 의하여 자주적으로 처리하는 것이 가장 바람직하기 때

---

1) 개인정보 보호법령 및 지침고시 해설, 2011. 12.자, 행정안전부 321쪽 이하 참조

2) 위 해설서에서는 사례로서 "개인정보처리와 관련한 분쟁이 아닌 경우, 신청자가 악의적으로 같은 사건에 대해 계속적으로 분쟁조정을 신청하는 경우, 관계법령 또는 객관적인 증빙 등에 의하여 조정의 실익이 없는 경우 등"을 설명하고 있다.

문에 당사자에게 그 해결의 기회를 주기 위한 것이다[3].

(4) **조정안의 작성 및 조정안의 수락 등**

분쟁조정위원회는 (i) 조사대상 침해행위의 중지, (ii) 원상회복, 손해배상, 그 밖에 필요한 구제조치, (iii) 같거나 비슷한 침해의 재발을 방지하기 위하여 필요한 조치를 포함하여 조정안을 작성할 수 있다(법 제47조 제1항).

분쟁조정위원회는 조정안을 작성하면 지체 없이 당사자에게 제시하여야 하고 당사자는 조정안을 제시받은 날부터 15일 이내에 수락여부를 알리지 아니하면 조정을 거부한 것으로 본다(법 제47조 제2항, 제3항). 당사자가 조정내용을 수락한 경우 분쟁조정위원회는 조정서를 작성하고 분쟁 조정위원회의 위원장과 각 당사자가 기명날인하여야 한다(법 제47조 제4항).

라. 분쟁 조정 성립의 효력

당사자가 조정안을 수락하고 조정서에 기명날인이 됨으로써 분쟁조정이 성립되면 조정의 내용은 재판상 화해와 동일한 효력을 갖는다(법 제47조 제5항). 재판상 화해와 동일한 효력이라 함은, 조정안의 수락으로 분쟁은 최종적으로 종결되고, 조정조서에 의하여 강제집행도 가능하게 된다는 것을 의미한다(민사소송법 제205조, 제520조). 따라서, 추후에 조정내용에 대하여 이의가 있더라도 이를 소송을 통해서 그 효력을 다툴 수 없다.

마. 조정절차의 종료

조정절차는 당사자 사이에 조정이 성립된 경우 종료된다. 또한, 상대방 당사자가 조정에 불응하거나(법 제43조 제3항), 각 당사자가 제시된 조정안을 수락하지 아니하거나(법 제47조 제3항), 분쟁조정위원회가 부적절한 조정신청 등을 보고 조정을 거부하는 경우(법 제48조 제1항)에 종료될 수 있다. 또한, 분쟁조정위원회는 신청된 조정사건 처리 중에 한 쪽 당사자가 소를 제기하면 그 조정의 처리를 중지하고 이를 당사자에게 알려야 하므로 소제기에 의하여도 중

3) 위 해설서 323쪽 참조

지된다(법 제48조 제2항).

4. 집단 분쟁 조정 및 단체 소송 제도

가. 서

개인정보 유출사고는 대부분 집단성을 띠고 있고, 유출된 개인정보의 항목이나 피해의 유형도 비슷하다. 이와 같이 작게는 수천 건에서 많게는 수천만 건에 이르는 개인정보가 한꺼번에 유출된 사건임에도 이를 개별적으로 처리하도록 하는 것은 매우 비효율적인 것이므로 집단적 분쟁 사건의 경우 하나의 분쟁 조정절차에서 일괄적으로 해결하는 것이 바람직하다고 할 것이다[4].

나. 집단분쟁조정

(1) 신청자(의뢰자)와 신청대상 사건

국가 및 지방자치단체, 개인정보 보호단체 및 기관, 정보주체, 개인정보처리자는 정보 주체의 피해 또는 권리침해가 다수의 정보주체에게 같거나 비슷한 유형으로 발생하는 경우 분쟁조정위원회에 일괄적인 분쟁 조정신청을 의뢰 또는 신청할 수 있다(법 제49조). 구체적으로 집단분쟁조정신청의 대상이 되는 사건(영 제52조)은, (i) 피해 또는 권리침해를 입은 정보주체의 수가 50명 이상이고, (ii) 사건의 중요한 쟁점이 사실상 또는 법률상 공통되어야 한다. 다만 (i)의 요건과 관련하여서는 피해 보상에 관한 합의가 이루어진 정보주체, 조정 및 소송 절차가 이미 진행 중인 정보주체의 경우는 제외하는 것으로 규정하고 있다.

(2) 절차의 개시 및 공고

분쟁조정위원회가 집단분쟁조정절차를 개시하고자 하는 경우에는 14일 이상의 기간 동안 그 절차의 개시를 공고하여야 하고(법 제49조 제2항), 집단분쟁

---

4) 위 해설서 327-328쪽 이하

조정의 당사자가 아닌 정보주체 또는 개인정보처리자가 추가로 집단분쟁 조정의 당사자로 참여하려면 집단분쟁조정절차 개시 공고기간 내에 문서로 참가신청을 하여야 한다(영 제54조 제2항).

분쟁조정위원회는 그 의결로써 집단분쟁조정의 당사자 중에서 공동의 이익을 대표하기에 가장 적합한 1인 또는 수인을 대표당사자로 선임할 수 있다(법 제49조 제4항).

(3) 당사자 이외의 자에 대한 보상 및 조정절차의 제외 등

분쟁조정위원회는 개인정보처리자가 분쟁조정위원회의 집단분쟁조정의 내용을 수락한 경우에는 집단분쟁조정의 당사자가 아닌 자로서 피해를 입은 정보주체에 대한 보상계획서를 작성하여 분쟁조정위원회에 제출하도록 권고할 수 있다(법 제49조 제5항).

집단분쟁조정의 경우에는 법 제48조 제2항(소제기에 따른 분쟁조정절차의 중지)이 적용되지 아니하는데, 분쟁조정위원회는 집단분쟁조정의 당사자인 다수의 정보주체 중 일부의 정보주체가 법원에 소를 제기하는 경우에는 그 절차를 중지하지 아니하고, 소를 제기한 일부의 정보주체를 그 절차에서 제외한다(법 제49조 제6항).

(4) 집단분쟁조정 성립의 법적 효력

집단분쟁조정이 성립된 경우의 법적 효력은 일반 분쟁의 조정과 같고, 재판상 화해와 동일한 효력이 발생한다. 다만, 정보 주체 중 일부만이 조정안을 수락한 경우에는 수락한 사람에 한해서만 그 효력이 발생한다.

다. 단체소송

(1) 단체소송 제도와 분쟁 조정 전치주의

단체소송은, 일정한 자격을 갖춘 단체로 하여금 전체 피해자들의 이익을 위하여 소송을 제기할 수 있는 권한을 부여하는 제도[5]로서 개인정보 처리자로 하

---

5) 위 해설서 335쪽 이하 참조

여금 개인정보의 수집, 이용, 제공 등에 대한 준법정신과 경각심을 높이고, 동일, 유사 개인정보 소송에 따른 사회적 비용을 절감하기 위하여 도입한 제도이다. 또한, 개인정보보호법은 단체 소송의 남발을 막기 위해서 단체 소송 전에 반드시 집단 분쟁제도를 거치도록 하고(법 제51조), 단체 소송의 대상을 권리 침해행위의 중단, 정지 청구 소송을 제한하고 있다.

(2) 단체소송의 대상 및 청구범위

개인정보 단체소송의 경우 권리침해행위의 금지 및 중지 청구만을 그 내용으로 할 수 있도록 한정하고 있다(법 제51조). 따라서, 개인정보의 목적 외 이용 및 제공금지, 개인정보 열람 요구권의 침해중지 등의 청구는 가능하나, 손해배상을 청구하는 단체 소송을 제기할 수는 없다[6].

(3) 원고적격 및 전속관할

단체소송은, 소비자 기본법 제29조에 따라 공정거래위원회에 등록한 소비자단체와 비영리민간단체 지원법 제2조에 따른 비영리민간단체에 한하여 제기할 수 있다. 위 소비자단체는, (i) 정관에 따라 상시적으로 정보주체의 권익증진을 주된 목적으로 하는 단체일 것,(ii)단체의 정회원수가 1천명 이상일 것, (iii) 소비자기본법 제29조에 따른 등록 후 3년이 경과하였을 것을 요건으로 하고, 위 비영리민간단체는, (i) 법률상 또는 사실상 동일한 침해를 입은 100명 이상의 정보주체로부터 단체 소송의 제기를 요청받을 것, (ii) 정관에 개인정보 보호를 단체의 목적으로 명시한 후 최근 3년 이상 이를 위한 활동 실적이 있을 것, (iii) 단체의 상시 구성원수가 5천명 이상일 것, (iv) 중앙행정기관에 등록되어 있을 것을 그 요건으로 하고 있다(법 제51조). 단체소송은 피고의 주된 사무소 또는 영업소가 있는 곳, 주된 사무소나 영업소가 없는 경우에는 주된 업무담당자의 주소가 있는 곳의 지방법원 본원 합의부의 관할에 전속한다. 외국사업자의 경우 대한민국에 있는 주된 사무소, 영업소 또는 업무담당자의 주소에 따라 정한다(법 제52조).

---

6) 위 해설서 337쪽 이하 참조

(4) 소송허가신청 및 허가 요건

단체소송을 제기하는 단체는 소장과 함께 필요한 사항 및 자료를 포함한 소송허가신청서를 법원에 제출하여야 한다(법 제54조). 법원은, (i) 개인정보처리자가 분쟁조정위원회의 조정을 거부하거나 조정결과를 수락하지 아니하였고, (ii) 소송허가신청서의 기재사항에 흠결이 없을 경우 결정으로 단체소송을 허가한다(법 제55조).

(5) 확정 판결의 효력

원고의 청구를 기각하는 판결이 확정된 경우 이와 동일한 사안에 관하여는 제51조에 따른 다른 단체는 단체 소송을 제기할 수 없다. 다만, (i) 판결이 확정된 후 그 사안과 관련하여 국가, 지방자치단체 또는 국가, 지방자치단체가 설립한 기관에 의하여 새로운 증거가 나타난 경우, (ii) 기각판결이 원고의 고의에 의한 것임이 밝혀진 경우에는 동일한 사안에 대하여 다시 단체 소송을 제기할 수 있다(법 제56조).

II. 구체적 분쟁 사례

1. 서

개인정보보호법이 시행되고, 기업이나 개인의 개인정보 보호에 대한 인식이 강화되면 개인정보 침해 사고는 줄어들 것인가? 이러한 근본적인 질문에 대하여는 다소 회의적인 시각이 지배적이다. 즉, 개인정보보호법상 개인정보의 취급시 요구되는 기준은 더 세분화되고 강화되었으며, 그로 인하여 기업의 의무위반 상황은 증가될 수밖에 없다. 개인들이 자신의 개인정보에 대한 인식이 강화될 경우 이에 대한 권리의식 역시 강화되어 분쟁이 더 증가할 수밖에 없는 현실임은 부인할 수 없다. 기업이 아무리 보안을 강화하더라도 개인정보가 유출될 수 있는 기술적인 여건, 기술의 발전 속도 역시 거스를 수 없는 현실이며, 여기에 개인정보가 하나의 자산으로서의 가치를 가진다는 점을 기화로 기업의 내부자가 공모한 고의적 유출의 경우까지 종종 벌어지고 있다. 결국, 기업들이 개인정보보호법의 기준을 준수하고자 노력하더라도 개인정보 유출 사고 등 각종 사고나 그와 관련된 분쟁은 쉽지 아니하다. 이하에서는, 개인정보 침해 사고에 대한 법원의 민사, 형사 판결례와 조정사례들을 살펴봄으로써 어떠한 선례들이 있었고, 어떠한 기준 하에 법적 책임이 인정되고 있는지, 쟁점사항들은 무엇인지를 구체적으로 살펴본다.

2. 민사판결 사례

가. 로그파일 저장을 통한 개인정보 유출 사건 (리니지Ⅱ 사건, 사례 1)

– 서울중앙지법 2005가단240057, 서울고법 2006나12182, 대법 2007다17888

[사안의 개요 및 결론]

피고는 온라인게임회사, 원고는 게임 이용자들로서, 피고의 직원이 게임시스템 점검시 추가한 아이디, 비밀번호 등이 이용자들 PC에 로그파일로 기록되는 기능으로 인해 점검 후에도 이용자들의 아이디, 비밀번호 등이 로그파일에 기록되는 사고가 발생하였고, 피고는 사고 발생 5일 후 조치하였고, 조치 전 이용자는 50만명 이상이었다. 이 사건에 대하여 법원은 PC방 PC에 아이디와 비밀번호가 저장된 원고들에게는 위자료 10만원을, 각자의 집에 있는 PC에 아이디와 비밀번호가 저장된 원고들의 청구는 이를 기각하는 판결을 내렸다.

[쟁점에 대한 법원의 판단]

이 사건에서는 아이디 및 비밀번호가 개인정보에 해당되는지 여부, 피고의 주의의무 위반 여부, 개인정보의 누출 여부, 위자료 책임발생 여부 및 범위가 쟁점이 되었다.

먼저, 아이디와 비밀번호는 개인정보에 해당하고, 피고들에게 정보통신망법상의 기술적, 관리적 조치의무(제28조), 암호화기술 등을 이용한 보안조치의무(시행규칙 제3조의1 제1항 제4호 부과)를 인정하였다.

다음으로 개인정보 “누출”의 의미와 관련하여서는 개인정보가 관리통제권의 범위를 벗어나 제3자가 알 수 있는 상태에 이르는 것으로 제3자가 현실적으로 그 내용을 알게 되었다거나 이와 동일한 정도의 구체적이고 현실적인 고도의 위험이 발생할 것까지 요구하는 것은 아니라고 판단하였고, 이러한 전제 하에 집의 개인용 PC에 개인정보가 저장된 경우는 누출이 아니라고 판시하였다(2심, 3심)

위자료 책임과 관련하여서는 개인정보가 도용 또는 악용할지도 모를 위험에 노출됨으로 인하여 정신적 고통을 받았을 것임이 경험칙 상 인정되므로 위자료의 지급의무가 인정되고, 구체적인 손해액의 범위를 판단함에 있어서는 사업자가 실제로 얻은 이익, 사후조치여부(사고기간이 5일에 불과하고 신속한 사후조치가 있었던 점), 실제 침해 여부(실제 도용된 사실이 밝혀지지 않은 점), 현실적, 기술적 한계(업계 현실상 개인정보보호 조치가 미흡할 수밖에 없는 점) 등을 고려하였다.

나. 이메일 첨부파일을 통한 개인정보 유출 사건 (국민은행 사건, 사례 2)

– 서울중앙지법 2006가합33062, 서울고법 2007나33059

[사안의 개요 및 결론]

피고 은행과 인터넷서비스 이용계약을 체결한 이용자들에게 은행의 직원이 안내 이메일을 보내면서 32,377명의 회원들의 성명, 주민등록번호, 이메일 주소 등이 수록된 텍스트 파일을 첨부하여 발송하는 사고가 발생하였고, 피고는 사고 발생 후 이메일을 회수하고 이미 이메일을 열람한 회원들에게는 삭제하여 줄 것을 요청함과 아울러 피고의 웹 사이트 내에 고객정보 유출 피해접수센터를 개설하여 고객정보 유출 여부 조회 및 피해접수센터를 개설하여 고객정보 유출 여부 및 피해접수 창구를 마련하였으며, 위 32,277명의 회원들에게는 정보도용차단서비스 무료서비스 제공하였다. 이 사건에 대하여 법원은, 주민등록번호가 유출된 원고에 대하여는 위자료 20만원, 유출되지 않은 원고에 대하여는 위자료 10만원을 인정하였다.

[쟁점에 대한 법원의 판단]

피고의 주의의무 위반 여부와 관련하여서는 피고는 원고들의 개인정보가 누출되지 않도록 할 관리상의 주의의무를 위반하였고, 이 사건 사고가 메일서버 자체의 기술상의 하자(발송되는 이메일에 첨부된 파일을 확인할 수 없었던 기술상 하자)에 기인하는 것이라 하더라도 피고의 과실이 없다고 할 수 없다고 판단하였다. 아울러 위자료 책임 발생여부와 관련하여서는 피고의 개인정보 누출로 인하여 헌법에 의하여 보장된 원고들의 기본권인 자신들의 의사에 반하여 개인정보가 함부로 공개되지 아니할 권리가 침해되었고, 이러한 사고로 받은 정신적 고통은 통상손해에 해당한다고 판단하였다.

구체적인 위자료 액수를 산정함에 있어서는, 사후조치로서 정보도용 차단서비스가 완벽한 차단책이 되지 못하고 그 무상제공기간이 1년으로 제한된 점, 침해된 개인정보에 주민등록번호가 포함된 점, 사업자가 개인정보를 통해 영리를 취한 점 등을 고려하되, 다른 한편으로 실제 침해여부(실제 악용 또는 도용 사실이 구체적으로 증명되지 아니하였고, 개인의 이메일에 전송된 것이므로 누구라도 알 수 있는 상태가 된 것은 아님), 귀책의 정도(직원의 단순실수로 인한 것인 점), 현실적, 기술적 한계(현실적으로 컴퓨터 전산망을 통한 개인정보 유출방지가 기술적으로 완벽할 수는 없는 점), 사후조치(이메일 발송 강제 중단 및 회수하는 조치를 취한 점) 등을 고려하였다.

다. 입사지원정보 유출 사건 (LG 전자 사건, 사례 3)

– 서울중앙지법 2006가합87762, 서울고법 2008나25888, 대법 2008다96826

[사안의 개요 및 결론]

피고는 신입사원 채용공고를 하면서 피고의 입사지원 사이트를 통하여 온라인으로 입사지원을 받았는데, 입사지원자 중 한 명이 입사지원 사이트의 보안상의 취약점을 이용하여 2006. 9. 26.경 포털 사이트의 카페의 게시판에 "피고의 모든 지원서는 누구나 볼 수 있다"는 제목의 링크파일을 첨부하여 3천명의 자기소개서 등 입사지원서가 열람 당하는 사고가 발생하였다. 피고는 2006. 9. 27.경 입사지원자들의 등록정보 열람이 불가능하도록 이 사건 입사지원 사이트의 접속을 차단하고, 같은 날 피고의 홈페이지에 공식사과문을 게재하였는데, 전산자료를 통하여 확인한 결과, 위 링크파일을 실행하여 비정상적 방법으로 입사지원자들의 등록정보를 열람한 IP주소는 671개이고, 3천 여 명의 입사지원서가 열람 당하였던 것이 확인되었다. 이 사건에서 법원은, 등록정보를 열람당한 부분에 대하여는 각 30만원의 위자료 청구를 인정하고, 단순히 열람 당할 가능성이 있었다는 점만으로는 위자료 청구를 인정하지 아니하였다.

[쟁점에 대한 법원의 판단]

컴퓨터를 사용하여 타인의 개인정보를 처리하는 자의 주의의무와 관련하여 공공기관 외의 개인 또는 단체는 컴퓨터를 사용하여 개인정보를 처리함에 있어 공공기관의 예에 준하여 개인정보의 보호를 위한 조치를 강구할 의무가 있다고 전제하고(구 공공기관의 개인정보 보호에 관한 법률 제22조), 피고는 정보주체인 입사지원자들이 자신의 개인정보를 제공한 목적에 반하여 유출되거나 훼손되지 않도록 당시의 기술수준에 부합하는 보안조치를 취하여야 할 주의의무가 있고, 피고는 이러한 주의의무를 위반하였다고 판시하였다. 유출된 정보의 성격과 관련하여서는 "화상" 정보도 개인의 식별이 가능하게 하는 정보라고 판단하였다.

한편, 구체적인 손해액의 범위를 정함에 있어서는 기술적, 현실적 한계여부(보안조치가 당시의 기술수준에 비추어 충분하다고 볼 수 없음), 사고 발생의 고지여부(입사지원자들에게 이메일로 고지한 바 없고, 유출 정보가 무엇인지도 확인하여 준 바 없음), 침해된 개인정보의 종류(개인사, 가족관계 등 민감 정보까지 포함), 침해의 규모(침해된 개인정보의 숫자) 등을 고려하되, 다른 한편으로 침해된 개인정보의 종류(주민등록번호 등 기본적인 인적사항은 별도로 보관, 성명, 주민등록번호 등은 열람된 바 없고, 유출된 정보에 의하더라도 지인이나 주변사람이 아니면 실제 신원을 구체적으로 특정하기는 어려웠을 것으로 보이는 점), 사후조치(사고 발생 후 해킹 방지시스템을 보완하는 등의 조치를 취한 점), 사고 발생의 고지문제(미흡하나마

입사지원 사이트에 사고발생사실을 알리고 사과 및 재발방지를 다짐한 점), 저장이나 재전송 등이 어려운 방식으로 열람되었고 유출된 정보의 경제적 가치에 비추어 2차적인 피해 확산 가능성은 높지 아니한 점, 실제 침해여부(누출된 개인정보가 추가로 외부에 확산되거나 불법적인 용도에 사용되었음을 인정할 증거는 발견되지 않는 점), 사업자가 얻은 이익(입사지원자들의 개인정보를 처리하는 데에 영리의 목적이 없었던 점), 제3자의 불법행위의 개입(제3자의 범죄행위를 직접적인 원인으로 하여 발생한 점) 등을 고려하여 위자료 액수를 산정하였다.

라. 이메일 내용 유출 사건 (Daum 사건, 사례 4)

– 서울중앙지법 2008가단407653

[사안의 개요 및 결론]

이메일 서비스 제공업체인 피고는 이용자들에게 본인의 마지막 로그인 기록을 보여주는 기능을 추가한 프로그램을 배포하였는데, 이 프로그램의 오류로 타인의 이메일 정보가 노출되는 사고가 발생하였고, 피고는 사고 인지시점으로부터 30분 후 서비스 차단을 시작하고 원상복구를 하였다. 법원은 피고 서비스 이용자인 원고들의 손해배상청구에 대하여 원고들의 손해발생 및 피고의 주의의무위반 모두 인정되지 않는다고 하여 원고들의 청구를 기각하였다.

[쟁점에 대한 법원의 판단]

손해배상 청구를 기각하면서 법원은 (i) 사업자가 얻은 이익(무료로 제공하는 이메일 서비스의 보안기능 업그레이드 과정에서 발생), (ii) 사전적 조치 여부(프로그램의 오류 발생에 대비하여 품질관리시험, 시범가동 등을 해 보았으나 아무런 장애도 발생하지 않았으며, 프로그램 오류 발생시 신속한 발견이 가능하고 피해를 최소화할 수 있는 시간대를 골라 프로그램을 배포함), (iii) 사후조치 여부(이 사건 사고 발생 후 신속히 서비스를 차단하여 추가적인 정보 유출 방지, 그 후 신속히 원상복구를 완료하여 서비스를 재개한 점), (iv) 현실적, 기술적 한계(프로그램에 발생한 버그에 의한 것으로서 개인정보 보호를 태만히 하여 발생한 것으로 볼 수는 없음, 현재의 기술수준과 경제성에 비추어 프로그램 개발 과정에서 버그 발생 가능성을 완전히 배제하는 것은 거의 불가능함) 등을 고려하여 피고의 주의의무 위반이 없었다고 판단하였다.

마. 이동통신서비스 가입정보 유출 사건 (LG Uplus 사건, 사례 5)

- 서울고법 2009나119131

[사안의 개요 및 결론]

개인휴대통신서비스 제공자인 피고 엘지유플러스의 2G 서버와 엠샵사이트가 연동되어 있어, 2006. 1. 13.경부터 이용자들이 엠샵사이트 '폰정보 조회' 배너를 클릭하고 휴대폰 번호를 입력하면 해당 휴대폰의 색상, 액정크기, 화음 등 3개 정보가 나타나게 되었다.피고 엘지유플러스의 고객이자 컴퓨터프로그래머인 원고 신OO은 전송방식을 바꾸자 URL에 고객의 개인정보가 나타난다는 것을 확인하였고, 이러한 사실을 강OO에게 알려주었다. 컴퓨터 프로그래머인 강OO은 자신이 운용하는 서버에 '휴대폰 정보 조회' 페이지를 개설하여 이를 통해 피고 엘지유플러스 고객의 통신사, 전화번호, 주민등록번호, 기종, 가입일 등이 조회되도록 하였고, 그로 인하여 2008. 3. 21.부터 2008. 3. 25.까지 583명의 고객의 휴대폰 번호가 조회되어 주민등록번호가 검색되었다.피고 엘지유플러스는 2008. 3. 24. 수도권고객센터에서 이러한 신고를 접수 받고 1시간 이내 강OO에게 페이지 폐쇄를 요구하였으나, 강OO이 응하지 않자 2시간 후 해당 서버의 IP를 차단 조치하여 '휴대폰 정보 조회' 페이지는 물론 '폰정보 조회' 페이지에서도 휴대폰 정보를 조회할 수 없게 하였다. 이 사건에서 법원은 원고들의 청구를 모두 기각하였다.

[쟁점에 대한 법원의 판단]

이 사건에서는 개인정보 '누출'의 의미, 금전으로 위자할 정도의 정신적 고통을 받았는지 여부 및 개인정보의 기술적 관리적 보호조치 의무 이행 여부가 쟁점이 되었다.

먼저, 개인정보의 '누출'의 의미와 관련하여서는, 개인정보가 정보통신서비스 제공자 및 이용자의 개인정보 관리통제권의 범위를 벗어나, 당해 개인정보를 모르는 제3자가 그 내용을 알 수 있는 상태에 이르는 것이라고 판단하였다. 이 사건의 경우 '폰정보 조회' 페이지에서 나타나는 정보는 색상, 액정크기, 화음의 정보일 뿐이고, 일반인이 아니라 컴퓨터프로그래머 등 컴퓨터에 관한 전문가에 의하여 피고 엘지유플러스의 2G 서버로부터 '폰정보 조회' 페이지로 전송되는 URL을 분석하여야 비로소 주민등록번호를 알게 되므로 설사 피고 엘지유플러스의 2G 서버와 '폰정보 조회' 페이지가 연동되어 있고, 개인정보를 URL에 그대로 붙여서 평문으로 전송된다는 사정만으로, 개인정보가 피고의 관리통제권을 벗어나 누출되었다고 볼 수 없다고 판단하였다.

다음으로 금전으로 위자할 정도의 정신적 고통을 받았는지 여부와 관련하여서는 '폰정보 조회' 및 '휴대폰 정보 조회' 페이지에서 조회되지 않은 원고에 대하여는 위자료 책임을 인정하지 않았다. 또한, '폰 정보' 조회' 페이지에서 자신의 의사에 반하여 조회되거나 주민등록번호가 검색되지 않거나, '휴대폰 정보 조회' 페이지에서 주민등록번호가 실제로 검색되었으나, 신OO은 개인정보 조회가 가능함을 강OO에게 알려준 사람이고, 신OO과 정OO은 모두 강OO의 친구로서, 강OO이 자신들의 주민등록번호를 조회하였음을 알면서도 타인의 휴대폰번호를 조회하는 것을 방조한 자들이라고 보고, 신OO, 정OO의 청구 역시 인정하지 않았다.

한편, 개인정보의 기술적, 관리적 보호조치 의무 이행 여부와 관련하여서는 원고는 피고 엘지유플러스가 개인정보 파일 자체도 암호화하지 않았으며, 피고 엘지유플러스 2G 서버에 보안서버를 설치하지 아니하여 개인정보인 주민등록번호를 암호화하지 않은 상태로 전송하였고, 고객 DB의 아이디 및 패스워드에 대한 관리를 소홀히 하여 주의의무를 위반하였다고 주장하고 있는데, 이에 대하여 설사 주의의무를 위반하였다 하더라도 그 자체만으로 사생활의 비밀과 자유를 침해하였다고 볼 수 없으며, 주의의무를 위반하여 원고의 주민등록번호가 누출되었다거나 정신적 고통을 받았다고 볼 수도 없다고 판시하였다.

바. 오픈마켓 가입정보 해킹 사건(옥션 사건, 사례 6)

– 서울중앙지법 2008가합31411 / 서울중앙지법 2008가합81881 / 서울중앙지법 2008가합117278 / 서울중앙지법 2009가합88186 (항소심 진행 중)

[사안의 개요 및 결론]

피고는 오픈마켓운영 회사와 이 회사에 정보보호서비스를 제공하는 업체로서, 2008. 1. 4.부터 2008. 1. 9.까지 4 차례에 걸쳐 중국인 해커로 추정되는 자가 피고 회사의 데이터베이스 서버에 침입하여 해당 서버에 저장되어 있던 피고 회원 약 1천만 명의 성명, 주민등록번호, 주소, 전화번호, 아이디 등 개인정보가 유출되는 사고가 발생하였고, 사고로부터 1달쯤 후인 2008. 2. 4. 이 유출사고를 경찰 및 관계기관에 신고하였고, 2008. 2. 5. 회원들에게 개인정보가 유출된 사실을 공지하였습니다. 이 사건에서 법원은 원고들의 청구를 모두 기각하였다.

[쟁점에 대한 법원의 판단]

이 사건에서는 정보통신서비스 제공자가 해킹 사고를 방지하기 위해 취해야 할 주의의무의 정도, 주의의무를 판단하기 위한 제반 요소에 대한 법적 평가가 쟁점이 되었다. 이 사건은 정보통신망법상의 기술적, 관리적 보호조치의 구체적 내용에 대하여 심리가 이루어진 대표적인 사건으로 현재 항소심 진행 중에 있다.

이 사건에서, 법원은 정보통신서비스 제공자가 주의의무를 위반하였는지 여부를 판단하는 기준으로, (i) 관련 법령이 정보통신서비스 제공자에게 요구하고 있는 기술적 관리적 보안조치의 내용, (ii)

해킹 당시 정보통신서비스 제공자가 취하고 있던 보안조치의 내용, (iii) 해킹 방지 기술의 발전 정도, (iv) 해킹 방지 기술 도입을 위한 경제적 비용 및 그 효용의 정도, (v) 해커가 사용한 해킹 기술의 수준, (vi) 개인정보 유출로 인해 이용자가 입게 되는 피해의 정도를 제시하고 있다.

법원은, 위 기준 하에서 원고의 주장들 하나하나에 대하여 판단하면서 구체적인 보안조치가 이루어졌는지 여부, 사고 당시 법령상 해당 기술적 보안조치가 의무사항이었는지 여부, 개인정보 취급방침의 내용과 그 위반여부, 특정한 기술적 보안조치가 가능하였는지 여부 등을 심리하였고, 그 내용들을 토대로 (i) 개인정보 관리계획의 수립시행, (ii)업무요청시스템을 통한 개인정보처리시스템 접근제어 및 접근 기록 저장, (iii) 침입탐지시스템 및 침입방지시스템 운용 (iv) 정보보호정책 및 관리지침 등을 통한 패스워드 작성 규칙 수립시행, PC 보안 지침 수립시행, 스팸메일 인터넷유해사이트를 차단하는 응용 소프트웨어 운영, (v)회원 비밀번호의 일방향 해쉬 알고리즘을 통한 암호화 저장, 개인정보 전송 구간의 SSL 암호화 송수신, (vi)복수의 백신소프트웨어 설치운영, 업무요청시스템을 통해 사전 승인 후 개인정보 출력이 가능하였다는 점 등을 열거하면서 피고에게 선량한 관리자로서의 주의의무를 위반한 점이 인정되지 않는다고 판단하였다.

사. 회원정보 유출 사건(GS 칼텍스 사건, 사례 7)

– 서울중앙지법 2008가합89953 / 서울중앙지법 2008가합90021

[사안의 개요 및 결론]

피고는 정유사와 그 정유사의 개인정보 데이터베이스의 운영업무 및 관련 장비 유지보수업무 등을 위탁받아 수행하는 '관리업체'인데, 피고 회사의 개인정보 데이터베이스에 접근할 권한이 있는 직원이 고객정보를 빼낸 후 이를 시중에 판매하거나 집단소송을 의뢰 받을 변호사에게 판매하기로 공모하였다. 위 직원은 2008. 7. 8.부터 2008. 7. 20.까지 데이터베이스 서버에 접근하여 회원 약 1천만 명의 성명, 주민등록번호, 주소, 전화번호, 이메일 주소 등 개인정보를 자신의 사무용 컴퓨터로 전송 받아 76개의 엑셀파일로 정리하였고, 공범은 변호사 사무실 사무장에게 접근하여 개인정보를 넘겨주는 대가로 금전을 요구하였으며, 위 사무실의 사무장은 먼저 개인정보 유출사실이 언론에 보도되어 사회적 이슈가 되어야 한다고 말하였고, 공범은 기자를 만나 '도심 쓰레기 더미에서 피고의 고객정보가 담긴 DVD를 주웠다'고 말하며 DVD를 기자에게 전달하였고, 이 사실이 2008. 9. 5. 언론 보도되었다.2008. 9. 5.부터 2008. 9. 6.까지 관련 공범들은 검거되었고, 개인정보를 담은 DVD는 모두 압수되거나 폐기되었다. 이 사건에서 법원은 이 사건 청구를 전부 기각하였다.

[쟁점에 대한 법원의 판단]

이 사건에서는 정보통신서비스 제공자의 개인정보 누출로 인한 손해배상책임을 인정하기 위한 사정 및 입증의 정도와 수인한도와 정신적 손해의 의미가 그 쟁점이 되었다.

먼저, 개인정보 누출로 인한 손해배상책임을 인정하기 위한 사정 및 입증정도와 관련하여서는, 개인정보가 피고들의 지배영역을 떠나 외부로 누출됨으로써 원고들에게 정신적 손해가 발생하였다는 사정이 구체적으로 입증되어야 한다고 보고, 이를 위해서는 개인정보가 불특정 다수에게 공개되어 이를 열람할 수 있는 상태 또는 의사에 반하여 개인정보가 수집 이용될 수 있는 상태에 이르러, 개인정보자기결정권이 침해되었다거나 침해될 상당한 위험이 발생하였다는 점이 인정되어야 한다고 판시하였다. 이와 관련하여 당해 개인정보를 모르는 제3자가 현실적으로 그 내용을 알게 되었다거나 적어도 이와 동일시할 수 있는 정도의 구체적이고 현실적인 고도의 위험이 발생할 것까지 요구되는 것은 아니라고 판단하였다.

다음으로 정보통신서비스 제공자들이 피고들에게 개인정보를 관리할 주의의무를 인정하면서도 손해배상책임 지우기 위한 사정이 구체적으로 입증되지 않았다고 판단하였는데, 그 기준이 되었던 요소로서 판결에서 고려하였던 사항들은 아래 항목들과 같다.(i) 조기 폐기: 판매처를 찾지 못하던 중 검거되었고, 공범들이 소지하던 저장매체들이 조기에 압수되거나 폐기됨으로써, 저장매체 등이 유통되어 개인정보가 공개, 열람, 수집 등에 이용될 위험성이 사라진 점,(ii) 공범들의 경우: 공범들이 복사 과정에서 개인정보를 열람한 사실은 있으나, 개인정보를 지득하거나 식별하기 위해 열람한 것이 아니며, 그 분량이 방대하므로 개인정보를 특정하여 식별하거나 기억하는 것이 불가능하였다는 점, (iii)기자들의 경우: 언론보도를 위하여 고객정보와의 일치 여부 등을 확인하기 위하여 열람한 것에 불과하므로, 개인정보가 공개되었다고 평가할 수 없고, 기자들이 소지한 저장매체도 모두 회수되었다는 점,(iv)다른 경로로 누출된 흔적 없다는 점 (v) 수인한도를 초과한 정신적 손해 인정하기 어려움: 개인정보자기결정권이 침해되거나 침해될 상당한 위험성이 일시 발생하였다 하더라도, 저장매체가 조기에 폐기되었으므로, 개인정보가 추가로 복제되어 유출됨으로써 범죄 등에 악용될 우려가 있다는 막연한 불안감이나 불쾌감만으로는 수인한도를 초과하였다고 보기 어려운 점 등이 그것이다.

아. 동의 없는 개인정보 제공 사건 (하나로텔레콤 사건, 사례 8)

– 서울중앙지법 2008가합53527, 2008가합45267, 2008가합93891

[사안의 개요 및 결론]

통신사업자가 수집한 고객의 개인정보를 동의 없이 또는 동의의 범위를 초과하여 제3자에게 제공한 사안으로 방송통신위원회의 시정조치, 공정거래위원회의 시정명령, 형사 판결이 모두 문제가 된 사건이었다. 법원은, 개인정보 수집, 이용에 관한 동의를 받지 아니한 채 또는 동의를 받기도 전에 개인정보를 외부에 제공한 원고들에 대하여는 위자료 200,000원, 개인정보 수집, 이용 등에 관한 동의를 받았으나, 그 후 새로운 수탁자에게 취급 위탁을 하면서도 동의 절차를 거치지 않은 원고들에 대하여는 위자료 100,000원을 인용하였다.

[쟁점에 대한 법원의 판단]

이 사건에서는 개인정보 수집, 이용에 대한 동의절차 및 동의여부의 입증책임, 동의를 받는 방법 등이 쟁점으로 다루어졌다.

먼저, 동의절차와 관련하여서는, 정보통신서비스제공자는 정보주체인 고객이 개인정보 수집, 이용에 관한 동의를 구하고 있다는 사실, 수집, 이용의 목적 및 그 이용 방법 등을 명확하게 인식할 수 있도록 개인정보의 수집, 이용에 관한 동의 절차를 갖추어야 한다고 판시하였고, 동의 범위 내의 사용인지 여부의 입증책임은, 기간통신사업자(정보통신망법 제32조)에게 있다고 보았다. 이 사건에서는 구체적으로 서비스 개통확인서에 개인정보 수집, 이용에 관한 고객의 동의 서명을 함께 받는 경우 개인정보 수집, 이용에 대한 유효한 동의가 있었다고 볼 수 없고, 서비스개통확인에 대한 동의와 개인정보 수집, 이용에 관한 동의를 별도로 받는 경우 유효한 동의가 있었다고 볼 수 있다고 판단하고 있다[7].

한편, 개인정보 '취급위탁'과 '제3자 제공'의 개념을 구별하여 '취급 위탁'은, "정보통신서비스제공자 자신의 업무와 직, 간접적으로 관련된 업무의 일부를 타인으로 하여금 그 책임과 권한으로 행하도록 하는 것, 정보를 제공하는 측의 사업 목적을 위하여 개인정보를 제3자에게 제공하는 것", '제3자 제공'은, "정보통신서비스제공자 자신의 업무와 직, 간접적으로 관련이 없는 사항을 타인에게 제공하는 것, 정보를 제공받는 측의 사업 목적을 위하여 개인정보를 제3자에게 제공하는 것"이라고 판시하고 있다.

자. 명의도용 회원가입 사건 (리니지 명의도용 사건, 사례 9)

– 서울중앙지법 2006가합22338, 서울고법 2007나62538, 대법 2008다75676

[사안의 개요 및 결론]

타인에 의해 자신의 성명 및 주민등록번호가 도용된 채 온라인게임 회사에 회원 가입된 사안에서 진정한 명의인들이 온라인 게임회사 및 그 대표이사를 상대로 손해배상을 청구한 사안에서 법원은 원고의 청구를 기각하였다.

7) 개인정보보호법 제22조 제1항에서는 각각의 동의 사항을 구분하여 동의를 받도록 규정하고 있어 더 엄격하게 규정되어 있다.

[쟁점에 대한 법원의 판단]

먼저, 본인확인의무의 존부에 대하여, 정보통신망법에서 이용자의 개인정보를 보호하여야 한다고 규정하고 있는 점, 이용약관에서 정확한 정보를 제공한 경우에 한하여 이용을 승인한다고 정하고 있는 점, 아이템 중개업자가 생겨나는 등 아이템 중개가 이루어지고 있는 점 등에 비추어 온라인게임 회사는 본인확인의무를 부담한다고 판시하였다[8].

다음으로 본인확인의무 위반 여부와 관련하여서는, 위반이 인정되기 위해서는 실명정보의 확인의무를 부담하는 온라인 서비스 제공자가 이러한 확인의무를 위반함으로써 부당하게 가입한 온라인 회원이 게임 서비스를 이용하는 것을 방치한 경우여야 하고, 이러한 내용은, 관련 인터넷 기술의 발전 수준, 해당 게임의 특성, 운영주체로서의 서비스 제공자의 영리적 성격, 규모, 기술적 수단의 도입에 따른 일반 이용자에 대한 이익과 불이익 및 경제적 비용, 피해의 정도, 가해자와 피해자의 관계 등 고려되어야 한다고 판시하였다. 또한, 본건은 대규모 명의도용이 문제된 최초의 사건인 점, 본 명의도용 사건 당시 실명확인 절차를 거친 점, 사건 후 업계 최초로 휴대폰 인증제를 도입한 점 등에 비추어 의무 위반을 인정하기 어렵다고 판시하였다.

차. 변호사 정보 제공 서비스의 위법성 (로마켓 사건, 사례 10)

– 서울중앙지방법원 2006가합22413, 서울고법 2007나74937, 대법 2008다42430

[사안의 개요 및 결론]

피고는 변호사들에 대한 개인신상정보를 수집한 후 이를 바탕으로 변호사들 사이의 인맥지수를 산출하여 제공하는 서비스와 변호사들의 사건수임내역을 대법원 홈페이지로부터 수집한 후 이를 바탕으로 변호사들의 승소율, 전문성 지수를 산출하여 제공하는 서비스를 마련하였는데, 이에 대하여 원고인 변호사들이 자기정보통제권 침해를 주장하며 손해배상을 청구하였다.

[쟁점에 대한 법원의 판단]

쟁점이 된 서비스 유형 중 인맥지수 제공 서비스는 인맥지수의 사적·인격적 성격, 산출과정에서 왜곡 가능성, 인맥지수 이용으로 인한 변호사들의 이익 침해와 공적 폐해의 우려 등을 고려하여 인맥지수 서비스 제공행위는 변호사들의 개인정보에 관한 인격권을 침해하는 위법한 것이라고 판단하였고, 반면 승소율, 전문성 지수 제공 서비스는 공적 존재인 변호사들의 지위, 사건정보의 공공성 및 공익성, 사건정보를 이용한 승소율이나 전문성 지수 등 산출 방법의 합리성 정도,

---

8) 1심과 2심에서는 본인확인의무가 자체가 없다고 하였음

승소율이나 전문성 지수 등의 이용 필요성 등을 고려하여 승소율이나 전문성 지수 등을 제공하는 서비스는 위법하지 않다고 판단하였다.

카. 소결

구분	사례 1	사례 2	사례 3	사례 4	사례 5
사건 발생시기	2005년 5월	2006년 3월	2006년 9월	2008년 7월	2008년 3월
사건 발생원인	개인정보 처리자의 과실	개인정보 처리자의 과실	개인정보처리자의 과실과 제3자 (해커 등)의 불법 행위의 경합	프로그램 오류	제3자의 불법행위
피해자	사고기간(약5일) 동안 게임에 접속한 이용자	은행 복권서비스 가입자	입사지원자	서비스 이용자	통신사 고객
피해규모	약 50만 명	32,377명	약 3,000명	307명	583명
유출정보의 성격	게임아이디 및 비밀번호	성명, 주민등록번호, 이메일주소 등	성명, 주민등록번호, 학력, 학점, 경력 등	이메일 내용	주민등록번호, 전화번호, 기종, 가입일 등
유출 확산범위	이용자PC의 로그파일에 기록	피해 고객 앞 이메일로 전송	불특정 다수의 인터넷 열람	타인의 이메일 내용 열람	불특정 다수의 인터넷 열람
유출기업의 주의의무 위반 여부	위반	위반	위반	위반 아님	-
유출기업의 손해배상 책임 여부	위자료 지급 (10만원)	위자료 지급 (성명, 주민등록번호, 이메일 유출시 20만원, 성명과 이메일 유출시 10만원)	위자료 지급 (30만원)	책임 없음	책임 없음

유형 2		
구분	사례6	사례7
사건 발생시기	2008년 1월	2008년 7월
사건 발생원인	제3자(해커 등)의 불법행위	개인정보 처리자의 고의
피해자	오픈마켓 회원	정유사 회원카드 고객
피해규모	약 1천만 명	약 1,100만 명
유출정보의 성격	성명, 주민등록번호, 주소 등	성명, 주민등록번호, 주소 등
유출 확산범위	중국인 해커로 추정되는 제3자 등 불특정 다수	범행 관계자 및 언론 등에 CD 및 DVD로 배포
유출기업의 주의의무 위반 여부	위반 아님	-
유출기업의 손해배상 책임 여부	책임 없음	책임 없음

위 각 표는 앞서 살펴 본 민사 판결 사례들을 유형별로 다시 분류하여 본 것으로, 사례 1 내지 5는 직원의 과실 여부가 문제되었던 사례들로서 사례 1 내지 3은 위자료 청구가 인정되었고, 사례 4와 5는 기각되었다. 사례 6, 7은 최근 가장 이슈가 되었던 사례 2가지로서 해커에 의한 유출사고와 회사 직원이 관여한 유출사고의 두 가지 유형에 대한 판결이었고, 모두 기각된 사례이다. 사례 8은, 동의 요건을 갖추지 않은 개인정보 제공에 대한 책임을 인정한 사례들이다. 전체적으로 볼 때, 결국 침해 사고와 관련한 민사상 책임에 있어서는 세 가지 쟁점이 공통적인 이슈가 된다고 보여지는데, 1)누출 여부(침해 사고 발생), 2) 주의의무위반 여부, 3) 위자료 산정시 기준이 이에 해당한다.

개인정보 침해 사건에 대하여는 앞으로 다양한 유형의 의무위반과 그 해석례가 축적되어 갈 것으로 판단된다. 위 사례들을 통하여 현재까지 문제되었던 민사 판결에서는 주로 문제가 된 쟁점 세 가지를 다시 정리해 보았다.

먼저, 가장 객관적인 사실관계로서 개인정보의 누출이 있었는지 여부와 관련하여서는 개념적으로 "개인정보가 관리통제권의 범위를 벗어나 제3자가 알 수 있는 상태에 이르는 것"으로 정의하고, 제3자가 현실적으로 알게 되었거나 구체적인 위험이 발생하여야 하는 것은 아니라고 보고 있다. 다만, 실제 사례에서는 누출 여부의 판단이 다소 논란이 되는 경우가 생기고 있는데, 앞서 살펴 본 사례 1 내지 3은 대체적으로 해당 기준이 적용되었고, 사례 5의 경우에는 일반인이 아닌 전문가의 기술적인 조작을 거쳐 해당 정보가 확인되는 경우에는 관리통제권을 벗어나 누출되었다고 볼 수 없다고 판단함으로써 조금 더 구체적인 경우의 적용을 위한 해석을 덧붙이고 있다. 아울러 사례 7의 경우에는 개인정보가 불특정 다수에게 공개되어 이를 열람할 수 있는 상태 또는 의사에 반하여 개인정보가 수집, 이용될 수 있는 상태에 이르러야 한다는 것으로 보면서도 고의에 의한 개인정보 유출 후 사건이 종료될 때까지의 정보의 경로를 구체적으로 분석한 후 실제 누출되지 않았다고 판단하였다.

주의의무 위반 여부와 관련하여서는 그 의무의 근거로서는 정보통신망법상 기술적, 관리적 보호조치 의무, 개인정보의 처리시의 주의의무 위반, 민법상의 불법행위, 사용자 책임, 채무불이행 책임 등이 논의되었고, 주의의무 위반여부 판단에 있어서는 공통적인 요소로는, 관련 법령이 요구하는 보안조치나 주의의무의 내용, 회사가 취한 사전적 보안을 위한 기술적 조치 사항의 내용, 사고 당시의 현실적 기술적 한계(기술의 발전정도/기술도입을 위한 경제적 비용, 효용정도) 등이 다루어졌으며, 해킹사고에 있어서는 기술적, 현실적 한계 여부 판단이 가장 핵심적인 쟁점으로 다루어졌다.

한편, 위자료 산정시 참작되는 공통 요소로는, 침해된 개인정보의 종류, 신속한 사후조치(강제 중단, 회수조치, 서비스 차단 등), 실제 도용 사례 여부, 사후 보상 여부, 현실적, 기술적 한계 여부, 고려, 사전적 조치를 위한 노력, 사고 발생 사실 고지 및 대외적인 약속 등을 들 수 있다.

3. 조정사례

가. 수신거부의사 표시에 반한 광고성 문자 발송한 사례

신청인은 금융사인 피신청인 지점을 방문하여 금융거래를 하면서 제공한 개인정보를 금융 거래 외 목적으로 사용하지 말 것을 요청하였으나, 이후 금융사로부터 광고성 문자를 수신하자 이에 대하여 거부의사를 표시하였던 사안에서 위원회는 신용정보법상 개인식별정보 관련 분쟁 역시 분쟁조정위원회의 사안에 해당한다고 보고, 피신청인에게 금 20만원의 손해배상책임을 인정하였다.

나. 통신사업자가 무단으로 정액요금제 가입한 사례

피신청인이 신청인의 동의 없이 맞춤형 정액제 등에 가입하여 피해를 입었다고 주장한 사례에서, 동의 없이 요금제에 가입할 경우 정신적 손해가 발생한다고 할 것이고, 구체적으로는 정보통신서비스사업자에게는 개인정보보호를 위한 고도의 주의의무가 인정되고, 정보통신망법상 개인정보보호를 위한 엄격한 의무와 책임을 부담하는 것인데, 이용자들이 대기업인 피신청인이 법령을 준수할 것을 신뢰하고 있는바, 피신청인의 행위는 신청인의 신뢰를 저버리고 수인한도를 벗어나는 것으로 배상책임이 인정된다고 보았다.위원회는 구체적으로 재산적 손해를 입은 신청인(납부요금 〉 실사용액): 20만원, 재산적 이득을 얻은 신청인(납부요금 ≤ 실사용액): 10만원, 재산적 이득이 매우 큰 신청인(납부요금 《 실사용액): 없음으로 결정하였고, 실손해 입증이 불가능한 신청인들에 대하여는 손해배상(실손해+위자료) 20만원이 인정되었다.

다. 이용자 동의 없는 개인정보 제3자 제공 사례

신청인의 부인이 통신사업자인 피신청인에게 신청인의 인감증명서, 신분증 및 위조한 위임장을 제시하면서 신청인의 통화내역을 열람하였고, 당시 신청인 부인의 열람 청구시 피신청인은 신청인에게 전화하여 확인하였으며, 신청인의 부인이 그 후 그 통화내역을 근거로 신청인을 간통죄로 고소한 사안에서 신청인의 통화내역을 부인에게 열람하도록 한 것은 적법하지 아니하였고, 통화내역 제공과 신청인의 가정파탄 및 그로 인한 정신적 피해 사이에는 상당인과관계가 있다고 판단하여 위원회는 500만원 손해배상을 결정하였다.

라. 일반 이용자가 알기 어려운 방법으로 동의를 받은 사례

피신청인은 그 홈페이지에 각종 이벤트 참여화면들을 보이도록 하고, 그 중간에 작은 글씨로 "개인정보 제공 및 활용동의"와 "A카드사 서비스 약관 동의" 체크박스를 만들어 두었는데, 그 체크박스에는 동의한다는 의사표시가 자동으로 설정되어 있었고, 동의 내용은 "피신청인이 신청인의 개인정보를 A카드사에 제공하고, A카드사는 신청인에게 신용카드를 발급한다"는 것이었으며, 신청인은 피신청인 홈페이지에 회원가입하였다가 바로 탈퇴하였는데, 신청인에게 A카드사의 카드가 발급된 사안에서 위원회는 30만원의 손해배상과 제도개선을 결정하였다.

마. 탈퇴 회원의 개인정보를 미삭제한 사례

신청인은 쇼핑몰 사업자인 피신청인에게 "자신의 개인정보를 완전히 삭제할 것"을 요청하였으나, 그로부터 2년여가 경과한 후 피신청인의 고객센터에 전화했더니 바로 신청인의 개인정보를 확인하여 주며 상담을 진행함으로써 개인정보의 계속 보유를 확인하게 되었다. 이에 대하여 피신청인은 신청인이 자사에 손해를 끼친 이른바 블랙컨슈머로 개인정보를 보유하게 된 것이라고 주장한 사안에 대하여 위원회는, 블랙컨슈머의 개인정보 보관과 정보주체의 이익을 형량하여 정보주체의 개인정보자기결정권이 있으나, 개인정보자기결정권의 보호가 타인의 권리를 침해하는 경우에는 이를 제한할 필요도 있다고 보고 이 사건 조정신청을 기각하였다.

4. 형사 판결 사례

가. 동의 없는 개인정보 수집 사건(서울중앙지법 2010고단5349 판결)

스마트폰 애플리케이션 개발업무를 수행하는 법인과 개발책임자가 이용자 동의 없이 IMEI, USIM 일련번호를 수집하였는데, 그 이유는 해당 애플리케이션에 접속하여 자주 이용하는 정보를 접속스마트폰별로 정리하여 사용자의 관심사 파악이나 관련도 높은 정보를 제공하기 위한 것이었다고 주장하는 사안으로 이 사건에서 법원은, (i) IMEA와 USIM 일련번호는 그 자체만으로 개인의 식별은 불가능하나 통신사가 보유하고 있는 정보와의 결합하면 쉽게 식별 가능하므로 개인정보에 해당한다고 보았고, (ii) 양형의 면에서 개인정보 수집 이유가 비정상적인 사용의 목적이 아니라 사용자들의 사용편의를 위한 것들도 있었다는 점을 고려하여 행위자(개발책임자)와 사용자(법인)에게 각각 벌금 700만원을 선고하였다.

나. 하청업체 직원의 개인정보 유출사건(수원지방법원 2005고합160 판결)

운송수탁회사의 배달사원이 택배회사 데이터베이스에서 고객의 개인정보를 수집, 유출한 사례로서 이 사안에서는 택배회사가 양벌규정의 적용을 받는지 여부가 문제가 되었다. 판결에서는 양벌규정에 있어서 법인의 사용인 그 밖의 종업원에는 법인과 고용계약이 체결되어 근무하는 자 뿐만 아니라 법인의 사업 경영과정에 있어서 직, 간접적으로 법인의 통제, 감독하게 그 사업에 종사하는 자도 포함된다고 판시하였으며, 이 사건의 경우 택배회사가 양벌규정에 의하여 벌금 1천만원을 선고하였다.

다. 동의 후 약관변경 및 제3자 제공과 위탁 관련 사건(대법원2011도1960 판결)

통신회사인 피고인 갑 주식회사(피고인 을 담당임원)는, 이용자의 개인정보를 수집함에 있어서 개인정보를 갑의 상품 소개에 사용할 수 있다는 취지의 동의를 받았으나, 제3자에게 제공한다는 취지의 동의나 취급위탁의 고지는 없었으며, 이후 A카드사와 멤버쉽 카드 업무제휴 계약을 체결하였는데, 갑은 홈페이지의 이용약관 중 개인정보 이용목적에 제휴카드 소개를 추가하고, 제휴카드 마케팅을 위하여 미케팅 전문회사에 이용자의 개인정보를 제공하였다. 이 사안에서, 이용자는 갑의 상품 소개를 넘어서 제휴카드 발급에 대하여는 동의한 바 없으므로 이를 동의를 넘어선 개인정보 이용에 해당하는 것으로 보고, 갑에게는 벌금 1,500만원, 을에게는 벌금 500만원을 선고하였다.

라. 정보통신망 침해의 간접정범 사건(대법원 2010도5427 판결)

앞서 살펴 본 민사판결 사례 중 사례 5(LG Uplus 사건) 관련 형사 판결로서 동일한 사안에 대하여 프로그래머인 피고인이 직접 정보통신망을 침해하였는지 여부가 문제되었는바, 권한 없이 통신 회사의 전산망에 접근한 것은 피고인이 아닌 피고인의 홈페이지 사용자들이지만, 자신의 홈페이지에 통신 회사의 전산망에 접근할 수 있는 URL을 제공한 피고인은 이용자들의 행위에 대한 간접정범에 해당한다고 판단하여 벌금 500만원을 선고하였다.

마. 이메일 출력물 유출사건(대법원 2006도6644 판결)

丁은, 丙이 丁에게 도면을 출력하라고 지시하여 이를 이행하다가 우연히 乙의 丙에 대한 금품 및 향응 요구 메일도 함께 출력하게 되었는데, A사는 甲이 금품 및 향응 제공받은 것으로 알고 甲을 징계위원회에 회부하였고, 丁이 위 메일 출력물을 甲에게 제공하였으며, 甲이 자신의 무고함을 증명하기 위해 A사 징계위원회에 해당 메일 출력물을 제출한 사안에서, 丁은 丙으로부터 해당 메일의 열람 및 복사에 대하여 허락받은 바 없어 해당 메일의 열람이 사회상규에 비추어 타당하다는 주장은 받아들여지지 않았고, 甲 의 출력물은 정보통신망에 의하여 처리, 보관, 전송되는 타인의 정보를 누설하는 방법일 뿐, 해당 출력물의 내용이 정보통신망에 의하여 처리, 보관, 전송되는 정보에 해당하고, 제3자로부터 정보를 제공받은 자도 정보통신망법상의 개인정보 누설의 주체가 될 수 있다고 판단하여 丁 에게는 벌금 150만원, 甲에게는 벌금 70만원이 각 부과되었다.

5. 주요 판결의 시사점

앞서 살펴 본 관련 판결들에 비추어 개인정보 침해 사고에 직면하게 되는 경우 미리 대비하여야 할 가장 중요한 사항들로 다음의 네 가지를 꼽을 수 있다.

가. 법령이 요구하는 주의의무와 기술적 보호조치의 수준에 상응하는 보안시스템의 정비, 지속적인 시스템의 보완이 필요하다.

이와 관련하여서는, 기업이 갖추어야 할 개인정보보호처리 지침 및 각종 형식들을 준비하는 것이 그 기본 요소가 될 것이고, 여기에 안정성 확보조치에 따른 정비와 지속적인 보완이 필요할 것이다. 우리는 앞서 사례 6(오픈마켓 사례)을 통해서 회사가 법령상 주의의무위반이 없었다는 점이나 안정성 확보조치를 특정 시점의 기술수준에 맞추어 최대한 준비하여 대응하였다는 점을 이유로 손해배상 청구가 기각된 대표적인 유형들을 보았다.

나. 침해 사고 발생시 신속한 경위 파악과 조치가 필요하다.

여러 선례들에서 공통적으로 확인된 바와 같이 사고 발생 후 신속한 대처를 하였는지 여부는 실제 누출이 있었는지 여부에 대한 객관적인 판단의 기준이 될 뿐만 아니라 주의의무 위반과 누출이 인정되는 경우에도 손해배상 책임을 감액하기 위한 요소로서 주요하게 고려되고 있다.

다. 침해사고와 관련한 객관적 분석 및 관련 증거의 신속한 수집이 필요하다.

이는 침해사고와 관련한 민, 형사, 행정적 대응 모두에 중요한 이슈로서 특히 민사상 손해배상책임의 경우는 실제 민사 판결이 내려지는 시점과 사고 시점에 상당한 시차가 있고, 사고 당시의 객관적인 상황에 대한 입증방법은 회사 스스로가 미리 준비해 두지 않으면 확보하기 어렵다. 민사 판결 사례들 중 사례4와 사례 7의 경우에는 실제 회사의 책임이 인정될 가능성도 있었지만, 주의의무 위반이 인정되기 어려운 정황이나 실제 누출이 인정되지 않을 수 있는 정황 등에 대한 객관적 분석과 신속한 증거의 채집이 판결의 결론에 결정적인 영향을 주었다고 판단된다.

라. 위자료 산정시 고려되는 요소들에 대한 구체적 대비가 필요하다.

많은 사례들에서는 위자료 산정과 관련한 여러 가지 요소들을 사실상 표준화하여 고려하고 있으므로 이러한 점에 대하여도 적절한 대응과 함께 구체적 근거들을 남겨 두어야 한다. 신속한 사후 조치, 사후보상 여부, 사고발생 사실 고지 및 대외적 입장 표명, 현실적 기술적 한계 파악, 실제 도용 사례가 없었다는 점의 확인 등이 그러한 대표적인 요소라 할 것이다.

개인정보보호 기반기술

I. 개 요

II. 개인정보보호관리체계 인증

II. 개인정보보호 기술대책 수립을 위한 고려사항

III. 개인정보의 안전성 확보조치 기준

V. 그 외 고려해야 할 기술적 사항

개인정보보호 기반기술

I. 개 요

최근 몇 년간 대형금융회사, 쇼핑몰, 포탈, 게임업체 등에서 대량의 개인정보 유출 사고가 지속적으로 발생하고 있으며 이로 인한 민원 및 관련 손해배상 소송이 급증하고 있다. 기업의 입장에서 정보보호는 그 보호대상이 내부의 기밀정보인 반면 개인정보보호의 대상은 고객의 개인정보이기 때문에 개인정보 관리 소홀로 인한 개인정보유출 사고는 기업뿐만 아니라 정보주체인 고객에게도 피해를 준다. 따라서 개인정보유출 사고는 기업에 대한 고객의 신뢰성과 직결되는 매우 중요한 문제이다.

이에 「정보통신망이용촉진및정보보호등에관한법률(이하, 정보통신망법)」, 「신용정보의 이용 및 보호에 관한 법률(이하, 신용정보법)」, 「공공기관의개인정보보호에관한법률」 등의 여러 법에서 정보통신서비스 제공자, 신용정보사업자, 공공기관 등이 개인정보보호를 위해 따라야 할 사항을 규정하였다. 그러나 이러한 개별법은 적용 대상이 제한적이라는 한계가 있다. 이러한 한계를 보완하기 위해 2011년 3월 개인정보 처리에 관한 기준을 규정한 일반법인 개인정보보호법이 제정되었으며 9월 30일부터 법과 시행령 및 시행규칙이 시행되었다. 더불어 법령에서 위임하고 있는 구체적인 기준을 담은 표준 개인정보보호 지침과 안전성 확보조치 기준 고시, 개인정보 영향평가를 위한 고시가 제정・시행되고 있다.

이 중 「개인정보의 안전성 확보조치 기준(2011.09.30. 행정안전부고시 제2011-제43호)」(이하, 안전성 확보조치 기준)은 법령에서 규정한 기술적・관리적・물리적 조치의 세부기준을 포함한다. 본 장은 이를 중심으로 개인정보처리자가 지켜야 할 기술적인 의무 사항을 살펴보도록 한다. 다음은 개인정보보호법령 중 기술적인 의무 사항과 관련된 조항이다.

개인정보보호법	**제24조(고유식별정의 처리 제한)** ③ 개인정보처리자가 제1항 각 호에 따라 고유식별정보를 처리하는 경우에는 그 고유식별정보가 분실·도난·유출·변조 또는 훼손되지 아니하도록 대통령령으로 정하는 바에 따라 암호화 등 안전성 확보에 필요한 조치를 하여야 한다. **제29조(안전조치의무)** 개인정보처리자는 개인정보가 분실・도난・유출・변조 도는 훼손되지 아니하도록 내부 관리계획 수립, 접속기록 보관 등 대통령령으로 정하는 바에 따라 안전성 확보에 필요한 기술적・관리적 및 물리적 조치를 하여야 한다.
개인정보보호법시행령	**제21조(고유식별정보의 안전성 확보 조치)** 법 제24조제3항에 따른 고유식별정보의 안전성 확보 조치에 관하여는 제30조를 준용한다. 이 경우 "법 제29조"는 "법 제24조제3항"으로, "개인정보"는 "고유식별정보"로 본다. **제30조(개인정보의 안전성 확보 조치)** ① 개인정보처리자는 법 제29조에 따라 다음 각 호의 안전성 확보 조치를 하여야 한다. 1. 개인정보의 안전한 처리를 위한 내부 관리계획의 수립·시행 2. 개인정보에 대한 접근 통제 및 접근 권한의 제한 조치 3. 개인정보를 안전하게 저장·전송할 수 있는 암호화 기술의 적용 또는 이에 상응하는 조치 4. 개인정보 침해사고 발생에 대응하기 위한 접속기록의 보관 및 위조·변조 방지를 위한 조치 5. 개인정보에 대한 보안프로그램의 설치 및 갱신 6. 개인정보의 안전한 보관을 위한 보관시설의 마련 또는 잠금장치의 설치 등 물리적 조치 ② 행정안전부장관은 개인정보처리자가 제1항에 따른 안전성 확보 조치를 하도록 시스템을 구축하는 등 필요한 지원을 할 수 있다. ③ 제1항에 따른 안전성 확보 조치에 관한 세부 기준은 행정안전부장관이 정하여 고시한다.
개인정보의 안전성 확보조치 기준	**제4조(접근 권한의 관리)** ① 개인정보처리자는 개인정보처리시스템에 대한 접근권한을 업무 수행에 필요한 최소한의 범위로 업무 담당자에 따라 차등 부여하여야 한다. ② 개인정보처리자는 전보 또는 퇴직 등 인사이동이 발생하여 개인정보취급자가 변경되었을 경우 지체 없이 개인정보처리시스템의 접근권한을 변경 또는 말소하여야 한다. ③ 개인정보처리자는 제1항 및 제2항에 의한 권한 부여, 변경 또는 말소에 대한 내역을 기록하고, 그 기록을 최소 3년간 보관하여야 한다. ④ 개인정보처리자는 개인정보처리시스템에 접속할 수 있는 사용자

| | 계정을 발급하는 경우, 개인정보취급자 별로 한 개의 사용자계정을 발급하여야 하며, 다른 개인정보취급자와 공유되지 않도록 하여야 한다.
제5조(비밀번호 관리) 개인정보처리자는 개인정보취급자 또는 정보주체가 안전한 비밀번호를 설정하여 이행할 수 있도록 비밀번호 작성규칙을 수립하여 적용하여야 한다.
제6조(접근통제 시스템 설치 및 운영) ① 개인정보처리자는 정보통신망을 통한 불법적인 접근 및 침해사고 방지를 위해 다음 각 호의 기능을 포함한 시스템을 설치·운영하여야 한다.
1. 개인정보처리시스템에 대한 접속 권한을 IP(Internet Protocol)주소 등으로 제한하여 인가받지 않은 접근을 제한
2. 개인정보처리시스템에 접속한 IP(Internet Protocol)주소 등을 분석하여 불법적인 개인정보 유출 시도를 탐지
② 개인정보처리자는 개인정보취급자가 정보통신망을 통해 외부에서 개인정보처리시스템에 접속하려는 경우에는 가상사설망(VPN : Virtual Private Network) 또는 전용선 등 안전한 접속수단을 적용하여야 한다.
③ 개인정보처리자는 취급중인 개인정보가 인터넷 홈페이지, P2P, 공유설정 등을 통하여 열람권한이 없는 자에게 공개되거나 외부에 유출되지 않도록 개인정보처리시스템 및 업무용 컴퓨터에 조치를 취하여야 한다.
④ 개인정보처리자가 별도의 개인정보처리시스템을 이용하지 아니하고 업무용 컴퓨터만을 이용하여 개인정보를 처리하는 경우에는 제1항을 적용하지 아니할 수 있으며, 이 경우 업무용 컴퓨터의 운영체제(OS : Operating System)나 보안프로그램 등에서 제공하는 접근통제 기능을 이용할 수 있다.
제7조(개인정보의 암호화) ① 영 제21조 및 영 제30조제1항제3호에 따라 암호화하여야 하는 개인정보는 고유식별정보, 비밀번호 및 바이오정보를 말한다.
② 개인정보처리자는 제1항에 따른 개인정보를 정보통신망을 통하여 송·수신하거나 보조저장매체 등을 통하여 전달하는 경우에는 이를 암호화하여야 한다.
③ 개인정보처리자는 비밀번호 및 바이오정보는 암호화하여 저장하여야 한다. 단 비밀번호를 저장하는 경우에는 복호화되지 아니하도록 일방향 암호화하여 저장하여야 한다.
④ 개인정보처리자는 인터넷 구간 및 인터넷 구간과 내부망의 중간 지점(DMZ : Demilitarized Zone)에 고유식별정보를 저장하는 경우에는 이를 암호화하여야 한다.
⑤ 개인정보처리자가 내부망에 고유식별정보를 저장하는 경우에는 다음 |

	각 호의 기준에 따라 암호화의 적용여부 및 적용범위를 정하여 시행할 수 있다. 1. 법 제33조에 따른 개인정보 영향평가의 대상이 되는 공공기관의 경우에는 해당 개인정보 영향평가의 결과 2. 위험도 분석에 따른 결과 ⑥ 개인정보처리자는 제1항에 따른 개인정보를 암호화하는 경우 안전한 암호알고리즘으로 암호화하여 저장하여야 한다. ⑦ 개인정보처리자는 제3항, 제4항 및 제5항에 따른 개인정보 저장시 암호화를 적용하는 경우, 이 기준 시행일로부터 3개월 이내에 다음 각 호의 사항을 포함하는 암호화 계획을 수립하고, 2012년 12월 31일까지 암호화를 적용하여야 한다. 단 인터넷 구간 및 인터넷 구간과 내부망의 중간 지점(DMZ : Demilitarized Zone)에 고유식별정보를 저장하는 경우 위험도 분석과 관계없이 암호화를 적용하여야 한다. 1. 개인정보의 저장 현황분석 2. 개인정보의 저장에 따른 위험도 분석절차(또는 영향평가 절차) 및 방법 3. 암호화 추진 일정 등 ⑧ 개인정보처리자는 업무용 컴퓨터에 고유식별정보를 저장하여 관리하는 경우 상용 암호화 소프트웨어 또는 안전한 암호화 알고리즘을 사용하여 암호화한 후 저장하여야 한다. 제8조(접속기록의 보관 및 위·변조방지) ① 개인정보처리자는 개인정보취급자가 개인정보처리시스템에 접속한 기록을 최소 6개월 이상 보관·관리하여야 한다. ② 개인정보처리자는 개인정보취급자의 접속기록이 위·변조 및 도난, 분실되지 않도록 해당 접속기록을 안전하게 보관하여야 한다. 제9조(보안프로그램 설치 및 운영) 개인정보처리자는 악성 프로그램 등을 방지·치료할 수 있는 백신 소프트웨어 등의 보안 프로그램을 설치·운영하여야 하며, 다음 각 호의 사항을 준수하여야 한다. 1. 보안 프로그램의 자동 업데이트 기능을 사용하거나, 또는 일 1회 이상 업데이트를 실시 2. 악성 프로그램관련 경보가 발령된 경우 또는 사용 중인 응용 프로그램이나 운영체제 소프트웨어의 제작업체에서 보안 업데이트 공지가 있는 경우, 즉시 이에 따른 업데이트를 실시 제10조(물리적 접근 방지) ① 개인정보처리자는 전산실, 자료보관실 등 개인정보를 보관하고 있는 물리적 보관 장소를 별도로 두고 있는 경우에는 이에 대한 출입통제 절차를 수립·운영하여야 한다. ② 개인정보처리자는 개인정보가 포함된 서류, 보조저장매체 등을 잠금장치가 있는 안전한 장소에 보관하여야 한다.

II. 개인정보보호관리체계 인증

1. 개요

개인정보처리자가 정보주체의 개인정보를 안전하게 처리하기 위해서는 개인정보보호활동을 침입차단시스템, 개인정보유출 방지 솔루션 등의 제품 도입의 일회성 활동으로 그치지 않고 체계적이고 지속적으로 수행해야 한다.

만약 일회성으로 개인정보보호활동을 수행하면 순간 개인정보처리자의 개인정보보호수준을 증대시킬 수 있을 수는 있으나 시간에 따른 새로운 개인정보, 새로운 위협과 취약성의 증가로 인해 개인정보보호수준은 낮아질 수밖에 없다. 개인정보처리자가 자신의 개인정보보호수준을 일정수준으로 유지할 수 있도록 하는 것이 바로 개인정보보호관리체계(PIMS, Personal Information Management System)이다. 즉, PIMS란, 개인정보처리자가 조직 전반의 개인정보보호활동을 체계적・지속적으로 수행하고 법률 준거성을 유지하기 위해 필요한 기술적・관리적・물리적 보호조치체계이다. 이는 PIMS 수립으로 그치는 것이 아니라 수립 후 위험분석, 이행점검, 내부검토, 관리체계의 재점검, 모니터링의 관리활동을 반복적으로 수행하는 활동을 전부 포함한다.

개인정보처리자가 PIMS를 구축/운영을 하게 되면 개인정보의 수집, 저장/관리, 이용, 파기에 이르는 생명주기 전반에 대해 관련 법령을 준수하고 허용가능한 위험수준으로 조직의 개인정보보호수준을 유지할 수 있다. 이를 통해 개인정보처리자는 지나친 개인정보보호대책 수립/운영에 따른 과도한 비용 지출을 감소시키는 효과도 기대할 수 있다.

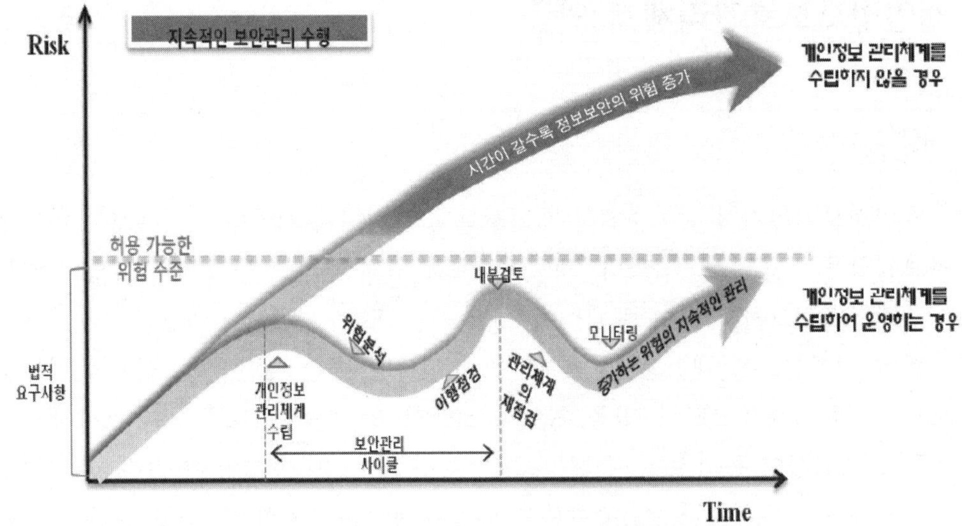

방송통신위원회(이하, 방통위)와 한국인터넷진흥원은 2010년 11월 방통위 의결(제2010-66-273호, 2010.11.15)로 PIMS 인증제도를 도입하여 시행 중에 있으며 2012년 2월 정보통신망법 개정안이 통과됨에 따라 PIMS 인증제도에 대한 법적근거(정보통신망법 제47조의 3(개인정보보호관리체계의 인증))가 마련되었다. PIMS 인증제도란 PIMS를 수립・운영하는 자에 대해 방통위가 고시한 인증기준에 적합한지를 한국인터넷진흥원과 방통위가 지정한 기관에서 적합성 여부를 보증해 주는 것이다.

정보통신망법 제47조의3(개인정보보호 관리체계의 인증) ① 방송통신위원회는 정보통신망에서 개인정보보호 활동을 체계적이고 지속적으로 수행하기 위하여 필요한 관리적·기술적·물리적 보호조치를 포함한 종합적 관리체계(이하 "개인정보보호 관리체계"라 한다)를 수립·운영하고 있는 자에 대하여 제2항에 따른 기준에 적합한지에 관하여 인증을 할 수 있다. ② 방송통신위원회는 제1항에 따른 개인정보보호 관리체계 인증을 위하여 관리적·기술적·물리적 보호대책을 포함한 인증기준 등 그 밖에 필요한 사항을 정하여 고시할 수 있다. ③ 개인정보보호 관리체계의 수행기관, 사후관리 등에 대하여는 제47조제5항부터 제10항까지의 규정을 준용한다. 이 경우 "제1항 및 제2항"은 "제1항"으로 본다. ④ 개인정보보호 관리체계 인증기관의 지정취소 등에 대하여는 제47조의2를 준용한다.

PIMS 인증은 기업 자율제도로 정부의 관리감독과 법률근거를 기반으로 신뢰성과 객관성 있는 제도로 운영되고 있다. 2012년 2월 현재 통신업체, 포털업체, 게임업체 등 12개 업체가 인증을 획득하였으며 5개 업체가 심사 중에 있다. PIMS 인증 취득 기업에게는 개인정보 사고 발생시 과징금/과태료 경감 혜택이 부여되며 개정된 정보통신망을 통해 PIMS 인증의 법적 근거가 마련되면서 이에 대한 수요는 증가할 것이다.

> **〈과징금/과태료 혜택 근거〉**
>
> ○ (과징금) 방통위 고시(제2011-1호)(〔별표〕 임의적 가중・감경 금액) – "임의적 가중・감경 금액(제8조 관련)"의 감경 사유 및 비율 : 위반 전기통신사업자가 개인정보보호를 위해 방송통신위원회가 인정하는 인증을 받은 경우 100분의 50 이내
>
> ○ (과태료) 정보통신망법 시행령(〔별표9〕 과태료의 부과기준) – 부과권자는 위반행위의 동기・내용・결과・유형 및 개인정보보호를 위한 사업자의 노력 등을 고려하여 과태료 금액의 2분의 1의 범위에서 그 금액을 가중하거나 감경할 수 있다.

2. PIMS 인증 추진 체계

PIMS 인증 추진 체계는 다음과 같다.

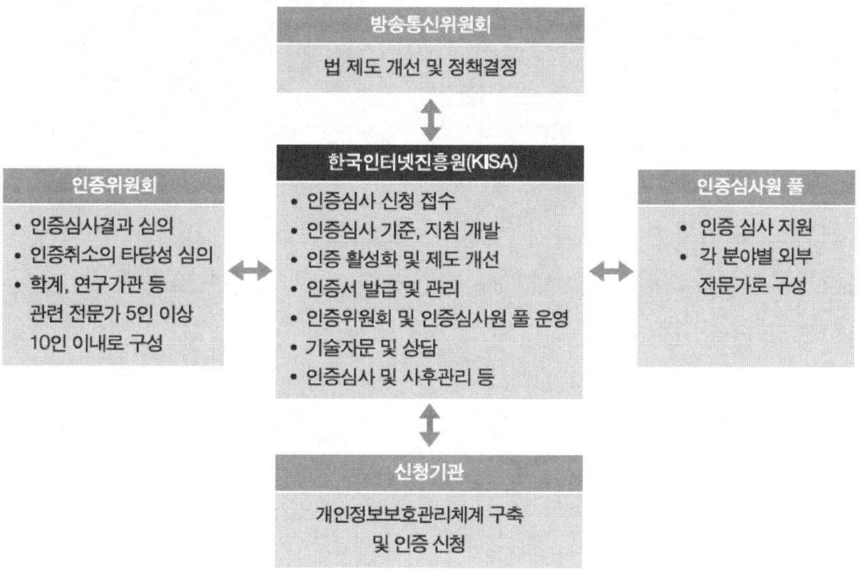

ㅇ방통위 : 관련 법 제도 개선 및 정책을 결정하여 인증기관을 지정
ㅇ인증위원회 : 외부전문가로 구성되며 인증심사의 결과를 검증
ㅇ한국인터넷진흥원 : 외부전문가로 구성된 인증심사원을 통해 심사팀을 구성하여 인증심사를 수행하고 그 결과를 인증위원회에 보고

3. PIMS 인증 심사 기준

PIMS 인증 심사 기준은 3개 분야(관리과정, 보호대책, 생명주기), 118개 통제사항, 325개의 세부점검 항목으로 구성된다.

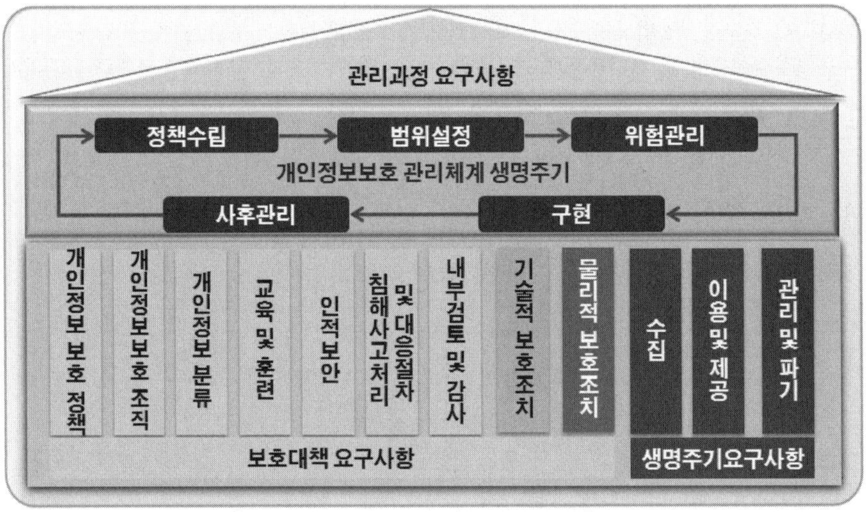

관리과정 요구사항은 조직이 개인정보보호활동을 체계적이고 지속적으로 수행하고 있는지에 대한 기본 체계를 점검하기 위한 기준으로 5개 분야 11개 통제사항으로 구성된다.

통제분야	주요 내용	항목 수
정책수립	개인정보보호 정책 및 내부관리계획 수립	3
범위설정	개인정보 관련 서비스 및 업무 분석을 통한 관리범위 설정 및 개인정보 식별	2
위험관리	위험평가에 따른 보호대책 및 이행계획 수립	3
구현	이행계획에 따라 보호대책을 구현하고 효과성에 대한 주기적 검토 수행	1
사후관리	PIMS에 대한 지속적인 개선활동을 정기적으로 재검토	2

보호대책 요구사항은 개인정보를 안전하게 보호하기 위한 관리적, 기술적, 물리적 보호조치에 관한 기준으로 9개 분야, 79개 통제사항으로 구성된다.

통제분야	주요 내용	항목 수
개인정보보호정책	개인정보보호정책의 최고 경영자 승인, 정책 간 일관성, 주기적 검토	6
개인정보보호조직	개인정보보호 조직체계 구성, 개인정보관리책임자 및 개인정보 취급자 지정, 책임사항 정의	5
개인정보 분류	개인정보 관련 자산 식별 및 중요도 결정, 개인정보 흐름도 작성	4
교육 및 훈련	개인정보보호 교육·훈련 계획 수립/시행/평가	4
인적 보안	개인정보취급자의 명단 관리 및 책임명시, 제3자에 대한 보안 관리	3
침해사고 처리 및 대응절차	개인정보 사고 대응 계획 수립/시행	7
기술적 보호조치	접근통제, 암호화, 네트워크 운영보안, 개인정보처리시스템 개발 관련 영향평가 수행, 출력물 보안	36

물리적 보호조치	개인정보를 취급하는 공간에 대한 보안, 장비 폐기, 사무실 보호	5
내부검토 및 감사	개인정보보호 관련된 법, 규제, 계약상의 준수성 점검, 개인정보 처리 활동 모니터링 수행, 내부감사 수행	9

생명주기 요구사항은 법률에 명시되어 있는 개인정보 생성에서 파기까지의 생명주기 요구사항을 점검하기 위한 기준으로 3개 분야 28개 통제사항으로 구성된다.

통제분야	주요 내용	항목 수
개인정보수집에 따른 조치	최소 개인정보 수집, 정보주체의 동의, 개인정보취급방침 제정・공개 등	7
개인정보 이용 및 제공에 따른 조치	수집한 개인정보 이용제한, 제3자 제공 금지, 취급위탁, 영업양수 통제	16
개인정보 관리 및 파기에 따른 조치	개인정보 보유 시 통제, 파기규정, 시점, 방법 등	5

4. 인증심사

PIMS 인증심사는 다음과 같이 수행된다.

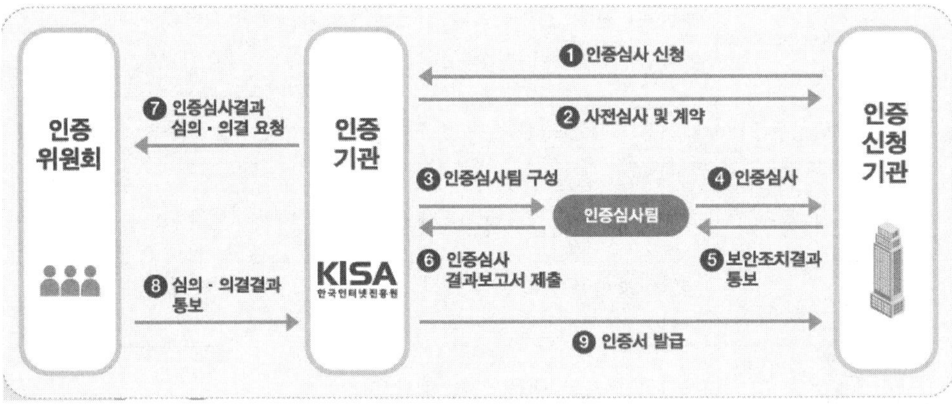

○인증심사 신청 : 인증신청기관은 인증심사를 신청하기 전에 PIMS를 구축/운영하여야 한다. 이를 위해 대기업은 최소 6개월 정도, 중소기업은 최소

3개월 이상이 소요된다.

- ㅇ사전심사 및 계약 : 인증기관은 인증신청기관이 인증심사를 받을 환경을 구축하였는지에 대한 사전심사를 수행하고 인증신청기관의 규모에 따라 심사원 수, 심사일자 등을 포함한 인증심사계획을 협의하고 계약을 체결한다.
- ㅇ인증심사팀 구성 : 인증기관은 인증심사원 풀을 활용하여 인증심사팀을 구성한다.
- ㅇ인증심사 : 인증심사계획에 따라 인증심사팀은 심사를 수행한다. 인증범위에 따라 심사원 수와 일자는 변동될 수 있다. 심사 후 심사팀은 결함사항에 대한 보완조치를 요청한다.
- ㅇ보안조치결과 통보 : 인증신청기관은 보완조치기간(30일) 내에 보완조치를 수행하고 그 결과를 인증심사팀에 통보한다.
- ㅇ인증심사결과보고서 제출 : 인증심사팀장은 인증신청기관의 보완조치를 확인하고 적합하면 심사결과보고서를 작성하여 인증기관에 제출한다.
- ㅇ인증심사결과 심의・의결 요청 : 제출된 결과보고서는 인증위원회에서 심의된다.
- ㅇ심의・의결결과 통보 : 결과보고서를 통해 심사의 적합성 등을 확인한 후 그 결과를 인증기관에 통보한다.
- ㅇ인증서 발급 : 인증위원회를 통해 인증심사 결과가 적합하면 인증신청기관에 인증서가 교부된다.

PIMS 인증심사는 최초심사, 재심사, 사후관리심사, 갱신심사로 구분된다.

- ㅇ최초 심사 : PIMS 인증 취득을 위한 심사로 인증서 유효기간은 3년이다.
- ㅇ사후관리심사 : PIMS를 지속적으로 유지하고 있는지에 대한 심사로 최초심사 후 년 1회 이상 방문하여 점검하는 사후관리심사를 받아야 한다.
- ㅇ갱신심사 : 인증서 유효기간(3년) 만료일 이전에 유효기간 연장을 목적으로 수행하는 심사이다. 갱신 심사의 내용은 인증심사와 동일하다.
- ㅇ재심사 : 인증을 받은 PIMS 범위 내에서 중대한 변경(사무실 이전이나 사

업 내용의 변경 등)이 발생했을 때 수행되는 심사이다. 인증 받은 조직은 중요한 변경이 발생한 경우 3개월 이내에 변경 사항을 인증기관에 통보해야 하며 협의를 통해 재심사 여부를 결정한다. 재심사 결과가 적합한 경우 인증서 유효기간은 재심사 결과 통보일로부터 3년간 연장된다.

II. 개인정보보호 기술대책 수립을 위한 고려사항

개인정보처리자가 개인정보보호를 위한 기술대책을 마련하기 위해서는 보호해야 할 개인정보와 개인정보처리시스템을 우선적으로 분석하여야 한다. 즉, 개인정보의 생명주기(수집, 이용 및 제공, 저장, 폐기)에 따라 어떤 개인정보가 조직 내 어떤 시스템에서 처리되는 지를 분석하여야 한다.

다음은 인터넷쇼핑몰업체의 개인정보 처리 과정을 간략하게 도식화한 것이다. 실제의 개인정보 처리과정은 보다 많은 시스템 등이 표시되는 등 더 상세히 도식화하여야 한다. 이러한 개인정보 처리과정을 도식화함으로써 조직은 관리하는 개인정보의 종류와 개인정보처리시스템과 위탁 및 제3자 제공 여부 등을 한 번에 파악할 수 있다. 또한 이를 통해 보호해야 할 개인정보와 어떤 시스템에 기술적 조치를 취해야 하는 지도 알 수 있게 되어 보다 효과적인 기술대책 마련이 가능하다.

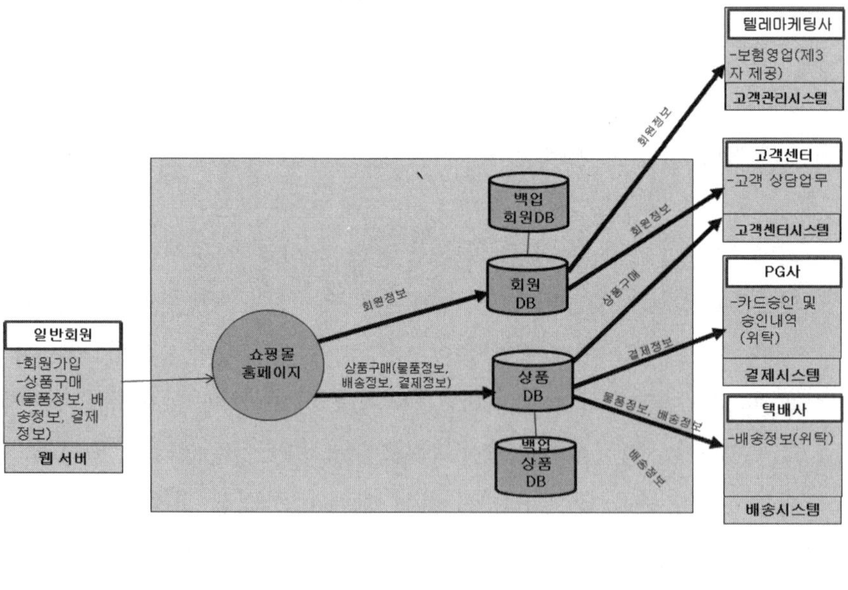

쇼핑몰은 자사 홈페이지를 통한 회원가입과 상품구매를 통해 회원정보와 상품구매정보(물품정보, 배송정보, 결제정보)를 수집하고 있으며 이 정보는 각각 회원DB와 상품DB에 저장된다. 배송과 결제를 위해 배송정보와 결제정보는 위탁사인 택배사와 PG(Payment Gateway)사로 정보가 전송된다. 또한 고객의 동의를 통해 제 3자인 텔레마케팅사에게 전달되어 보험영업 등에 활용될 수도 있다.

아래 그림은 개인정보 흐름도이다. 개인정보 흐름도는 개인정보의 생명주기별 도출될 수 있는 이슈 및 위험을 쉽게 식별할 수 있고 개인정보자산의 접근방법과 권한을 파악하는 데 기본이 된다. 개인정보 흐름도에서는 이슈사항과 이슈사항과 함께 개인정보에 대한 통제 및 접근권한, 각종 보안장치를 포함한 개인정보처리 시스템구조도가 함께 분석되어야 한다.

	수집	저장 & 이용	전송	폐기	고객정보
회원가입	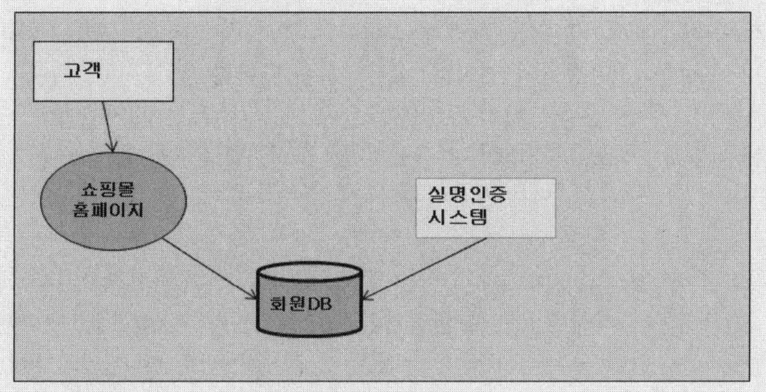				**회원정보** -성명 -주민번호 -생년월일 -전화번호 -휴대폰번호 -이메일
단계별 설명	고객이 쇼핑몰 홈페이지에 접속하여 회원가입을 수행	고객이 회원가입을 통해 입력한 회원정보가 회원 DB에 저장됨	실명인증 수행		
이슈 사항	보안서버 미구축 시 인터넷상에서 고객이 입력하는 회원정보의 노출 위험이 존재	회원유 내 고유식별정보(주민번호)의 암호화 미수행으로 인한 노출 위험이 존재			

개인정보흐름도를 분석한 조직은 이제 개인정보에 누가 접근할 수 있는 지를 확인하여야 한다. 즉, 개인정보취급자를 식별하여야 한다. 업무 상 개인정보처리시스템에 접근권한을 가진 사람을 개인정보취급자로 정의할 수 있으며 이에 대해서는 명단을 관리하여야 한다. 개인정보취급자에의 권한을 업무를 수행할 수는 있되 최소로 부여하여야 하며 내부직원뿐만 아니라 위탁업무를 수행한 조직의 직원에 대해서도 관리하여야 한다.

III. 개인정보의 안전성 확보조치 기준

본 절에서는 개인정보처리자가 수립하여야 하는 개인정보보호를 위한 기술대책을 「개인정보의 안전성 확보조치 기준」(이하, 안전성 확보조치 기준)의 조항을 중심으로 살펴보고 정보통신망법의 「개인정보의 기술적·관리적 보호조치 기준」(이하, 기술적·관리적 보호조치 기준)의 관련 내용과 비교하도록 한다.

1. 정의

기술적인 사항과 관련된 부분의 정의를 살펴보도록 한다.

제2조(정의) 이 기준에서 사용하는 용어의 뜻은 다음과 같다.

1. "정보주체"란 처리되는 정보에 의하여 알아볼 수 있는 사람으로서 그 정보의 주체가 되는 사람을 말한다.
2. **"개인정보파일"이란 개인정보를 쉽게 검색할 수 있도록 일정한 규칙에 따라 체계적으로 배열하거나 구성한 개인정보의 집합물(集合物)을 말한다.**
3. "개인정보처리자"란 업무를 목적으로 개인정보파일을 운용하기 위하여 스스로 또는 다른 사람을 통하여 개인정보를 처리하는 공공기관, 법인, 단체 및 개인 등을 말한다.
4. "소상공인"이란 「소기업 및 소상공인 지원을 위한 특별조치법 시행령」 제2조에 해당하는 자를 말한다.
5. "중소사업자"란 상시 근로자 수가 5인 이상 50인 미만인 개인정보처리자를 말한다. 다만 「소기업 및 소상공인 지원을 위한 특별조치법 시행령」 제2조제1항제1호에 따른 광업·제조업·건설업 및 운수업의 경우에는 상시근로자 수가 10인 이상 50인 미만인 개인정보처리자를 말한다.
6. "개인정보 보호책임자"라 함은 개인정보의 처리에 관한 업무를 총괄해서 책임지는 자로서 영 제32조제2항 제1호 및 제2호에 해당하는 자를 말한다.
7. "개인정보 취급자"란 개인정보처리자의 지휘·감독을 받아 개인정보를 처리하는 임직원, 파견근로자, 시간제근로자 등을 말한다.
8. **"정보통신망"이란 「전기통신기본법」 제2조제2호에 따른 전기통신설비를 이용하거나 전기통신설비와 컴퓨터 및 컴퓨터의 이용기술을 활용하여 정보를 수집·가공·저장·검색·송신 또는 수신하는 정보통신체계를 말한다.**
9. **"개인정보처리시스템"이라 함은 개인정보를 처리할 수 있도록 체계적으로 구성한 데이터베이스시스템을 말한다. 다만 소상공인 또는 중소사업자가 고객의 개인정보를 보유하지 않고 내부 직원의 개인정보만을 보유한 시스템은 제외한다.**
10. **"내부망"이라 함은 물리적 망분리, 접근통제시스템 등에 의해 인터넷 구간에서의 접근이 통제 또는 차단되는 구간을 말한다.**
11. "내부관리계획"이란 개인정보처리자가 개인정보를 안전하게 처리하기 위하여 내부 의사결

정절차를 통하여 수립 · 시행하는 내부 기준을 말한다.
12. "비밀번호"라 함은 정보주체 또는 개인정보취급자 등이 개인정보처리시스템, 업무용 컴퓨터 또는 정보통신망에 접속할 때 식별자와 함께 입력하여 정당한 접속 권한을 가진 자라는 것을 식별할 수 있도록 시스템에 전달해야 하는 고유의 문자열로서 타인에게 공개되지 않는 정보를 말한다.
13. "접속기록"이라 함은 개인정보취급자 등이 개인정보처리시스템에 접속하여 수행한 업무 내역에 대하여 식별자, 접속일시, 접속자를 알 수 있는 정보, 수행업무 등 접속한 사실을 전자적으로 기록한 것을 말한다.
14. "바이오정보"라 함은 지문, 얼굴, 홍채, 정맥, 음성, 필적 등 개인을 식별할 수 있는 신체적 또는 행동적 특징에 관한 정보로서 그로부터 가공되거나 생성된 정보를 포함한다.
15. "P2P(Peer to Peer)"라 함은 정보통신망을 통해 개인과 개인이 직접 연결되어 파일을 공유하는 것을 말한다.
16. "공유설정"이라 함은 컴퓨터 소유자의 파일을 타인이 조회·변경·복사 등을 할 수 있도록 설정하는 것을 말한다.
17. "보조저장매체"라 함은 이동형 하드디스크(HDD), USB메모리, CD(Compact Disk), DVD(Digital Versatile Disk), 플로피디스켓 등 자료를 저장할 수 있는 매체로서 개인정보처리시스템 또는 개인용 컴퓨터 등과 용이하게 분리할 수 있는 저장매체를 말한다.
18."위험도 분석"이란 개인정보처리시스템에 적용되고 있는 개인정보보호를 위한 수단과 유출시 정보주체의 권리를 해할 가능성과 그 위험의 정도를 분석하는 행위를 말한다.

가. 개인정보파일

"개인정보파일"은 개인의 이름이나 고유식별자 등을 사용하여 색인·분류되어 있는 등 일정한 기준에 따라 쉽게 개인정보를 검색할 수 있도록 체계적으로 배열 또는 구성된 개인정보의 집합물을 말한다.

나. 정보통신망

"정보통신망"은 전기통신기본법 제2조제2호에 따라 전기통신을 하기 위한 기계 · 기구 · 선로 등 기타 전기통신에 필요한 설비를 이용하거나 컴퓨터 및 컴퓨터 이용기술을 활용하여 정보를 수집 · 가공 · 저장 · 검색 · 송신 또는 수신하는 정보통신체계를 의미한다.

다. 개인정보처리시스템

"개인정보처리시스템"은 개인정보를 처리할 수 있도록 체계적으로 구성한 데이터베이스시스템으로 일반적으로 개인정보의 체계적인 처리를 위한 DBMS(Database Management System)을 말한다. 여기에서 주의할 것은 개인정보처리시스템을 정의 그대로 단순히 DBMS만으로 한정하는 것이 아니라 효과적인 개인정보보호를 위해 DBMS와 연계되는 모든 웹서버, 개인정보취급자의 PC 등을 개인정보처리시스템으로 간주하는 것이 바람직하다.

라. 내부망

"내부망"은 인터넷 구간과 물리적으로 망이 분리되어 있거나, 비인가된 불법적인 접근을 차단하는 기능 등을 가진 접근통제시스템에 의하여 인터넷 구간에서의 직접 접근이 불가능하도록 통제·차단되어 있는 구간을 말한다.

다음은 접근통제시스템을 이용하여 내부망 구성도의 예를 보여준다.

예 : 내부망 구성도 1

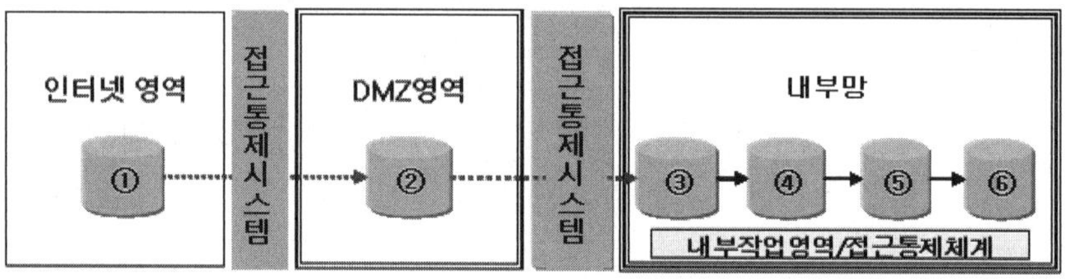

예시) 내부망 구성도 2

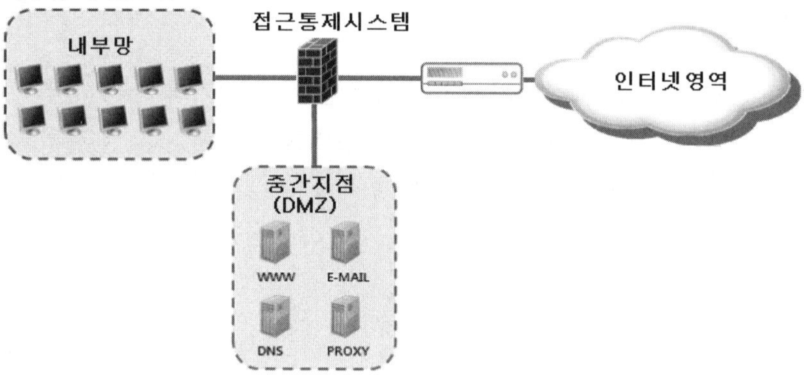

마. 비밀번호

"비밀번호"는 허가 없이 개인정보처리시스템 또는 업무용 컴퓨터에 인가된 사용자만 접속할 수 있도록 하기 위한 대책의 한 가지로서, 정보주체 또는 개인정보취급자가 컴퓨터 시스템 또는 통신망에 접속할 때 사용자 ID와 함께 입력하여 정당한 사용자라는 것을 식별할 수 있도록 시스템에 전달해야 하는 고유의 문자열이다. 회원제로 운영되는 온라인 정보 서비스의 경우, 비밀번호가 없으면 이용할 수 없으며, 서비스 제공자는 입력된 사용자 ID와 비밀번호를 시스템에 등록되어 있는 것과 대조하여 일치해야 접속을 허용하게 된다. '타인에게 공개되지 않는 정보'의 의미는 개인정보취급자 중 계정관리자라 할지라도 정보주체 및 개인정보취급자의 비밀번호를 알 수 있는 형태로 관리되어서는 안 된다는 것이다. 비밀번호가 알 수 있는 형태로 관리되는 경우 해당 정보에 접근할 수 있는 내부자, 해커 등의 외부공격자 등에 의한 도용이 가능하기 때문이다. 이러한 이유로 비밀번호는 일방향 암호화되어 저장된다. 그리고 개인정보처리시스템에 대한 비밀번호는 정보주체가 사용하는 비밀번호와 개인정보취급자가 사용하는 비밀번호 등으로 구분할 수 있다.

바. 접속기록

"접속기록"은 개인정보취급자 등이 개인정보처리시스템에 접속하여 운영하였던 이력정보로서, 시스템 식별·인증 정보(일시, 컴퓨터·IP 명, 접속지역, ID 등), 서비스 이용정보(생성, 수정, 삭제, 검색, 출력 등) 등이 개인정보처리시스템에 있는 로그 파일에 자동으로 기록되는 것이다.

"접속하여 수행한 업무 내역"이라 함은 정보주체 또는 개인정보취급자가 개인정보처리시스템을 이용하여 수행한 업무를 알 수 있는 정보이다. 정보주체 측면에서는 자신의 개인정보 조회, 수정, 탈퇴 등의 업무를 의미한다. 개인정보처리자 측면에서는 정보주체의 개인정보를 서비스 제공을 위해 수집, 생성, 기록, 저장, 보유, 가공, 편집, 검색, 출력, 정정(訂正), 복구, 이용, 제공, 공개, 파기(破棄) 등의 업무를 의미한다.

"식별자, 접속일시, 접속지를 알 수 있는 정보"는 접속한 사실을 확인하는데 필요한 정보를 말한다. 개인정보 취급자의 사용자 계정 또는 사용자명 등이 식별자에 해당하며, 접속일시는 접속한 시점 또는 업무를 수행한 시점의 "년-월-일, 시:분:초"가 해당된다. 접속지를 알 수 있는 정보로는 개인정보처리시스템에 접속한 자의 PC 또는 서버의 IP 주소를 의미하며, 접속기록상의 "수행업무"는 개인정보에 대한 수집, 보관, 처리, 제공, 파기 중 어떤 행위를 수행했는지를 알 수 있는 로그정보 등 구체적인 접속정보를 의미한다.

"전자적으로 기록한 것"의 의미는 개인정보취급자가 수기로 작성한 문서가 아니라 시스템 로그와 같이 자동적으로 기록된 정보를 의미한다.

사. 바이오정보

지문, 얼굴, 홍채, 정맥, 음성, 필적 등의 바이오정보는 각 개인마다 고유의 특징을 가지기 때문에 개인을 식별하는 정보로 사용되며, 이러한 바이오정보는 신체적 특징과 행동적 특징을 기반으로 생성된 정보로 다음과 같은 것들이 있다.

- ㅇ신체적 특징 : 지문, 얼굴, 홍채, 정맥, 음성, 망막, 손 모양, 손가락 모양, 열상 등
- ㅇ행동적 특징 : 필적, 키보드 타이핑, 입술 움직임, 걸음걸이 등

바이오정보는 사람의 신체적 또는 행동적 특징을 입력장치를 통해 최초로 수집되어 가공되지 않은 '원본정보'와 그 중 특정 알고리즘을 통해 특징만을 추출하여 생성된 '특징정보'로 구분된다.

아. P2P(Peer to Peer)

"P2P"는 PC대 PC, 개인 대 개인처럼 서버를 거치지 않고 일대일 통신을 하는 관계를 의미한다. 인터넷에서는 주로 개인들 간의 파일 공유 수단으로서 PC와 PC를 상호 공유토록 연결해 주는 것을 의미하는데 중앙의 서버가 콘텐츠 정보를 가지고 있지 않고 단지 개인 간 접속과 공유를 위한 도구를 제공하는 방

식, 그리고 서버가 콘텐츠 정보를 여러 사람이 공유하도록 지원하는 다대다의 구성 방식 등이 있다.

"개인이 직접 연결되어"는 파일을 보유하고 있는 참여자와 파일을 갖고자 하는 참여자가 직접 연결된 상태를 의미한다.

자. 공유설정

"공유설정"은 복수의 사용자가 네트워크상에서 공용 서버 또는 컴퓨터에 저장되어 있는 파일들을 요구, 열람, 변경하는 컴퓨터 파일 사용 방법을 의미한다. 하나의 파일이 복수의 다른 프로그램이나 다른 기종(機種)의 컴퓨터에서 사용될 때에는 파일 공유를 위하여 상호 접속 가능한 형식으로의 변환을 필요로 하는 경우가 있다. 하나의 파일이 다수의 사용자에 의해 공용될 때에는 파일 암호화 또는 이용자 제한, 파일의 동시 변경을 금지하기 위한 파일 잠금(file locking)과 같은 수단으로 파일에 대한 접근을 규제할 수 있다.

"컴퓨터 소유자의 파일을 타인이 조회·변경·복사 등을 할 수 있도록"의 의미는 컴퓨터 소유자가 파일을 사용하는 권한이나 시간이 다르므로 타인이 해당 파일을 조회, 변경, 복사 등을 할 수 있도록 설정하는 것이다.

차. 보조저장매체

"보조저장매체"는 컴퓨터에 장착된 하드디스크(HDD) 등의 저장매체 이외에 전자적으로 자료를 저장할 수 있는 매체로서 이동형 하드디스크(HDD), USB 메모리, CD(Compact Disk), DVD(Digital Versatile Disk), 플로피디스켓, 자기 테이프 등 개인정보처리시스템, 업무용 컴퓨터 또는 개인용 컴퓨터 등과 용이하게 분리할 수 있는 저장매체를 말한다.

2. 접근권한의 권리

가. 개념

다음은 접근통제 기본모델로 접근통제란 주체가 객체에 읽기 또는 쓰기와 같은 연산(접근)을 수행하는 것을 참조모니터(지킴이의 역할 수행)가 통제하는 것이다. 일반적으로 주체는 객체 또는 객체 내 데이터에의 접근을 요구하는 활동 개체로 사람, 프로세스, 또는 프로그램이 그 예이다. 객체는 정보를 가진 수동적 객체로 컴퓨터, 서버, 데이터베이스, 파일, 개인정보가 될 수 있다.

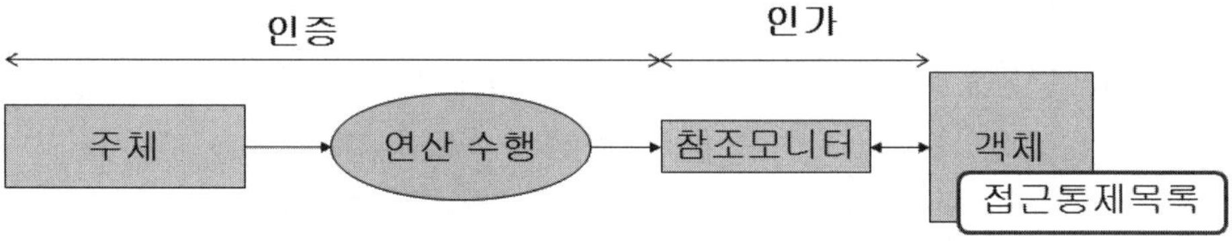

접근통제 과정은 인증(authentication)과 인가(authorization)로 구성된다. 인증은 객체에의 접근을 요청하는 주체의 신분을 식별한 후 해당 신분이 맞는지를 확인하는 과정이며, 인가는 인증된 주체가 객체에의 접근권한을 소유했는지를 확인하는 과정이다. 인가과정에서 만약 주체가 객체에의 접근권한을 가졌다면, 즉 객체에 대해 관리하고 있는 접근통제목록(ACL, Access Control List)에 주체의 이름과 수행하고자 하는 연산(읽기 또는 쓰기 등)이 존재하면 객체에의 접근이 허가된다.

주체에 대한 인증은 크게 3가지 방법으로 수행된다.

○지식 기반의 인증(What you know) : 사용자가 알고 있는 어떤 것에 의존하는 인증기법으로 시스템과 네트워크 로그인을 위한 비밀번호와 ATM과 신용카드에 대한 PIN번호 등이 대표적인 예이다. 이 기법은 다양한 분야에 추가적인 설비 없이 사용할 수 있고 검증에 애매모호함이 없다는 장점이 있다. 이 기법의 안전성은 사용자가 비밀번호를 얼마나 안전하게 설정하는 데에 달려있다. 안전한 비밀번호란 제3자가 쉽게 추측할 수 없으며, 시스템에 저장되어 있는 사용자 정보 또는 인터넷을 통해 전송되는 정보를 해킹하여 사용자의 비밀번호를 알아낼 수 없거나 알아낸다 하더라도 많은 시간이 요구되는 비밀번호를 의미한다.

○소유 기반의 인증(What you have) : 문의 열쇠, 운전면허증, 신분증, 공인인증서 등 사용자가 소유한 것을 기반으로 수행하는 인증기법이다. 이 기법은 소유물의 위조의 어려움 등에 안전성을 둔다.

○객체특성 기반의 인증(What you are) : 객체의 생체적 특성(바이오 정보)에 기반한 인증기법으로 지문, 홍채, 얼굴 이미지 등을 활용한다. 이 기법은 일부 사람들에게 생체 정보를 이용할 수 없다는 문제점이 존재한다. 예를 들어 지문이 없거나 사고 등으로 홍채에 손상을 입어 이러한 생체 정보를 이용할 수 없게 되는 경우가 존재할 수 있다. 또한 이 기법은 바이오 정보를 인식할 수 있는 장치가 필요하다.

위의 3가지 방법 중 어느 하나가 더 안전하다고는 할 수 없으며 두 가지 기법을 혼용해서 사용(이를 2-factor 인증이라 함)함으로써 인증의 안전성을 높이고 있다. 인터넷뱅킹에서 공인인증서와 함께 비밀번호를 사용하는 경우가 그 예이다.

인가는 객체에 대한 접근을 통제하는 기법을 이용한다. 접근통제 방법은 크게 3가지로 분류된다.

○임의적 접근통제(DAC, Discretionary Access Control) : 시스템 객체에 대한 접근을 사용자 개인 또는 그룹의 식별자를 기반으로 하는 접근통제 방법이다. 임의라는 말은 어떤 종류의 접근 권한을 갖는 사용자는 다른 사용자에게 자신의 판단에 따라 권한을 줄 수 있다는 뜻이다. 주체 및 객체의 신분 및 임의 접근 통제 규칙에 기초하여 객체에 대한 주체의 접근을 통제하는 기능을 수행한다.

○강제적 접근통제(MAC, Mandatory Access Control) : 어떤 주체가 특정 객체에 접근할 때 양자의 보안 레벨에 기초하여 낮은 수준의 주체가 높은 수준의 객체의 정보에 접근하는 것을 제한하는 방법이다. 컴퓨터의 모든 자원(중앙 처리 장치, 메모리, 프린터, 모니터, 저장장치 등)을 객체로 추상화하고, 그 객체를 사용하고자 하는 것을 주체(사용자 및 모든 프로세

스)로 설정하여, 각 객체 파일의 비밀 등급과 각 주체의 허가 등급을 부여한다. 이후, 주체가 객체를 읽거나 기록하거나 실행시키고자 할 때마다, 그 주체가 그 객체에 대한 권한을 가지고 있는지를 확인하는 방식이다.

○역할 기반 접근통제(RBAC, Role Based Access Control) : 주체에 대한 행위나 역할에 의해 접근 권한이 결정되는 접근 통제 방식으로 역할은 접근 통제 정책을 구현하는 중요한 의미적 구조로서 조직의 업무 기능에 따라 역할과 권한이 생성되고, 역할에 부여된 접근 권한에 따라 역할 수행에 필요한 최소한도의 자원 접근이 가능하며, 업무 권한과 책임에 따라 접근 구조의 변경 없이도 역할을 변경할 수 있게 한 것이다.

나. 조항 분석

안전성 확보조치 기준의 제4조(접근 권한의 관리)는 4항으로 구성되고 이 조항을 규정한 목적은 개인정보처리시스템에 대하여 업무 목적 외 불필요한 접근을 최소화하기 위함이다. 과도한 접근 권한의 부여 또는 인가되지 않은 접근 모두 개인정보의 불법 사용, 누출, 변조 및 훼손의 위험을 일으키므로 접근권한이 안전하게 관리되어야 한다. 개인정보취급자의 업무가 이동되거나 퇴직 등으로 인해 업무가 변경되면 접근권한도 조정되어야 한다.

제4조(접근 권한의 관리) ① 개인정보처리자는 개인정보처리시스템에 대한 접근권한을 업무 수행에 필요한 최소한의 범위로 업무 담당자에 따라 차등 부여하여야 한다.

개인정보의 분실·도난·유출·변조 또는 훼손을 방지하기 위하여 개인정보처리시스템에 대한 접근권한은 업무 수행 목적에 따라 최소한의 범위로 업무담당자에게 차등 부여하고 접근통제를 위한 조치를 취해야 한다. 예를 들어 배송업무를 수행하는 직원은 상품구매정보 중 배송정보에 대해서만 조회 권한을 부여하고 고객센터 직원은 회원정보에 대한 조회 권한을 부여하는 등 권한에 차등을 두어야 한다.

또한 개인정보 관련 업무의 담당자를 선정함에 있어 인사 명령 등을 통해 이를 공식화하고 비밀유지의무 등에 대한 서약서를 받는 것도 고려할만하다.

② 개인정보처리자는 전보 또는 퇴직 등 인사이동이 발생하여 개인정보취급자가 변경되었을 경우 지체 없이 개인정보처리시스템의 접근권한을 변경 또는 말소하여야 한다.

조직 내의 임직원 전보 또는 퇴직 등 인사이동을 통해 사용자 계정의 변경·삭제가 필요한 경우에는 공식적인 사용자 계정 관리절차에 따라 통제될 수 있도록 한다. 내부 인력의 퇴직 시 해당 인력의 계정을 지체 없이 말소하도록 지침에 반영하여 이행하도록 한다. 임직원의 퇴직 시 계정 말소를 효과적으로 이행하기 위해서는 퇴직 점검표에 사용계정의 말소항목을 반영하여, 계정의 말소 여부에 대해 확인을 받을 수 있다.

③ 개인정보처리자는 제1항 및 제2항에 의한 권한 부여, 변경 또는 말소에 대한 내역을 기록하고, 그 기록을 최소 3년간 보관하여야 한다.

개인정보처리자는 권한 부여, 변경, 말소에 대한 내역을 기록·관리하기 위해 다음과 같은 "개인정보 접근권한 관리대장"을 활용하거나 이와 관련된 사항이 전자적으로 기록되도록 할 수 있다. 또한 이 기록은 최소 3년간 보관되어야 한다. 이러한 접근권한은 주기적으로 관리하여 업무변경에 따른 적절한 접근권한 부여 여부, 과도한 접근권한의 부여 여부 등을 확인하여야 한다.

개인정보 접근권한 관리대장

번호	소속 (부서)	이름	개인정보 관련 업무	개인정보 접근권한 내용	변경사항	변경사유	비 고

> ④ 개인정보처리자는 개인정보처리시스템에 접속할 수 있는 사용자 계정을 발급하는 경우, 개인정보취급자 별로 한 개의 사용자계정을 발급하여야 하며, 다른 개인정보취급자와 공유되지 않도록 하여야 한다.

개인정보처리시스템에 접근하는 사용자 계정(ID)은 개인정보취급자 당 한 개의 사용자계정 아이디를 발급해야한다. 다수의 개인정보취급자가 동일한 업무를 수행한다 하더라도 하나의 사용자 계정과 비밀번호를 공유하지 않도록 하여야 하며 1인 1 사용자 계정 발급을 통해 개인정보 처리내역에 대한 책임 추적성(Accountability)을 확보하여야 한다. 책임 추적성이란 개인정보 취급에 따른 문제 발생 시 사용자계정을 기반으로 책임소재를 파악하는 것을 말한다. 그러나 업무의 가용성을 위해 사용자 계정의 공유가 불가피할 경우 해당 계정의 공유자를 확인하는 것이 필요하며 접속 IP 등을 이용하여 책임 추적성을 보장하도록 하여야 한다. 그리고 계정 공유자 중 한 개인정보취급자가 전보 또는 퇴직 등으로 인해 업무 변동이 생기면 공유되는 계정의 비밀번호를 즉시 변경하도록 하여야 한다.

다. 개인정보의 기술적 · 관리적 보호조치 기준과의 비교

안전성 확보조치 기준과 기술적 · 관리적 보호조치 기준의 내용을 비교하면 권한부여, 변경 또는 말소에 대한 내역의 보관 년한의 차이가 있음을 알 수 있다. 정보통신서비스 제공자라면 기술적 · 관리적 보호조치 기준이 먼저 적용된다.

안전성 확보조치 기준	기술적 · 관리적 보호조치 기준
제4조(접근 권한의 관리) ① 개인정보처리자는 개인정보처리시스템에 대한 접근권한을 업무 수행에 필요한 최소한의 범위로 업무 담당자에 따라 차등 부여하여야 한다. ② 개인정보처리자는 전보 또는 퇴직 등 인사이동이 발생하여 개인정보취급자가 변경되었	**제4조(접근통제)** ① 정보통신서비스 제공자등은 개인정보처리시스템에 대한 접근권한을 서비스 제공을 위하여 필요한 개인정보관리책임자 또는 개인정보취급자에게만 부여한다. ② 정보통신서비스 제공자등은 전보 또는 퇴직 등 인사이동이 발생하여 개인정보취급자가 변

을 경우 지체 없이 개인정보처리시스템의 접근 권한을 변경 또는 말소하여야 한다. ③ 개인정보처리자는 제1항 및 제2항에 의한 권한 부여, 변경 또는 말소에 대한 내역을 기록하고, 그 기록을 **최소 3년간** 보관하여야 한다. ④ 개인정보처리자는 개인정보처리시스템에 접속할 수 있는 사용자 계정을 발급하는 경우, 개인정보취급자 별로 한 개의 사용자계정을 발급하여야 하며, 다른 개인정보취급자와 공유되지 않도록 하여야 한다.	경되었을 경우 지체 없이 개인정보처리시스템의 접근권한을 변경 또는 말소한다. ③ 정보통신서비스 제공자등은 제1항 및 제2항에 의한 권한 부여, 변경 또는 말소에 대한 내역을 기록하고, 그 기록을 **최소 5년간** 보관한다.

3. 비밀번호 관리

가. 개요

일반적으로 비밀번호는 사용자가 시스템이나 인터넷 사이트에 로그인할 때, 허가된 사용자임을 확인하는 데 이용되는 문자열로 사용자 비밀번호가 노출될 경우 허용되지 않은 개인정보나 타인의 금융정보 등에 접근하여 이를 악용할 수 있다. 그러므로 안전한 비밀번호의 관리는 보안의 가장 기본이 되는 사항이다.

나. 조항 분석

제5조(비밀번호 관리) 개인정보처리자는 개인정보취급자 또는 정보주체가 안전한 비밀번호를 설정하여 이행할 수 있도록 비밀번호 작성규칙을 수립하여 적용하여야 한다.

개인정보처리자는 개인정보취급자 또는 정보주체가 안전한 비밀번호를 설정하여 이행할 수 있도록 비밀번호 작성규칙을 수립하여 적용하여야 한다. 안전한 비밀번호란 제3자가 쉽게 추측할 수 없으며, 시스템에 저장되어 있는 사용자 정보 또는 인터넷을 통해 전송되는 정보를 해킹하여 사용자의 패스워드를 알아낼 수 없거나 알아낸다 하더라도 많은 시간이 요구되는 비밀번호를 의미한

다. 즉, 개인정보취급자나 정보주체가 생일, 전화번호 등 추측하기 쉬운 숫자나 문자 등을 비밀번호로 이용하지 않도록 하여야 한다.

비밀번호 작성규칙 수립 시 한국인터넷진흥원의 "패스워드 선택 및 이용 안내서"를 참고할 수 있다. 패스워드와 비밀번호의 의미는 동일하다. 주요 내용은 다음과 같다.

○ 사용자는 안전한 패스워드를 설정하여 사용해야 한다. 안전한 패스워드는 알파벳 대문자와 소문자, 특수문자, 숫자 중 세 가지 종류 이상의 문자구성으로 8자리 이상의 길이 또는 두 가지 종류 이상의 문자구성으로 10자리 이상의 길이로 설정하도록 한다.
○ 초기 패스워드가 시스템에 의해 할당되는 경우, 사용자는 빠른 시간 내에 해당 패스워드를 새로운 패스워드로 변경해야 한다.
○ 사용자는 패스워드를 주기적으로 변경해야 하며, 권장하는 패스워드 변경 주기는 6개월이다.
○ 패스워드 변경 시, 이전에 사용하지 않은 새로운 패스워드를 사용하고 변경된 패스워드는 이전 패스워드와 연관성이 없어야 한다.
○ 자신의 패스워드가 제3자에게 노출되지 않도록 해야 한다. 즉, 패스워드를 메모지에 기록할 경우, 메모지는 항상 자신이 소유하고 있거나 안전한 장소에 보관함으로써 외부로 노출되지 않도록 해야 한다.
○ 제3자에게 자신의 패스워드와 관련된 정보 및 힌트를 제공하지 않아야 한다.
○ 자신의 패스워드가 제3자에게 노출되었을 경우, 즉시 새로운 패스워드로 변경해야 한다.

컴퓨터 관련 기술의 발달에 따라 비밀번호의 최소 길이는 늘어날 수 있고, 변경주기는 짧아질 수 있음에 주의하여야 한다.

다음은 비밀번호에 대한 크랙 시간을 보여준다.

비밀번호 구성	7자리	8자리
영문 소문자(26문자)	45분	20시간
영문 소문자+숫자(36문자)	8시간	13일
영문 대·소문자+숫자(62문자)	25일	4년 6개월
영문 대·소문자+숫자+특수문자(94문자)	437일	114년
※ 일반적인 패스워드 전수조사 소요 예상시간임 패스워드가 암호화된 상태로 저장되어 있다는 가정하고 펜티엄 4.30GHz CPU, 2GB 메모리를 가진 컴퓨터에 자동화된 프로그램을 설치해 실험함		

개인정보처리자가 비밀번호 작성규칙을 수립하였다면 개인정보취급자 또는 정보주체가 이를 잘 이행하도록 하기 위해서는 비밀번호 설정 시 비밀번호 작성규칙에 위배되는 비밀번호를 설정하지 못하도록 하고 변경주기에 따라 비밀번호 변경을 유도할 수 있는 시스템 측면의 보안대책을 마련하는 것도 좋다. 한국인터넷진흥원은 웹 사이트 회원가입 시 패스워드 설정 과정에서나 패스워드 변경 시에 사용자가 입력한 패스워드에 대한 안전성 강도를 검사하여 그 결과를 다시 사용자에게 알려주는 소프트웨어인 패스워드 안전성 검증 소프트웨어를 보급 중에 있으니 참고하길 바란다.

다. 개인정보의 기술적·관리적 보호조치 기준과의 비교

다음 비교표에서 알 수 있듯이 기술적·관리적 보호조치 기준에는 개인정보취급자를 대상으로 비밀번호 작성규칙 및 관리에 대해 보다 구체적인 사항을 규정하고 있다. 그리고 정보주체가 사용하는 비밀번호에 대해서는 정보주체의 편의성 등을 고려하여 개인정보취급자에 준하는 적절한 수준으로 사업자 자율적으로 설정하는 것이 필요하다.

안전성 확보조치 기준	기술적·관리적 보호조치 기준
제2조(정의) 12. "비밀번호"라 함은 정보주체 또는 개인정보취급자 등이 개인정보처리시스템, 업무용 컴퓨터 또는 정보통신망에 접속할	제2조(정의) 4."비밀번호"라 함은 이용자 및 개인정보취급자 등이 시스템 또는 정보통신망에 접할 때 식별자와 함께 입력하여 정당한

때 식별자와 함께 입력하여 정당한 접속 권한을 가진 자라는 것을 식별할 수 있도록 시스템에 전달해야 하는 고유의 문자열로서 타인에게 공개되지 않는 정보를 말한다. 제5조(비밀번호 관리)개인정보처리자는 개인정보취급자 또는 정보주체가 안전한 비밀번호를 설정하여 이행할 수 있도록 비밀번호 작성규칙을 수립하여 적용하여야 한다.	접속권한을 가진자라는 것을 식별할 수 있도록 시스템에 전달해야 하는 고유의 문자열로서 타인에게 공개되지 않는 정보를 말한다 제4조(접근통제) ⑥ 정보통신서비스제공자 등은 이용자가 안전한 비밀번호를 이용할 수 있도록 비밀번호 작성규칙을 수립하고 이행한다. ⑦ 정보통신서비스제공자 등은 개인정보취급자를 대상으로 다음 각 호의 사항을 포함하는 비밀번호 작성규칙을 수립하고 이를 적용·운용하여야한다 1. 다음 각 목의 문자종류 중 2종류 이상을 조합하여 최소 10자리 이상 또는 3종류 이상을 조합하여 최소 8자리 이상의 길이로 구성 가. 영문대문자 26개 나. 영문소문자 26개 다. 숫자 10개 라. 특수문자 32개 2. 연속적인 숫자나 생일, 전화번호 등 추측하기 쉬운 개인정보 및 아이디와 비슷한 비밀번호는 사용하지 않는 것을 권고 3. 비밀번호에 유효기간을 설정하여 반기별 1회 이상 변경

4. 접근통제 시스템 설치 및 운영

가. 개요

본 절에서는 정보통신망을 통한 불법적인 접근을 제한, 탐지, 방지하기 위해 사용할 수 있거나 외부로부터 내부 시스템으로의 안전한 접속을 제공하는 시스템에 대해 살펴보도록 한다.

○ 침입차단시스템(Firewall) : 외부망에서 내부망으로 접근하는 입구나 주요 서버 앞단에 위치하여 허가되지 않은 사용자가 내부망의 정보에 접근하

는 것을 방지하고, 허가된 사용자들이 방해받지 않고 내부망에 접근하는 것을 보장해 주는 역할을 하는 S/W 및 H/W로 구성된다. 즉, 내부적으로는 제어할 수 있는 링크를 구성하고 외부로부터 보호하기 위한 보안외벽을 치기 위해서 내부망과 인터넷 사이에 설치된다.

○ 침입탐지시스템(IDS, Intrusion Detection System) : IDS는 컴퓨터/네트워크에서 발생하는 이벤트들을 모니터링(monitoring)하고, 침입 발생 여부를 탐지(detection)하고, 대응(response)하는 자동화된 시스템으로, 로컬 네트워크나 호스트에 위치하여 컴퓨터가 사용하는 자원의 무결성, 기밀성, 가용성을 저해하는 행위를 가능한 실시간으로 탐지하여 네트워크를 통한 공격이나 시스템에 대한 불법행위 등에 대해 대응방안을 세울 수 있게 하는 역할을 한다.

○ 침입방지시스템(IPS, Intrusion Prevention System) : 침입방지시스템은 다양하고 지능적인 침입 기술에 대해서 다양한 방법의 보안 기술을 이용하여 침입을 일어나기 전에 실시간으로 침입을 막고, 인터넷 웜, 악성코드 및 해킹에 기인한 유해 트래픽을 차단하기 위한 능동형 보안 솔루션이다. 침입탐지가 주 목적인 IDS의 기능을 넘어서, 침입을 탐지했을 경우에 대한 대처까지 수행한다.

○ 웹 방화벽(Web Application Firewall) : 어플리케이션 계층의 HTTP, HTTPS 데이터를 모니터링하고 웹 공격이 탐지되면 웹 서버에 도달하기 전에 차단하는 보안 솔루션으로 웹 어플리케이션 취약점을 악용한 공격에 대한 침입차단시스템, 침입탐지시스템, 침입방지시스템의 한계성을 극복하기 위해 등장하였다.

○ 가상사설망(VPN, Virtual Private Network) : 공중 통신망 기반시설을 IPSec이나 SSL 기반의 표준 프로토콜을 이용한 터널링 기술과 암호화기법

등을 사용하여 물리적인 네트워크의 구성과 무관하게 사용자의 목적에 맞게 공용망을 마치 자신의 전용회선처럼 사용 할 수 있게 구성하는 네트워크를 말한다.

나. 조항 분석

안전성 확보조치 기준 제6조(접근통제 시스템 설치 및 운영)는 4항으로 구성되며 정보통신망을 통한 불법적인 접근 및 침해사고 방지를 위해 기술적 대책, 정보통신망 외부에서의 개인정보처리시스템에의 접속 시의 기술적 대책 등을 규정하고 있다.

> **제6조(접근통제 시스템 설치 및 운영)** ① 개인정보처리자는 정보통신망을 통한 불법적인 접근 및 침해사고 방지를 위해 다음 각 호의 기능을 포함한 시스템을 설치·운영하여야 한다.
> 1. 개인정보처리시스템에 대한 접속 권한을 IP(Internet Protocol)주소 등으로 제한하여 인가받지 않은 접근을 제한
> 2. 개인정보처리시스템에 접속한 IP(Internet Protocol)주소 등을 분석하여 불법적인 개인정보 유출 시도를 탐지

개인정보처리자는 정보통신망을 통한 불법적인 접근 및 침해사고 방지를 위해 침입차단시스템 또는 침입방지시스템 등을 설치하여 운영하여야 한다. 침입차단시스템 또는 침입방지시스템 등은 정보통신망을 통한 불법적인 접근을 IP주소 등으로 제한할 수 있으며 개인정보처리시스템에 접속한 IP주소 등을 분석하여 불법적인 개인정보 유출시도를 탐지할 수 있다. 개인정보처리자는 침입차단시스템 및 침입탐지시스템을 설치·운영하거나, 침입차단시스템과 침입탐지시스템이 동시에 구현된 침입방지시스템, 웹방화벽 또는 보안 운영체제(Secure OS) 등을 도입할 수 있다.

또한, 스위치 등의 네트워크 장비에서 제공하는 ACL(Access Control List : 접근제어목록) 등 기능을 이용하여 IP 주소 등을 제한함으로써 침입차단 기능을 구현할 수 있다. 전문 침입차단시스템 및 침입탐지시스템의 설치 운영이 어려운 중소기업의 경우 인터넷데이터센터(IDC) 등에서 제공하는 보안서비스(침입차단, 침입방지, 웹방화벽 등)를 활용함으로써 초기 투자비용 등을 줄일

수 있다. 공개용(무료) S/W를 사용하거나, 운영체제(OS)에서 제공하는 기능을 활용하여 해당 기능을 포함한 시스템을 설치・운영할 수 있다. 다만, 공개용(무료) S/W를 사용하는 경우에는 적절한 보안이 이루어지는지를 사전에 점검하여야 한다.

불법접근 및 침해사고 방지를 위한 목적 달성을 위해서는 침입차단과 침입탐지 기능을 갖는 시스템 도입과 더불어 침입차단 정책 설정 및 침입탐지 로그 분석 등을 적절하게 관리하는 것이 중요하다.

② 개인정보처리자는 개인정보취급자가 정보통신망을 통해 외부에서 개인정보처리시스템에 접속하려는 경우에는 가상사설망(VPN : Virtual Private Network) 또는 전용선 등 안전한 접속수단을 적용하여야 한다.

외부망으로부터 개인정보처리시스템에 대한 접속은 원칙적으로 차단하여야 한다. 다만 개인정보처리자가 외부망을 통해 개인정보처리시스템에 접속이 필요한 경우에는 가상사설망(VPN) 또는 전용선 등 안전한 보호대책을 마련해야 한다.

③ 개인정보처리자는 취급중인 개인정보가 인터넷 홈페이지, P2P, 공유설정 등을 통하여 열람권한이 없는 자에게 공개되거나 외부에 유출되지 않도록 개인정보처리시스템 및 업무용 컴퓨터에 조치를 취하여야 한다.

개인정보취급자의 부주의로 개인정보처리시스템 또는 업무용 컴퓨터에 있는 개인정보가 인터넷 홈페이지 또는 P2P를 통해 게시되거나, 공유 설정된 PC 폴더에 개인정보 파일을 둠으로써 열람 권한이 없는 자에게 공개되는 사례가 많이 발견되고 있다. 그러므로 개인정보처리시스템 또는 업무용 컴퓨터인 경우 P2P, 공유설정을 기본적으로 사용하지 않는 것을 원칙으로 하여야 한다. 만약 업무상 꼭 필요한 경우에는 드라이브 전체 또는 불필요한 폴더가 공유되지 않도록 조치하고, 공유폴더에 개인정보 파일이 포함되지 않도록 정기적으로 점검하여야 하고 권한 설정 등의 조치를 통해 업무상 꼭 필요한 자만 접근할 수 있도록 한다.

그리고 인터넷 홈페이지를 운영하는 개인정보처리자는 홈페이지의 취약점으로 인한 노출을 방지하기 위해 주기적으로 취약점을 점검하고 그에 대한 보안조치를 수행하여야 한다. 개인정보처리자가 고려해야 할 홈페이지 취약점은 디렉토리 리스팅(Directory Listing), 파일 다운로드, 크로스사이트스크립트(CrossSiteScript), 파일 업로드(File Upload), SQL 인젝션(SQL_Injection) 등이 있다.

○ 디렉토리 리스팅 취약점 : 취약한 서버설정으로 발생하는 취약점으로 브라우징하는 모든 파일을 보여준다. 일반적으로 디렉토리 목록이 바로 취약점과 연결되지는 않지만 파일 저장 및 열람이 가능할 경우 백업파일, 소스코드 등의 파일 유출로 인해 계정정보와 같은 중요 정보가 공격자에게 유출됨으로써 제2, 제3의 공격에 악용될 수 있다.

○ 파일 다운로드 취약점 : 다운로드 파일의 위치에 대한 제한 조건을 부여하지 않아 지정된 파일 이외의 위치에 있는 파일들에 접근하거나 다운로드할 수 있는 취약점이다. 게시판 등에 저장된 자료에 대해 다운로드 스크립트를 이용하여 다운로드 기능을 제공하면서 대상 자료 파일의 위치 지정에 제한 조건을 부여하지 않았을 경우, URL칸의 다운로드 스크립트의 인수값에'../'문자열 등을 입력하여 시스템 디렉토리 등에 있는 /etc/passwd와 같은 비공개 자료들이 유출될 수 있다.

○ 크로스사이트스크립트 취약점 : 게시물에 실행 코드와 태그의 업로드가 규제되지 않는 경우 이를 악용하여 게시물을 열람한 타 사용자의 개인용 컴퓨터로 부터 정보를 유출할 수 있는 보안 취약점이다. 게시판에 새 게시물을 작성하여 등록할 때와 같이 사용자의 입력을 받아 처리하는 웹 응용 프로그램에서 입력 내용에 대해 실행 코드인 스크립트의 태그를 적절히 필터링하지 않을 경우에 악의적인 스크립트가 포함된 게시물을 등록할 수 있어 해당 게시물을 열람하는 일반 사용자의 PC로부터 개인 정보인 쿠키를 유출할 수 있는 등의 피해를 초래할 수 있다.

○ 파일 업로드 취약점 : 게시판 등에서 스크립트 파일의 업로드에 대한 규제가 없을 경우 이를 악용한 해커에 의해 악성 스크립트 파일이 수행될 수 있는 보안 취약점이다. 첨부 파일 업로드를 허용하는 홈 페이지 게시판에서 .php, .jsp 등의 확장자 이름의 스크립트 파일의 업로드를 허용할 경우 해커는 악성 실행 프로그램을 업로드한 후에 홈 페이지 접속 방식으로 원격에서 서버컴퓨터의 시스템 운영 명령어를 실행시킬 수 있다.

○ SQL 인젝션 취약점 : SQL 입력문에 대한 검증이 없을 경우 공격자가 SQL문으로 해석될 수 있는 입력을 시도하여 DB에의 접근이 가능한 취약점이다. 주소(URL)창 또는 사용자 ID 및 패스워드 입력 화면 등에서 데이터베이스 SQL문에 사용되는 문자 기호의 입력에 대해 검증이 되지 않을 경우에 공격자가 SQL문으로 해석될 수 있도록 조작한 입력으로 데이터베이스를 인증 절차 없이 접근이 가능하고 자료를 무단 유출하거나 변조할 수 있다.

> ④ 개인정보처리자가 별도의 개인정보처리시스템을 이용하지 아니하고 업무용 컴퓨터만을 이용하여 개인정보를 처리하는 경우에는 제1항을 적용하지 아니할 수 있으며, 이 경우 업무용 컴퓨터의 운영체제(OS : Operating System)나 보안프로그램 등에서 제공하는 접근통제 기능을 이용할 수 있다.

개인정보처리시스템을 이용하지 않고 단순히 업무용 컴퓨터에 개인정보를 저장하는 경우 운영체제나 보안프로그램에서 제공하는 접근통제 기능을 사용하여 불법적인 접근을 차단할 수 있다.

윈도우 XP의 방화벽은 〔설정〕 → 〔제어판〕 → 〔Windows 방화벽〕에서 "사용(권장)"을 클릭하여 사용할 수 있다. 다음은 윈도우 XP 접근통제 설정 화면이다.

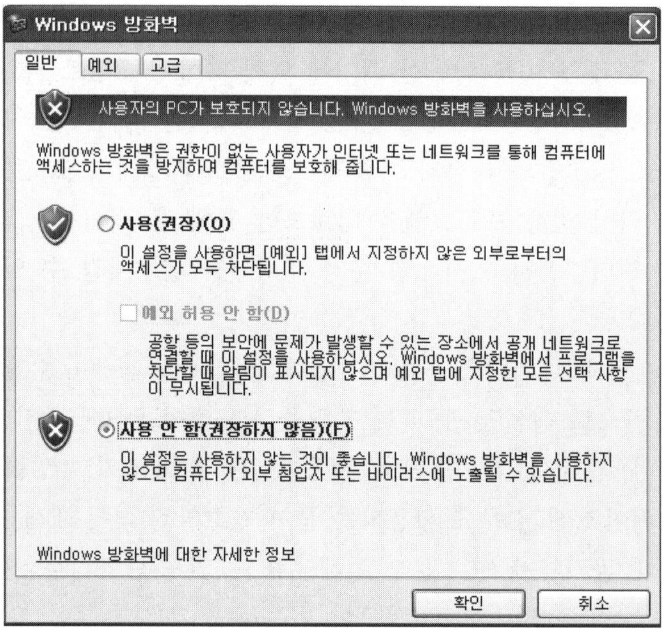

다. 개인정보의 기술적·관리적 보호조치 기준과의 비교

다음 비교표에서 알 수 있듯이 접근통제 시스템 설치 및 운영은 기술적·관리적 보호조치 기준의 항의 내용과 많은 부분이 유사하다. 개인정보취급자가 정보통신망을 통한 외부 접속시에 대해 안전성 확보조치 기준에서는 VPN 또는 전용선의 네트워크 보안 대책을 규정하고 기술적·관리적 보호조치 기준에서는 공인인증서 등의 안전한 인증수단에 대해 규정하고 있다. 그리고 안전성 확보조치 기준은 업무용 컴퓨터만을 이용하는 환경을 고려한 규정을 포함하고 있다.

안전성 확보조치 기준	기술적 · 관리적 보호조치 기준
제6조(접근통제 시스템 설치 및 운영) ① 개인정보처리자는 정보통신망을 통한 불법적인 접근 및 침해사고 방지를 위해 다음 각 호의 기능을 포함한 시스템을 설치·운영하여야 한다. 1. 개인정보처리시스템에 대한 접속 권한을 IP(Internet Protocol)주소 등으로 제한하여	제4조(접근통제) ④ 정보통신서비스 제공자등은 개인정보취급자가 정보통신망을 통해 외부에서 개인정보처리시스템에 접속이 필요한 경우에는 공인인증서 등 안전한 인증 수단을 적용하여야 한다. ⑤ 정보통신서비스 제공자등은 정보통신망을 통

인가받지 않은 접근을 제한 2. 개인정보처리시스템에 접속한 IP(Internet Protocol)주소 등을 분석하여 불법적인 개인정보 유출 시도를 탐지 ② 개인정보처리자는 개인정보취급자가 정보통신망을 통해 외부에서 개인정보처리시스템에 접속하려는 경우에는 가상사설망(VPN : Virtual Private Network) 또는 전용선 등 안전한 접속수단을 적용하여야 한다. ③ 개인정보처리자는 취급중인 개인정보가 인터넷 홈페이지, P2P, 공유설정 등을 통하여 열람권한이 없는 자에게 공개되거나 외부에 유출되지 않도록 개인정보처리시스템 및 업무용 컴퓨터에 조치를 취하여야 한다. ④ 개인정보처리자가 별도의 개인정보처리시스템을 이용하지 아니하고 업무용 컴퓨터만을 이용하여 개인정보를 처리하는 경우에는 제1항을 적용하지 아니할 수 있으며, 이 경우 업무용 컴퓨터의 운영체제(OS : Operating System)나 보안프로그램 등에서 제공하는 접근통제 기능을 이용할 수 있다.	한 불법적인 접근 및 침해사고 방지를 위해 다음 각 호의 기능을 포함한 시스템을 설치·운영하여야 한다. 1. 개인정보처리시스템에 대한 접속 권한을 IP 주소 등으로 제한하여 인가받지 않은 접근을 제한 2. 개인정보처리시스템에 접속한 IP주소 등을 재분석하여 불법적인 개인정보 유출 시도를 탐지 ⑧ 정보통신서비스 제공자등은 취급중인 개인정보가 인터넷 홈페이지, P2P, 공유설정 등을 통하여 열람권한이 없는 자에게 공개되거나 외부에 유출되지 않도록 개인정보처리시스템 및 개인정보취급자의 컴퓨터에 조치를 취하여야 한다.

5. 개인정보의 전송 및 저장 암호화

가. 암호기술

1) 개념

암호기술은 보호하고자 하는 정보(평문)에 대해 암호알고리즘과 암호화키를 이용하여 암호문을 생성하고 암호화키에 대응되는 복호화키를 알고 있는 사람만이 암호문으로부터 평문을 복원해내는 기술이다. 암호기술은 복호화키를 모르는 사람(비인가자)에게 정보의 노출을 방지함으로써 정보의 기밀성을 보장하는 기술이다. 그러므로 암호가 안전하다 함은 비인가자가 복호화키를 알아낼 수 없도록 충분히 복잡하고 길게 생성한 후 안전한 저장장소에 보관하여 복호화키가 노출되지 않도록 하는 것이 중요하다.

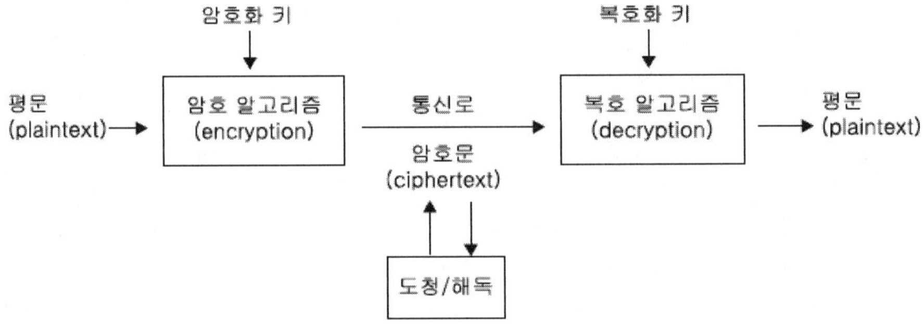

암호문을 생성하는 방법은 다양하지만 고대에서부터 사용되는 대표적인 방법이 전치암호(평문의 위치를 이동)와 치환암호(특정 문자를 다른 암호로 대치)이다. 시이저 암호는 치환암호의 한 종류이다. 시이저 암호는 알파벳 문자를 순서대로 나열한 후 임의의 문자를 해당 문자의 3개 문자 뒤의 문자로 바꾼다. 예를 들어, 평문 "TOMORROW"에 시이저 암호를 적용하면 암호문 "WRPRUURX"가 생성된다. 시이저 암호에서의 키는 "3"이 된다. 즉, 키 "3"을 알고 있는 사람만이 암호문 "WRPRUURX"에 대해 3개 문자 전의 문자로 대치하여 평문 "TOMORROW"를 복호화낼 수 있는 것이다.

평문	A	B	C	D	E	F	G	H	I	J	K	L	M	N	O	P	Q	R	S	T	U	V	W	X	Y	X
암호문	D	E	F	G	H	I	J	K	L	M	N	O	P	Q	R	S	T	U	V	W	X	Y	X	A	B	C

암호전용기계와 컴퓨터의 출현으로 전치와 치환의 방법이 복잡해졌을 뿐 암호의 기본 원리는 동일하다.

현대 사회에서 암호의 알고리즘은 항상 공격자에게 공개된다고 가정한다. 그러므로 암호의 안전성은 얼마나 안전한 암호화키를 생성하여 안전하게 보관하는 데에 달려있다. 암호화키가 노출되지 않는다고 가정하면 공격자는 암호문에 대해 무차별 공격을 수행하게 된다. 즉, 자신의 획득한 암호문에 대해 키가 될 수 있는 후보 키들을 일대일로 대응하여 복호화된 결과가 의미 있는 정보가 되면 암호문을 올바르게 해독했다고 할 수 있다. 이러한 공격자의 해독 능력은 암호화키의 길이와 컴퓨터 기술의 발전과 관련된다. 다시 말하면 컴퓨터 기술이 발달하여 후보 키를 이용하여 복호화할 수 있는 시간이 단축되면 공격자는 빨리 평문을 획득할 수 있다. 그러나 암호화키의 길이가 길어지면 공격자가 사용해야 하는 후보 키의 개수가 늘어나 복호화하는 데 걸리는 시간이 늘어나게 된다. 즉, 공격자의 해독 능력은 컴퓨터 기술에 비례하나 암호화키의 길이에는 반비례한다.

다음은 키크기와 컴퓨터 기술의 발달에 따른 해독 시간을 보여준다.

키크기(비트)	후보키 수	1μs당 1개의 복호화 수행	1μs당 10^6개의 복호화 수행
32	$2^{32} = 4.3 \times 10^9$	$2^{32} \mu s$ (35.8분)	2.1ms
56	$2^{56} = 7.2 \times 10^{16}$	$2^{55} \mu s$ (1142년)	10.01시간
128	$2^{128} = 3.4 \times 10^{38}$	$2^{127} \mu s$ (5.4×10^{24}년)	5.4×10^{18}년
168	$2^{168} = 3.7 \times 10^{50}$	$2^{167} \mu s$ (5.9×10^{36}년)	5.9×10^{30}년

따라서 컴퓨터 기술의 발달에 따라 적절한 키 길이를 갖는 안전한 암호 알고리즘을 사용하는 것이 중요하다.

2) 암호의 종류

그리스어에서 기원한 암호(cryptography)라는 용어는 "비밀 기록(secret writing)"을 의미하지만 현재는 "메시지가 공격(유・노출)에 안전하도록 메시지를 변형하는 예술과 과학"을 뜻한다. 과거에는 암호가 단지 비밀키(암호화키, 복호화 키)를 이용하여 메시지의 암호화와 복호화를 하는 것으로 생각되었지만 오늘날 암호는 세 개의 별개의 메커니즘인 대칭키 암호 알고리즘, 공개키 암호 알고리즘, 해시 알고리즘으로 정의된다.

○ 대칭키 암호 알고리즘

대칭키 암호알고리즘은 앞에서 살펴본 암호의 기본 개념에서 암호화와 복호화에 동일한 키가 사용된다. 대표적으로 사용되는 대칭키 암호 알고리즘은 다음과 같다.

보안강도	미국(NIST)	일본(CRYTREC)	유럽(ECRYPT)	국내
80비트 이상	AES-128/192 /256 2TDEA 3TDEA	AES-128/192 /256 3TEA Camellia-128/ 192/256 MISTY1	AES-128/192 /256 2TDEA 3TEA KASUMI Blowfish	SEED ARIA-128/19 2/256
112비트 이상	AES-128/192 /256 3TDEA	AES-128/192 /256 3TEA Camellia-128/ 192/256 MISTY1	AES-128/192 /256 3TEA KASUMI Blowfish	SEED ARIA-128/19 2/256
128비트 이상	AES-128/192 /256	AES-128/192 /256 Camellia-128/ 192/256 MISTY1	AES-128/192 /256 KASUMI Blowfish	SEED ARIA-128/19 2/256
192비트 이상	AES-192/256	AES-192/256 Camellia-192/ 256	AES-192/256 Blowfish	ARIA-192/25 6
256비트 이상	AES-256	AES-256 Camellia-256	AES-256 Blowfish	ARIA-256

※ 본 표는 국외 암호연구기관에서 권고하는 암호 알고리즘 중에서 국가적으로 사용되지 않은 암호 알고리즘은 제외함

※ 2TDEA(3TDEA) : 두 개의 키가 다른(세 개의 키가 다른) TDEA(Triple Data Encryption Algorithm)

※ Blowfish : 32~448비트의 가변적인 키 길이를 제공하므로 각 보안강도 이상의 비트를 가질 경우 안전함

※ 알고리즘 뒤에 넣은 숫자는 키길이를 의미함

보안 강도란 암호 알고리즘이나 시스템의 암호화키 또는 해시함수의 취약성을 찾아내는 데 소요되는 작업량을 수치화한 것으로 80, 112, 128, 192, 256 비트로 정의된다. 80비트의 보안강도란 280번의 계산을 해야 암호화키 또는 암호 알고리즘의 취약성을 알아낼 수 있음을 의미한다. 앞에서 설명한 공격자의 해독 능력을 의미한다.

○공개키 암호 알고리즘

공개키 암호 알고리즘은 암호화 키와 복호화 키가 같지 않다. 공개키 암호 알고리즘에서 사용자는 암호화 키(공개키)와 복호화 키(개인키) 두 쌍을 가지고 있다. 이 중 암호화 키는 공개되어 공개키라 하고 복호화 키는 비밀리 간직함으로써 개인키라 한다. 공개키 암호 알고리즘은 기존 대칭키 암호 알고리즘에서 사용되었던 전치와 대치 방식이 아닌 수학적 이론에 근거를 두기 때문에 공개키로 암호화된 정보는 개인키를 이용하여 복호화 될 수 있다.

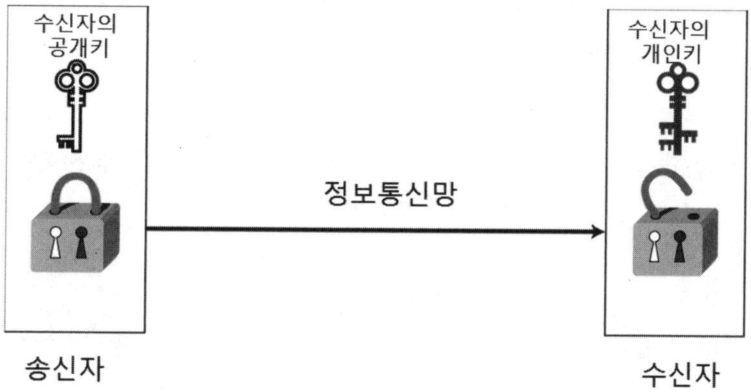

대칭키 암호 알고리즘이 안전하게 운영되기 위해서는 암호화키(복호화키)의 비밀성을 보장하는 반면, 공개키 암호 알고리즘이 안전하게 운영되기 위해서는 공개키의 무결성과 개인키의 비밀성이 보장되어야 한다. 공인인증서는 공개키의 무결성을 보장하는 메커니즘이다. 즉, 신뢰기관인 공인인증기관이 공개키가 해당 사용자의 공개키임을 보장해주는 공인인증서를 발급한다. 인증서 내에는 소유자의 이름, 공개키 정보, 유효기간 등을 포함한다.

공개키 암호 알고리즘은 암호화 서비스 외에도 키분배와 전자서명 서비스를 제공한다.

- 암호화 서비스

공개키 암호 알고리즘에서 수신자는 자신의 (공개키, 개인키)쌍을 생성한 후 송신자에게 공개키를 전달한다. 공개키는 공개되는 정보로 비밀성이 아닌 무결성을 보장해야 한다. 공개키를 수신 받은 송신자는 해당 공개키를 이용하여 암호문을 생성하여 수신자에게 전송한다. 수신자는 자신의 개인키를 이용하여 복호화를 수행하여 평문을 얻는다.

수학적 논리에 근거한 공개키 암호 알고리즘은 대칭키 암호 알고리즘에 비해 암/복호하에 걸리는 시간이 오래 걸리므로 데이터 암호화보다는 키분배 또는 전자서명 서비스에 주로 이용된다.

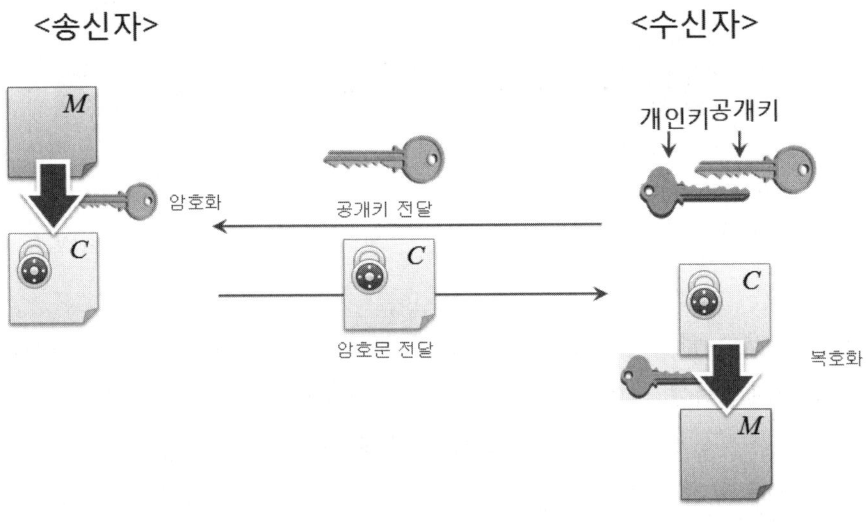

① 수신자는 자신의 (공개키, 개인키)쌍을 생성한 후 공개키를 송신자에게 안전하게 전달한다.

② 송신자는 수신자의 공개키를 이용하여 보내고자 하는 메시지에 대해 암호화를 수행하여 암호문을 생성한 후 수신자에게 전송한다.

③ 수신자는 수신한 암호문에 대해 자신의 개인키를 이용하여 복호화를 수행하여 메시지를 생성한다.

- 키분배 서비스

대칭키 암호 알고리즘을 이용하여 송·수신자가 서로 안전하게 통신하기 위해서는 암호문에 사용된 암호화 키(복호화 키)를 사전에 공유하여야 한다. 키 분배를 위해 공개키 암호 알고리즘을 사용할 수 있다.

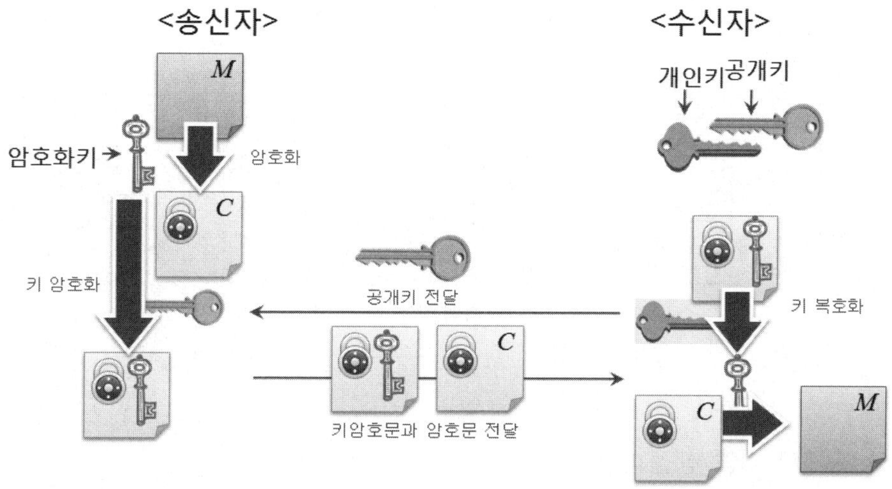

① 수신자는 자신의 (공개키, 개인키)쌍을 생성한 후 공개키를 송신자에게 안전하게 전달한다.

② 송신자는 암호화키를 생성하고 이를 이용하여 보내고자 하는 메시지에 대해 암호화를 수행하여 암호문을 생성한다. 그리고 암호화키에 대해 수신자의 공개키를 이용하여 키 암호화를 수행하여 키 암호문을 생성한다. 송신자는 암호문과 키 암호문을 수신자에게 전송한다.

③ 수신자는 수신한 키 암호문에 대해 자신의 개인키를 이용하여 복호화를 수행하여 암호화키를 획득한다. 수신한 암호문에 대해 획득한 암호화키를 이용하여 복호화를 수행하여 메시지를 생성한다.

- 전자서명 서비스

전자서명 서비스는 수기서명과 마찬가지로 해당 문서의 서명자와 위, 변조를 방지해 주는 역할을 한다. 전자서명 생성에 전자서명생성키(개인키)가 사용되고 전자서명 검증에 전자서명검증키(공개키)가 사용된다.

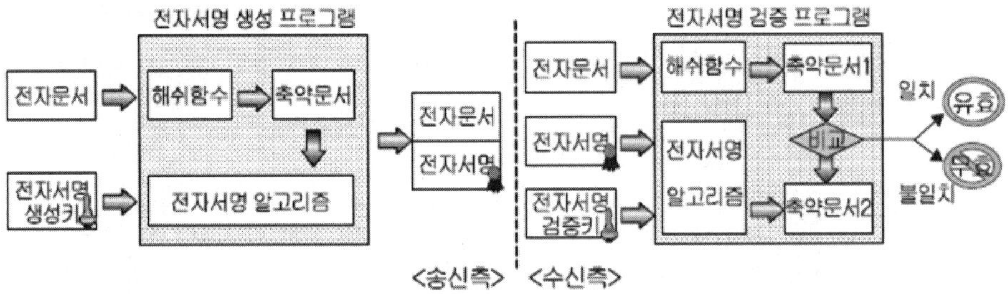

전자서명 생성 　　　　　 전자서명 검증

· 전자서명 생성과정

① 전자서명을 생성하고자 하는 송신자는 우선 전자문서에 대해 해쉬함수를 적용하여 축약문서(해쉬값)을 생성한다.

② 송신자는 생성한 축약문서에 대해 자신의 전자서명생성키를 이용하여 전자서알고리즘을 적용하여 전자서명을 생성한다.

③ 송신자는 전자문서와 함께 전자서명을 전송한다.

· 전자서명 검증과정

① 수신자는 자신이 수신한 전자문서에 대해 해쉬함수를 적용하여 축약문서 1을 생성한다.

② 수신자는 수신한 전자서명에 대해 송신자의 전자서명검증키를 이용하여 전자서명 알고리즘을 적용하여 축약문서2를 생성한다.

③ 수신자는 축약문서1과 축약문서2를 비교한다. 축약문서1과 축약문서2가

일치하면 송신자가 전달한 전자서명이 유효하다고 간주한다.

다음은 대표적인 공개키 암호알고리즘을 보여준다.

용도	미국(NIST)	일본(CRYTREC)	유럽(ECRYPT)	국내
암호화	RSA	RSAES-OAEP RSAES-PKCS 1(v1.5)	RSAES-OAEP RSAES-PKICS 1(v1.5)	RSAES-OAEP
키분배	DH MQV ECDH ECMQV	DH PSEC-KEM ECDH	RSA-KEM ACE-KEM PSEC-KEM	
전자서명	RSA DSA ECDSA	RSASSA-PKC S(v1.5) RSASSA-PSS DSA ECDSA	RSASSA-PSS DSA ECDSA	RSASSA-PSS RSASSA-PKC S(v1.5) KCDSA ECDSA EC-KCDSA

각 알고리즘의 키 길이와 보안강도의 관계는 다음과 같다.

보안강도	RSA 공개키 암호알고리즘의 키길이(비트)
80비트	1024
112비트	2048
128비트	3072
192비트	7680
256비트	15360

○ 해쉬함수

해쉬함수는 임의 길이의 정보를 입력으로 받아, 고정된 길이의 암호문(해쉬값)을 출력하는 암호기술로 암호화된 정보의 복호화가 불가능한 특징(일방향

성)을 가지고 있다. 따라서 해쉬함수를 이용하면 다음과 같이 비밀번호를 입력하여 암호문(해쉬값)을 생성해 낼 수는 있지만 암호문(해쉬값)을 가지고 원래의 비밀번호를 알아낼 수 없다.

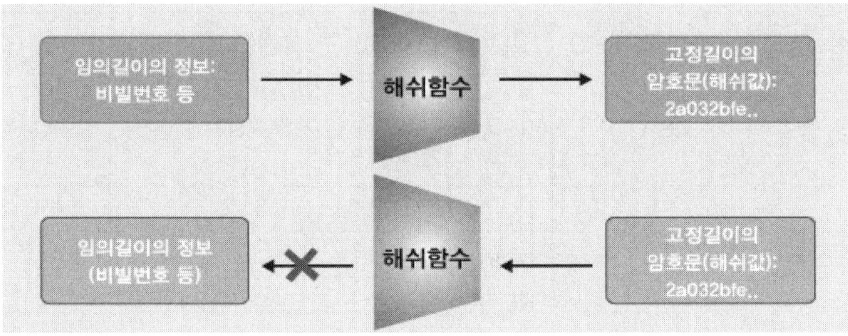

대표적인 해쉬함수는 다음과 같다.

보안강도	미국(NIST)	일본(CRYTREC)	유럽(ECRYPT)	국내
80비트 이상	SHA-1 SHA-224/256 /384/512	SHA-1 SHA-256/384/512 RIPEMD-160	SHA-1 SHA-224/256/384 /512 RIPEMD-160 Whirlpool	SHA-1 HAS-160 SHA-256/384/512
112비트 이상	SHA-224/256 /384/512	SHA-256/384/512	SHA-256/384/512 Whirlpool	SHA-256/384/512
128비트 이상	SHA-256/384 /512	SHA-256/384/512	SHA-256/384/512 Wirlpool	SHA-256/384/512
192비트 이상	SHA-384/512	SHA-384/512	SHA-384/512 Whirlpool	SHA-384/512
256비트 이상	SHA-512	SHA-512	SHA-512	SHA-512

3) 정보 저장시의 암호사용

정보의 저장시 암호를 적용하는 사례는 파일 암호화와 데이터베이스 암호화 및 백업데이터 암호화가 있다.

○ 파일 암호화

파일 암호화는 개별적인 파일을 암호화하는 것으로 저장 정보에 대한 보호뿐만 아니라 정보통신망을 통해 파일을 안전하게 전송하기 위한 대책으로도 사용된다.

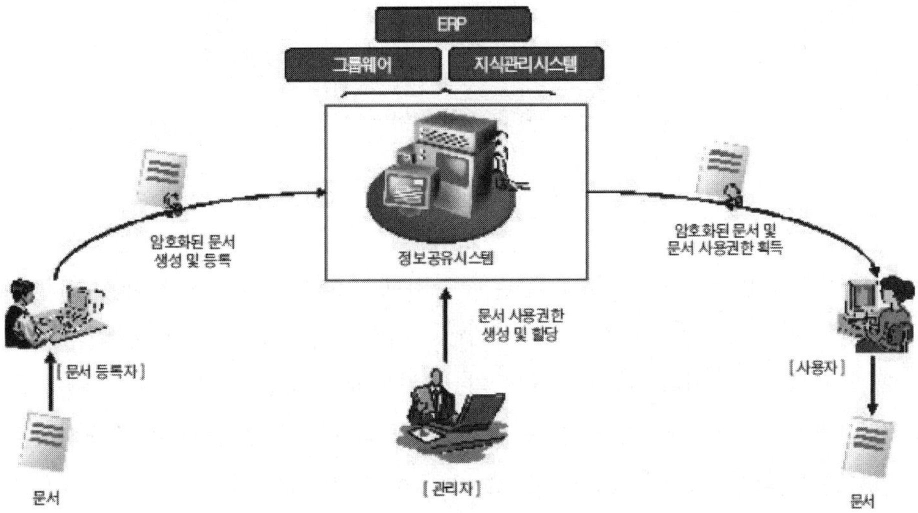

파일 암호화 제품은 개인용과 기업용으로 구분되며, 개인용의 경우 개인 PC에 별도록 설치되어 주요 파일에 대해 암호화를 수행한다. 기업용 솔루션은 내부정보 유출 방지를 위해 기업 내 그룹웨어 시스템 등과 연계되어 기업에 주요 문서에 대한 암호화 기능을 제공한다. 기업용 솔루션은 일반적으로 파일 암호화 기능을 비롯하여 복사, 프린트 등을 제어하는 DRM 제품과 통합되어 제공된다.

○ 데이터베이스 암호화

데이터베이스 암호화는 데이터베이스에 저장된 고객 개인정보나 회사 기밀정보 등과 같은 중요 정보를 암호화하여 저장함으로써 데이터베이스에 대한 비인가된 변경이나 유출을 방지하는 것을 목적으로 한다.

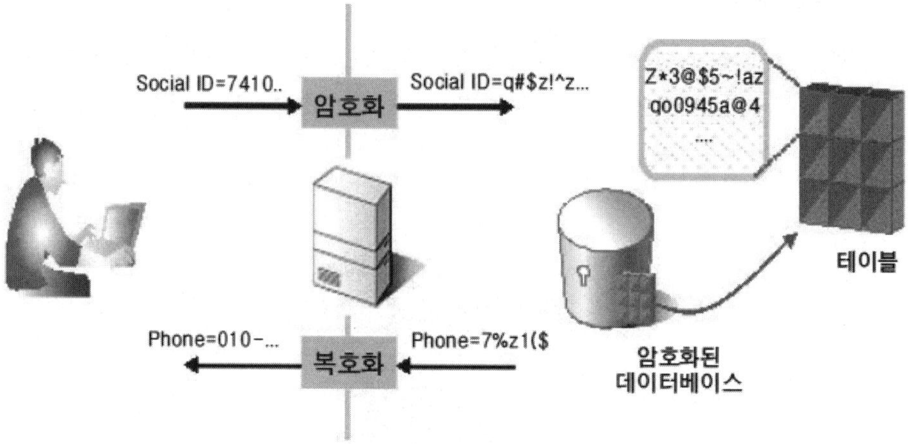

데이터베이스에 대한 암호화는 데이터베이스를 관리・제어하기 위한 데이터베이스 관리시스템(DBMS, Database Management System)과 데이터베이스 암호화를 위해 설계된 별도의 데이터베이스 암호화 전용 솔루션(암호화 전용 솔루션)을 통해 제공될 수 있다. 일반적으로 DBMS에서 제공하는 암호화 기능은 컬럼별 암호화 기능 정도를 제공하고 있으나 암호화 전용 솔루션은 암호화 키관리, 컬럼별 다른 암호화키 적용 등 다양한 암호화 기능을 제공한다.

○ 백업데이터 암호화

데이터는 유사시 복원 등의 이유로 백업된다. 이러한 백업 데이터 역시 개인정보나 회사의 기밀정보를 포함하고 있으므로 암호화를 통해 보호되어야 한다.

4) 정보 전송시의 암호사용

정보의 송・수신은 정보통신망에서 이뤄지므로 이러한 정보통신망에 있을 위험(비인가자에 의한 도청 등)으로 인한 정보유출을 방지하기 위해 정보 전송시 암호화를 적용해야 한다.

○ SSL/TLS

SSL/TLS는 개인정보 및 중요 정보를 웹사이트에 입력할 때, 거래당사자의 신원 및 거래내용의 위, 변조여부를 확인하고 중요 정보가 공격자에게 유출되는 것을 막기 위해 사용되는 기술이다.

다음은 SSL/TLS 통신암호의 개념이다.

SSL/TLS 프로토콜의 동작 절차는 다음과 같다. 사용자가 웹 서버에 처음 접속하면 인증서 및 통신 암호화에 이용할 암호화키를 생성하기 위한 정보를 공유하고, 이후 공유된 정보를 통해 생성된 암호화키를 이용하여 데이터를 암호화하여 전송한다.

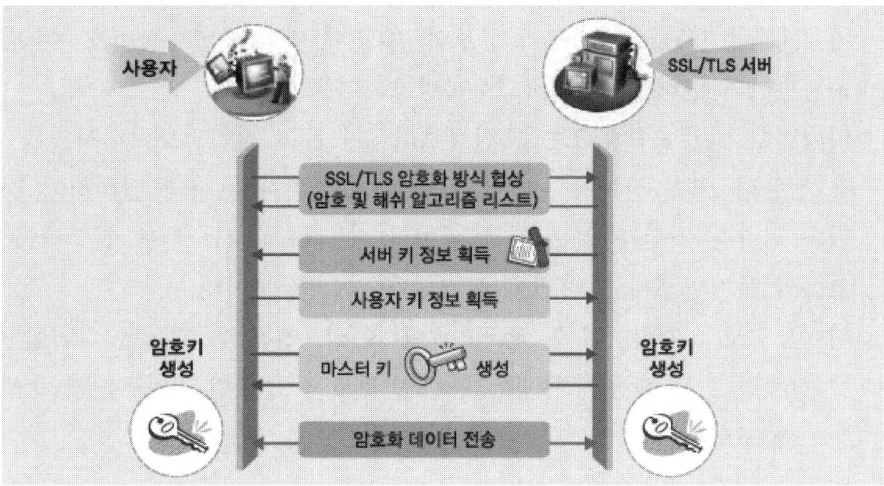

SSL/TLS 통신을 하는 경우에는 로그인 페이지 등 보안이 필요한 웹페이지에 접속하면 브라우저 하단 상태 표시줄에 자물쇠 모양의 마크를 확인할 수 있다. 다만, 웹 사이트의 구성 방법에 따라 자물쇠 모양의 마크가 보이지 않을 수도 있다.

나. 조항 분석

비밀번호, 바이오정보, 주민등록번호 등과 같은 주요 개인정보가 암호화되지 않고 개인정보처리시스템에 저장되거나 네트워크를 통해 전송될 경우, 불법적인 노출 및 위・변조 등의 위험이 있으므로 암호화 등의 안전한 보호조치가 제공되어야 한다. "암호화"는 개인정보취급자의 실수 또는 해커의 공격 등으로 인해 개인정보가 비인가자에게 유・노출되더라도 그 주요 내용을 확인할 수 없게 하는 보안기술이다.

제7조(개인정보의 암호화) ① 영 제25조 및 영 제33조에 따라 암호화하여야 하는 개인정보는 고유식별정보, 비밀번호 및 바이오정보를 말한다.

안전성 확보조치 기준의 제7조 ①에서는 암호화하는 대상을 규정하고 있다. 암호화하는 대상은 고유식별정보, 비밀번호 및 바이오정보이다.

- ㅇ고유식별정보 : 개인을 고유하게 구별하기 위하여 부여된 식별정보를 말하며, 시행령 제19조(고유식별정보의 범위)에 따라 주민등록번호, 여권번호, 운전면허의 면허번호, 외국인등록번호이다.
- ㅇ비밀번호 : 정보주체 또는 개인정보취급자 등이 개인정보처리시스템, 업무용 컴퓨터 또는 정보통신망에 접속할 때 식별자와 함께 입력하여 정당한 접속 권한을 가진 자라는 것을 식별할 수 있도록 시스템에 전달해야 하는 고유의 문자열로서 타인에게 공개되지 않는 정보이다.
- ㅇ바이오정보 : 지문, 얼굴, 홍채, 정맥, 음성, 필적 등 개인을 식별할 수 있는 신체적 또는 행동적 특징에 관한 정보로서 그로부터 가공되거나 생성된 정보를 포함한다.

② 개인정보처리자는 제1항에 따른 개인정보를 정보통신망을 통하여 송・수신하거나 보조저장매체 등을 통하여 전달하는 경우에는 이를 암호화하여야 한다.

개인정보처리자는 고유식별정보, 비밀번호, 바이오정보 등의 개인정보를 정

보통신망 내외부로 송·수신하거나 보조저장매체 등을 통해 전달하는 경우에도 암호화를 적용하여야 한다. 내부망 내에서 송·수신되는 고유식별정보는 업무상 필요할 경우 암호화 대상에서 제외할 수 있으나(제5항 참조), 비밀번호와 바이오정보는 반드시 암호화하여야 한다. 전용선을 이용하여 개인정보를 송·수신하는 경우, 암호화가 필수는 아니나 내부자에 의한 개인정보 유출 등을 대비해서 가급적 암호화 전송을 권장한다. 웹 브라우저와 웹 서버 사이의 개인정보 전송을 위해서는 보안서버를 활용할 수 있다. 보안서버란, 웹서버에 SSL(Secure Sockets Layer) 인증서나 암호화 소프트웨어 설치하여 암호통신을 수행하는 방식을 말한다.

"보조저장매체"는 컴퓨터에 장착된 하드디스크(HDD) 등의 저장매체 이외에 전자적으로 자료를 저장할 수 있는 매체로서 이동형 하드디스크(HDD), USB 메모리, CD(Compact Disk), DVD(Digital Versatile Disk), 플로피디스켓, 자기 테이프 등 개인정보처리시스템, 업무용 컴퓨터 또는 개인용 컴퓨터 등과 용이하게 분리할 수 있는 저장매체를 말한다. 이러한 매체에 개인정보를 저장 후 분실할 경우, 개인정보가 노출될 위험이 있으므로, 암호화 기능을 제공하는 보조저장매체를 사용하고 개인정보를 암호화 저장하여 분실되더라도 다른 사람이 알 수 없도록 조치하여야 한다. 또한 개인정보처리자는 조직 내에서 보조저장매체의 사용을 금지시키고 사용할 경우에는 허용된 매체만이 사용되도록 관리하여야 한다.

> ③ 개인정보처리자는 비밀번호 및 바이오정보는 암호화하여 저장하여야 한다. 단 비밀번호를 저장하는 경우에는 복호화되지 아니하도록 일방향 암호화하여 저장하여야 한다.

개인정보처리자는 비밀번호, 바이오정보(지문, 홍채 등)가 노출 또는 위·변조되지 않도록 암호화 하여 저장하여야 하며, 특히 비밀번호의 경우에는 복호화되지 않도록 일방향 (해쉬함수) 암호화 하여야한다. 일방향 암호화는 저장된 값으로 원본값을 유추하거나 복호화 할 수 없도록 한 암호화 방법으로, 인증검사 시에는 사용자가 입력한 비밀번호를 일방향 함수에 적용하여 얻은 결과값과 시스템에 저장된 값을 비교하여 인증된 사용자임을 확인한다.

바이오 정보의 경우, 복호화가 가능한 양방향 암호화 저장이 필요하나, 이는 식별 및 인증 등의 고유기능에 사용되는 경우로 한정되며 콜센터 등 일반 민원 상담시 저장되는 음성기록이나 일반 사진 정보는 암호화 대상에서 제외된다.

④ 개인정보처리자는 인터넷 구간 및 인터넷 구간과 내부망의 중간 지점(DMZ : Demilitarized Zone)에 고유식별정보를 저장하는 경우에는 이를 암호화하여야 한다.

인터넷 구간은 개인정보처리시스템과 인터넷이 직접 연결되어 있는 구간을 말하며 DMZ 구간은 인터넷과 내부망과 인터넷 구간 사이에 위치한 중간 지점으로 침입차단시스템 등으로 접근제한 등을 수행하지만 외부망에서 직접 접근이 가능한 영역을 말한다. 내부망은 접근통제시스템 등에 의해 차단되어 외부에서 직접 접근이 불가능한 영역을 말한다.

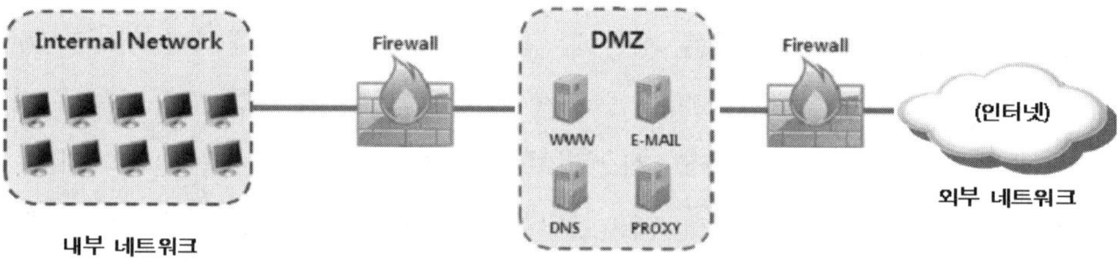

인터넷 구간이나 DMZ 구간은 외부에서 직접 접근이 가능하므로 외부자의 침입을 받을 가능성이 있다. 이에 따라 DMZ 구간에 주민등록번호, 외국인등록번호, 운전면허번호, 여권번호 등의 고유식별정보를 저장하는 경우 암호화하여 저장해야 한다. 제2항에 따른 비밀번호 및 바이오 정보를 저장하는 경우에도 암호화하여 저장해야한다.

⑤ 개인정보처리자가 내부망에 고유식별정보를 저장하는 경우에는 다음 각 호의 기준에 따라 암호화의 적용여부 및 적용범위를 정하여 결정할 수 있다. 1. 법 제33조에 따른 개인정보 영향평가의 대상이 되는 공공기관의 경우에는 해당 개인정보 영향평가의 결과 2. 위험도 분석에 따른 결과

내부망에 고유식별정보를 저장하는 경우, 개인정보 영향평가 및 위험도 분석 결과에 따라 암호화 적용여부 및 적용범위를 결정하여 시행할 수 있다. 시행령 제38조(영향평가의 평가기준 등)에 따라 영향평가의 대상이 되는 공공기관은 해당 개인정보 영향평가의 결과에 따라 암호화의 적용여부 및 적용범위를 정한다.

개인정보 영향평가의 실시대상이 아니거나 공공기관 이외의 개인정보처리자는 위험도 분석을 실시한 후 그 결과에 따라 고유식별정보의 암호화 적용여부 및 적용범위를 정하여 시행한다. “위험도 분석”은 개인정보처리시스템에 적용되고 있는 개인정보보호를 위한 수단과 유출시 정보주체의 권리를 해할 가능성과 그 위험의 정도를 분석하는 행위를 말한다. 세부적으로 위험도 분석은 개인정보 유출에 영향을 미칠 수 있는 다양한 위협에 대한 시스템 취약점과 이로 인해서 예상되는 손실을 분석하여 위험요소를 식별, 평가하고 그러한 위험요소를 적절하게 통제할 수 있는 수단을 체계적으로 구현하고 운영하는 전반적인 행위 및 절차로서 위험관리의 일부분이다. “위험도 분석”은 개인정보를 저장하는 정보시스템에서 개인정보파일 단위로 수행하고 각 개별 개인정보파일의 위험점수에 따라 개별 개인정보파일 단위로 암호화 여부를 결정해야하며, 위험도 분석을 수행한 결과는 최고경영층으로부터 내부결재 등의 승인을 받아야 한다.

⑥ 개인정보처리자는 제1항에 따른 개인정보를 암호화하는 경우 안전한 암호알고리즘으로 암호화하여 저장하여야 한다.

“안전한 암호 알고리즘”이란 미국 NIST, 일본 CRYPTREC, 유럽 ECRYPT 등의 외국 및 국내외 암호 연구기관에서 권고하는 알고리즘을 의미한다. 안전한 알고리즘의 의미에는 현재의 컴퓨팅 기술을 고려한 보안 강도도 함께 고려해야 한다.

한국인터넷진흥원 “암호기술 구현 안내서”에서 2011년 현재 권고하는 해쉬함수와 대칭키 암호 알고리즘은 다음과 같다.

보안강도	해쉬함수	대칭키 암호
80비트 미만	MD5, SHA-1	DES
80비트	HAS-160	2TDEA
112비트	SHA-224	3TDEA
128비트	SHA-256	SEED, HIGHT, ARIA-128, AES-128
192비트	SHA-384	ARIA-192, AES-192
256비트	SHA-512	ARIA-256, AES-256
※ ▭ : 권고하는 알고리즘		

2011년 현재 권고하는 해쉬함수는 SHA-224, SHA-256, SHA-384, SHA-512이다. 다만 현재 많은 서비스에서 사용되고 있는 SHA-1 해쉬함수는 알고리즘 변경에 따른 비용, 구축 시간 등을 고려하여 2013년까지 안전한 112비트 이상의 보안 강도를 가지는 해쉬함수로 변경할 것을 권고하고 있다.

또한 고유식별정보 중 주민등록번호는 데이터베이스 시스템에서 검색 키로 사용되는 경우가 많다. 이 경우 속도 등의 성능을 고려하여 일부 정보(뒷자리 6개 이상)만 암호화 조치를 취할 수 있다.

> ⑦ 개인정보처리자는 제3항, 제4항 및 제5항에 따른 개인정보 저장시 암호화를 적용하는 경우, 이 기준 시행일로부터 3개월 이내에 다음 각 호의 사항을 포함하는 암호화 계획을 수립하고, 2012년 12월 31일까지 암호화를 적용하여야 한다. 단 인터넷 구간 및 인터넷 구간과 내부망의 중간 지점(DMZ : Demilitarized Zone)에 고유식별정보를 저장하는 경우 위험도 분석과 관계없이 암호화를 적용하여야 한다.
> 1. 개인정보의 저장 현황분석
> 2. 개인정보의 저장에 따른 위험도 분석절차(또는 영향평가 절차) 및 방법
> 3. 암호화 추진 일정 등

개인정보처리자가 고유식별번호, 비밀번호, 바이오 정보를 처리하는 경우, 제3항, 제4항 및 제5항에서 규정한 암호화 시행을 위해, 조직 내 의사결정권자의 승인을 득한 암호화 계획을 수립하여 2012년 12월 31일까지 적용하여야 한다.

○개인정보의 저장 현황분석 : 비밀번호, 바이오정보, 고유식별정보를 저장하는 경우에는 암호화의 대상이 되므로 암호화 방법을 결정하기 위해, 개인정보처리자는 제공하는 각 서비스별로 저장하는 개인정보의 종류, 규모, 보유・이용 기간 등의 현황과 이들 서비스를 위해 처리되는 개인정보 보호를 위한 관리적・기술적 보호조치 현황을 분석하여야 한다.

○개인정보의 저장에 따른 위험도 분석절차(또는 영향평가 절차) 및 방법 : 개인정보 영향평가 실시 대상에 따라 개인정보 영향평가를 실시해야 하는 경우에는 영향평가 절차 및 방법을 그 외에 공공기관이나 개인정보처리자는 위험도 분석 절차 및 방법을 작성하여야 한다.

○암호화 추진 일정 등 : 영향평가・위험분석 시행시기 및 암호화 구축 시기 등을 포함한 세부 추진 일정 등을 작성하여야 한다.

만약 법 시행 이후 주민등록번호 등 암호화 대상이 포함된 개인정보를 개인정보처리시스템을 신규로 구축하는 경우, 암호화를 즉시 이행하여야 한다.

⑧ 개인정보처리자는 업무용 컴퓨터에 고유식별정보를 저장하여 관리하는 경우 상용 암호화 소프트웨어 또는 안전한 암호화 알고리즘을 사용하여 암호화 저장하여야 한다.

고유식별정보를 업무용 컴퓨터에 저장하여 관리하거나, 개인정보처리시스템으로부터 개인정보취급자의 PC에 내려 받아 저장할 때는 안전한 암호화 알고리즘이 탑재된 암호화 소프트웨어 등을 이용하여 암호화함으로써 불법적인 노출 및 접근으로부터 차단하여야 한다.

다. 개인정보의 기술적・관리적 보호조치 기준과의 비교

안전성 확보조치 기준과 기술적・관리적 보호조치 기준에서 규정한 암호화 대상 및 암호화 적용 여부에 관한 차이점은 다음과 같다.

구분	안전성 확보조치 기준	기술적·관리적 보호조치 기준
암호화 대상	· 고유식별정보(주민등록번호, 여권번호, 운전면허의 면허번호, 외국인등록번호) · 비밀번호 · 바이오정보	· 주민등록번호 · 비밀번호 · 바이오정보 · 신용카드번호 · 계좌번호 · 인증정보
전송 시 암호화	· 정보통신망을 통한 송·수신뿐만 아니라 보조저장매체를 통해 전달하는 경우 암호화 적용을 규정	· 정보통신망을 통한 송·수신시의 암호화 적용을 규정
저장 시 암호화	· 비밀번호에 대해 일방향 암호화하여 저장하도록 규정 · 인터넷 구간 및 DMZ 구간에 고유식별정보를 저장하는 경우 암호화 적용을 규정	· 비밀번호뿐만 아니라 바이오정보에 대해서도 일방향 암호화하여 저장하도록 규정 · PC에 개인정보 저장 시 암호화 적용을 규정

안전성 확보조치 기준	기술적 · 관리적 보호조치 기준
제7조(개인정보의 암호화) ① 영 제21조 및 영 제30조제1항제3호에 따라 암호화하여야 하는 개인정보는 고유식별정보, 비밀번호 및 바이오정보를 말한다. ② 개인정보처리자는 제1항에 따른 개인정보를 정보통신망을 통하여 송·수신하거나 보조저장매체 등을 통하여 전달하는 경우에는 이를 암호화하여야 한다. ③ 개인정보처리자는 비밀번호 및 바이오정보는 암호화하여 저장하여야 한다. 단 비밀번호를 저장하는 경우에는 복호화되지 아니하도록 일방향 암호화하여 저장하여야 한다. ④ 개인정보처리자는 인터넷 구간 및 인터넷 구간과 내부망의 중간 지점(DMZ : Demilitarized Zone)에 고유식별정보를 저장	제6조(개인정보의 암호화) ① 정보통신서비스 제공자등은 비밀번호 및 바이오정보는 복호화되지 아니하도록 일방향 암호화하여 저장한다. ② 정보통신서비스 제공자등은 주민등록번호, 신용카드번호 및 계좌번호에 대해서는 안전한 암호알고리듬으로 암호화하여 저장한다. ③ 정보통신서비스 제공자등은 정보통신망을 통해 이용자의 개인정보 및 인증정보를 송·수신할 때에는 안전한 보안서버 구축 등의 조치를 통해 이를 암호화해야 한다.보안서버는 다음 각 호 중 하나의 기능을 갖추어야 한다. 1. 웹서버에 SSL(Secure Socket Layer) 인증서를 설치하여 전송하는 정보를 암호화하여 송·수신하는 기능 2. 웹서버에 암호화 응용프로그램을 설치하여

하는 경우에는 이를 암호화하여야 한다. ⑤ 개인정보처리자가 내부망에 고유식별정보를 저장하는 경우에는 다음 각 호의 기준에 따라 암호화의 적용여부 및 적용범위를 정하여 시행할 수 있다. 1. 법 제33조에 따른 개인정보 영향평가의 대상이 되는 공공기관의 경우에는 해당 개인정보 영향평가의 결과 2. 위험도 분석에 따른 결과 ⑥ 개인정보처리자는 제1항에 따른 개인정보를 암호화하는 경우 안전한 암호알고리즘으로 암호화하여 저장하여야 한다. ⑦ 개인정보처리자는 제3항, 제4항 및 제5항에 따른 개인정보 저장시 암호화를 적용하는 경우, 이 기준 시행일로부터 3개월 이내에 다음 각 호의 사항을 포함하는 암호화 계획을 수립하고, 2012년 12월 31일까지 암호화를 적용하여야 한다. 단 인터넷 구간 및 인터넷 구간과 내부망의 중간 지점(DMZ : Demilitarized Zone)에 고유식별정보를 저장하는 경우 위험도 분석과 관계없이 암호화를 적용하여야 한다. 1. 개인정보의 저장 현황분석 2. 개인정보의 저장에 따른 위험도 분석절차(또는 영향평가 절차) 및 방법 3. 암호화 추진 일정 등 ⑧ 개인정보처리자는 업무용 컴퓨터에 고유식별정보를 저장하여 관리하는 경우 상용 암호화 소프트웨어 또는 안전한 암호화 알고리즘을 사용하여 암호화한 후 저장하여야 한다.	전송하는 정보를 암호화하여 송·수신하는 기능 ④ 정보통신서비스 제공자등은 이용자의 개인정보를 개인용컴퓨터(PC)에 저장할 때에는 이를 암호화해야 한다.

6. 접속기록의 보관 및 위 · 변조방지

가. 개요

접속기록은 개인정보의 입 · 출력 및 수정사항, 파일별 · 담당자별 데이터접근 내역 등을 자동으로 기록하는 로그 파일을 생성하여 불법적인 접근 또는 행동을 확인할 수 있는 중요한 자료이며, 접속기록의 백업은 개인정보 DB의 무결성을 유지하기 위한 중요한 요소이다.

나. 조항 분석

제8조(접속기록의 보관 및 위 · 변조방지)는 두 개의 항으로 구성된다.

> **제8조(접속기록의 보관 및 위 · 변조방지)** ① 개인정보처리자는 개인정보취급자가 개인정보처리시스템에 접속한 기록을 최소 6개월 이상 보관·관리하여야 한다.

개인정보취급자가 개인정보처리시스템에 접속하여 개인정보를 처리한 경우, 수행한 업무 내역에 대하여 식별자, 접속일시, 접속지를 알 수 있는 정보, 수행업무 등의 접속기록을 최소 6개월 이상 저장하고 정기적으로 확인 · 감독 하여야한다. 개인정보취급자 1명(Root, Admin 등)이 개인정보처리시스템을 관리하는 경우, 전자적 로그를 남기지 않고, 접속 기록을 수기로 작성하여 상급자의 승인을 받는 것도 가능하다. 수행업무는 어떤 개인정보에 대해 누가, 언제, 무엇을(열람/수정/삭제/인쇄/입력 등)을 수행했는지를 보다 상세히 기록하도록 한다.

다음은 접속기록 항목의 예시이다.

필수 기록 항목	설명
ID	개인정보취급자 식별정보
날짜 및 시간	접속 일시
접속자 IP	접속지 정보
수행업무	열람, 수정, 삭제, 인쇄, 입력 등

> ② 개인정보처리자는 개인정보취급자의 접속기록이 위·변조 및 도난, 분실되지 않도록 해당 접속기록을 안전하게 보관하여야 한다.

개인정보처리자는 개인정보처리시스템의 접속 기록이 위・변조 및 도난, 분실되지 않도록 안전하게 보관하여야 한다. 즉, 정기적으로 접속기록 백업을 수행하여 개인정보처리시스템 이외의 별도의 보조저장매체나 별도의 저장장치에 보관하여야 한다. 접속기록에 대한 위・변조를 방지하기 위해 CD-ROM 등과 같은 덮어쓰기 방지 매체를 사용하는 것이 바람직하다. 접속기록을 수정 가능한 매체(HDD 또는 테이프 등)에 백업하는 경우에는 무결성 보장을 위해 위・변조 여부를 확인할 수 있는 정보를 별도의 장비에 보관・관리할 수 있다. 접속기록을 HDD에 보관하고, 위・변조 여부를 확인할 수 있는 정보(HMAC 값 또는 전자서명값 등)는 별도의 HDD 또는 관리대장에 보관하는 방법으로 관리할 수 있다.

다. 개인정보의 기술적·관리적 보호조치 기준과의 비교

기술적・관리적 보호조치 기준에는 기간통신사업자의 경우에 대해 별도로 규정하고 있다. 또한 개인정보취급자의 접속기록에 대해 월 1회 이상 정기적으로 확인・감독 사항이 규정되어 있으며 접속기록의 위・변조 및 도난, 분실을 방지하기 위한 대책으로 별도의 저장장치에의 보관과 백업에 대해 규정하고 있다.

안전성 확보조치 기준	기술적 · 관리적 보호조치 기준
제8조(접속기록의 보관 및 위・변조방지) ① 개인정보처리자는 개인정보취급자가 개인정보처리시스템에 접속한 기록을 최소 6개월 이상 보관·관리하여야 한다. ② 개인정보처리자는 개인정보취급자의 접속기록이 위·변조 및 도난, 분실되지 않도록 해당	**제5조(접속기록의 위・변조방지)** ① 정보통신서비스 제공자등은 개인정보취급자가 개인정보처리시스템에 접속한 기록을 월 1회 이상 정기적으로 확인・감독하여야 하며, 시스템 이상 유무의 확인 등을 위해최소 6개월 이상 접속기록을 보존・관리하여야 한다.

접속기록을 안전하게 보관하여야 한다.	② 단, 제1항의 규정에도 불구하고 「전기통신사업법」 제5조의 규정에 따른 기간통신사업자의 경우에는 보존·관리해야할 최소 기간을 2년으로 한다. ③ 정보통신서비스 제공자등은 개인정보취급자의 접속기록이 위·변조되지 않도록 별도의 물리적인 저장 장치에 보관하여야 하며 정기적인 백업을 수행하여야 한다.

7. 보안프로그램 설치 및 운영

가. 개요

악성 프로그램이란 제작자가 의도적으로 피해를 주고자 악의적 목적으로 만든 프로그램 및 실행 가능한 코드를 의미하는 것으로 악성 코드라고 불리기도 한다. 컴퓨터 바이러스(Computer Virus), 인터넷 웜(Internet Worm), 트로이목마, 스파이웨어 등의 형태로 나눌 수 있다. 악성 프로그램은 컴퓨터에서 동작하는 일종의 프로그램으로 자료를 손상·유출하거나 프로그램을 파괴하여 정상적인 작업을 방해한다. 이를 방지하기 위해 백신 소프트웨어 등의 보안 프로그램을 이용하여 해당 프로그램을 제거하거나 예방할 필요가 있다. 악성 코드에 감염된 컴퓨터는 좀비 PC화되어 사용자 모르게 개인정보를 유출하는 경로로 악용될 수 있으므로 주의하여야 한다.

나. 조항 분석

> **제9조(보안프로그램 설치 및 운영)** 개인정보처리자는 악성 프로그램 등을 방지·치료할 수 있는 백신 소프트웨어 등의 보안 프로그램을 설치·운영하여야 하며, 다음 각 호의 사항을 준수하여야 한다.
> 1. 보안 프로그램의 자동 업데이트 기능을 사용하거나, 또는 일 1회 이상 업데이트를 실시

개인정보처리자는 악성 프로그램 등을 통해 개인정보가 위·변조, 유출되지

않도록 이를 방지하고 치료할 수 있는 백신 소프트웨어 등 보안 프로그램을 설치・운영하여야 한다. 백신 소프트웨어 등의 보안 프로그램은 실시간 감시 등을 위해 항상 실행된 상태를 유지해야 한다.

백신 소프트웨어 등 보안 프로그램은 일 1회 이상 주기적으로 업데이트 하여야 한다. 실시간으로 신종・변종 악성 프로그램이 유포됨에 따라 백신 업데이트를 매일 주기로 실시해야 하며, 백신 소프트웨어 등에서 제공하는 자동 업데이트 기능 등을 활용하면 편리하고 신속하게 조치할 수 있다.

2. 악성 프로그램관련 경보가 발령된 경우 또는 사용 중인 응용 프로그램이나 운영체제 소프트웨어의 제작업체에서 보안 업데이트 공지가 있는 경우, 즉시 이에 따른 업데이트를 실시

운영체제(OS) 또는 응용 프로그램의 보안 취약점을 악용하는 악성 프로그램 경보가 발령되었거나, 응용 프로그램, 운영체제 제작업체에서 보안 업데이트 공지가 있는 경우에는 감염 및 피해를 막기 위해 즉시 업데이트를 실시하여야 한다. 운영체제나 응용 프로그램 보안 업데이트시 현재 운영중인 응용 프로그램의 업무 연속성이 이루어 질 수 있도록 보안 업데이트를 적용하는 것이 필요하며, 가능한 자동으로 보안 업데이트가가 설정되도록 할 필요가 있다.

다. 개인정보의 기술적・관리적 보호조치 기준과의 비교

안전성 확보조치 기준이 보다 구체적인 실행 사항을 규정하고 있다.

안전성 확보조치 기준	기술적・관리적 보호조치 기준
제9조(보안프로그램 설치 및 운영) 개인정보처리자는 악성 프로그램 등을 방지・치료할 수 있는 백신 소프트웨어 등의 보안 프로그램을 설치・운영하여야 하며, 다음 각 호의 사항을 준수하여야 한다. 1. 보안 프로그램의 자동 업데이트 기능을 사용하거나, 또는 일 1회 이상 업데이트를 실시 2. 악성 프로그램관련 경보가 발령된 경우 또는	**제7조(악성프로그램 방지)** 정보통신서비스 제공자등은 백신 소프트웨어를 월 1회 이상 주기적으로 갱신・점검하고, 악성 프로그램관련 경보가 발령된 경우 및 백신소프트웨어 또는 운영체제 제작업체에서 업데이트 공지가 있는 경우에는 응용프로그램과 정합성을 고려하여 최신 소프트웨어로 갱신・점검하여야 한다.

사용 중인 응용 프로그램이나 운영체제 소프트웨어의 제작업체에서 보안 업데이트 공지가 있는 경우, 즉시 이에 따른 업데이트를 실시	

8. 물리적 접근 방지

가. 개요

본 조항은 개인정보처리자가 개인정보를 대량으로 보관하고 있는 전산실・자료보관실 등 물리적 보관장소를 별도로 가지고 있을 경우의 물리적 접근 통제에 대한 사항을 규정한다. 즉, 개인정보처리자는 개인정보의 물리적 보관장소에 대한 출입통제 절차를 수립하여 운영하여야 하며 접근기록을 보관하여야 한다. 또한 안전하게 개인정보를 저장 관리하기 위해 관련 서류와 보조저장매체를 잠금장치가 있는 안전한 장소에 보관할 필요가 있다.

나. 조항 분석

> **제10조(물리적 접근 방지)** ① 개인정보처리자는 전산실, 자료보관실 등 개인정보를 보관하고 있는 물리적 보관 장소를 별도로 두고 있는 경우에는 이에 대한 출입통제 절차를 수립・운영하여야 한다.

개인정보처리자는 개인정보를 대량으로 보관하고 있는 전산실, 자료보관실을 별도로 두고 있는 경우에는 비인가자의 접근으로 인한 개인정보의 절도, 파괴 등의 물리적 위협으로부터 정보자산을 보호하기 위해 출입통제 절차를 수립하여야한다. 이러한 전산실, 자료보관실은 조직 내에서 보호구역으로 식별되어야 하고 출입할 수 있는 인원의 수를 제한하여야 한다.

○ 전산실은 다량의 정보시스템을 운영하기 위한 별도의 물리적인 공간으로 전기시설(UPS(Uninterruptible Power Supply), 발전기 등), 공조시

설(항온항습기 등), 소방시설(화재감지기, 소화설비 등)등을 갖춘 시설을 의미한다.

○자료보관실은 가입신청서 등의 문서나 DAT(Digital Audi○Tape), LTO(Linear Tape Open), DLT(Digital Linear Tape), CD(Compact Disc), 이동형 하드디스크(Hard Disc) 등 전자적 기록매체가 다량으로 보관된 물리적 저장장소를 의미한다.

전산실과 자료보관실의 출입을 통제하는 방법으로 물리적 접근통제 장치를 설치・운영하고 이에 대한 출입 내역을 전자적인 매체 또는 수기문서 대장에 기록하는 방법 등이 있다. 활용할 수 있는 물리적 접근통제 장치로 비밀번호 기반 출입통제 장치, 스마트카드 기반 출입 통제장치, 지문 등 바이오정보 기반 출입통제 장치 등이 있다. 또한 정보시스템 등의 유지 보수를 위해 제3자가 출입해야 할 상황에서는 전산실에의 출입 권한을 가진 내부직원이 동행을 하는 것이 바람직하다.

② 개인정보처리자는 개인정보가 포함된 서류, 보조저장매체 등을 잠금장치가 있는 안전한 장소에 보관하여야 한다.

개인정보가 포함된 서류나 보조기억매체(USB, CD 등) 등은 잠금장치가 부착되어 있는 안전한 장소에 보관하여야 한다. 즉, 개인정보가 포함된 서류와 함께 디스켓(FD), 이동형 하드디스크(HDD), USB메모리, Flash메모리, CD(Compat Disk), DVD(Digital Versatile Disk) 등의 보조기억매체는 금고 또는 잠금장치가 있는 캐비넷 등에 안전하게 보관하여야 한다.

다. 개인정보의 기술적・관리적 보호조치 기준과의 비교

기술적・관리적 보호조치 기준에는 물리적 접근 방지에 대한 내용을 포함하고 있지 않다.

안전성 확보조치 기준	기술적 · 관리적 보호조치 기준
제10조(물리적 접근 방지)① 개인정보처리자는 전산실, 자료보관실 등 개인정보를 보관하고 있는 물리적 보관 장소를 별도로 두고 있는 경우에는 이에 대한 출입통제 절차를 수립・운영하여야 한다. ② 개인정보처리자는 개인정보가 포함된 서류, 보조저장매체 등을 잠금장치가 있는 안전한 장소에 보관하여야 한다.	

V. 그 외 고려해야 할 기술적 사항

1. 개인정보 파기 방법

가. 개요

개인정보는 시스템 내에서 파일이나 데이터베이스 형태로 존재하거나 출력물, 가입신청 서등의 문서의 형태로 존재한다. 수집 및 이용목적이 달성되었거나 보유기간이 경과되었을 경우 해당 개인정보를 파기하여야 한다. 보조저장매체에서 개인정보가 완전하게 삭제되지 않을 경우 복구되어 개인정보가 노출될 수 있다. 그러므로 개인정보를 완전하게 삭제, 파기하는 것이 중요하다.

나. 조항 분석

개인정보보호법과 시행령에서는 개인정보의 파기에 대해 다음과 같이 규정하고 있다.

> **개인정보보호법 제21조(개인정보의 파기)**
> ① 개인정보처리자는 보유기간의 경과, 개인정보의 처리 목적 달성 등 그 개인정보가 불필요하게 되었을 때에는 지체 없이 그 개인정보를 파기하여야 한다. 다만, 다른 법령에 따라 보존하여야 하는 경우에는 그러하지 아니하다.

② 개인정보처리자가 제1항에 따라 개인정보를 파기할 때에는 복구 또는 재생되지 아니하도록 조치하여야 한다.
③ 개인정보처리자가 제1항 단서에 따라 개인정보를 파기하지 아니하고 보존하여야 하는 경우에는 해당 개인정보 또는 개인정보파일을 다른 개인정보와 분리하여서 저장·관리하여야 한다.
④ 개인정보의 파기방법 및 절차 등에 필요한 사항은 대통령령으로 정한다.

개인정보보호법 시행령 제16조(개인정보의 파기방법) 개인정보처리자는 법 제21조에 따라 개인정보를 파기할 때에는 다음 각 호의 구분에 따른 방법으로 하여야 한다.
1. 전자적 파일 형태인 경우: 복원이 불가능한 방법으로 영구 삭제
2. 제1호 외의 기록물, 인쇄물, 서면, 그 밖의 기록매체인 경우: 파쇄 또는 소각

보조저장매체 내 정보 삭제에 관해 국가정보원은 "저장매체 불용처리 지침"을 마련하였으며 이 지침에 따른 저장매체 자료별 삭제방법은 다음과 같다.

저장자료 / 저장매체	공개자료	민감자료 (개인정보 등)	비밀자료 (대외비 포함)
플로피디스크	㉮	㉮	㉮
광디스크 (CD, DVD 등)	㉮	㉮	㉮
자기테이프	㉮, ㉯ 중 택일	㉮, ㉯ 중 택일	㉮
반도체메모리 (EEPROM 등)	㉮, ㉰ 중 택일	㉮, ㉰ 중 택일	㉮, ㉰ 중 택일
	완전 포맷이 되지 않는 저장매체는 ㉮ 방법 사용		
하드디스크	㉱	㉮, ㉯, ㉰ 중 택일	㉮, ㉯ 중 택일

㉮ : 완전파괴(소각・파쇄・용해) (비밀이 저장된 플로피디스켓・광디스크 파쇄시에는 파쇄조각의 크기가 0.25mm 이하가 되도록 조치)
㉯ : 전용 소자(消磁)장비 이용 저장자료 삭제 (소자장비는 반드시 저장매체의 자기력(磁氣力)보다 큰 자기력 보유)
㉰ : 완전포맷 3회 수행 (저장매체 전체를'난수','0','1'로 각각 중복 저장하는 방식으로 삭제)
㉱ : 완전포맷 1회 수행(저장매체 전체를'난수'로 중복 저장하는 방식으로 삭제)

또한 전자적 형태 외의 기록물, 인쇄물, 서면, 그 밖의 기록매체인 경우: 파쇄 또는 소각하여 개인정보를 완전히 삭제하도록 한다.

2. 출력 · 복사시 보호조치

가. 개요

기술적 · 관리적 보호조치 기준에는 개인정보에 접근권한을 갖는 개인정보취급자라 할지라도 과도한 개인정보의 출력(인쇄, 화면표시, 파일생성 등)을 제한하고자 하는 출력 · 복사시의 보호조치에 대한 사항을 규정하고 있다. 이는 안전성 확보조치 기준에는 포함되어 있지 않다.

나. 조항 분석

기술적 · 관리적 보호조치 기준 제8조(출력 · 복사시 보호조치) ① 정보통신서비스 제공자등은 개인정보처리시스템에서 개인정보의 출력시(인쇄, 화면표시, 파일생성 등) 용도를 특정하여야 하며, 용도에 따라 출력항목을 최소화한다.

② 정보통신서비스 제공자등은 개인정보취급자가 개인정보를 종이로 인쇄하거나, 디스켓, 콤팩트디스크 등 이동 가능한 저장매체에 복사할 경우 다음 각 호의 사항을 기록하고 개인정보관리책임자의 사전승인을 받도록 조치한다. 출력 · 복사물로부터 다시 출력 또는 복사하는 경우도 또한 같다.

1. 출력 · 복사물 일련번호
2. 출력 · 복사물의 형태
3. 출력 · 복사 일시
4. 출력 · 복사의 목적
5. 출력 · 복사를 한 자의 소속 및 성명
6. 출력 · 복사물을 전달 받을 자
7. 출력 · 복사물의 파기일자
8. 출력 · 복사물의 파기 책임자

③ 제2항의 의한 출력 · 복사물에는 정보통신서비스 제공자의 명칭 및 제2항제1호의 일련번호를 표시한다. 다만, 우편발송, 고지서 발급 등을 위하여 개인단위로 종이에 인쇄하는 경우는 일련번호를 표시하지 않아도 된다.

④개인정보관리책임자는제2항의 사전승인을 함에 있어 제2항 각 호의 사항이 법에 위배되는지 여부를 확인하고, 개인정보취급자가 출력 · 복사물을 불법 유출하면 법에 따라 책임을 지게 됨을 승인 받고자 하는 개인정보취급자에게 주지시킨다.

정보통신서비스 제공자등은 개인정보처리시스템에서 개인정보의 출력시 허가된 규칙에 의해서만 개인정보를 출력할 수 있도록 절차를 마련하여 해당 문서에서 출력되는 개인정보가 최소화될 수 있도록 관련 정책을 수행해야 한다.

이를 통해 화면에서 대용량의 개인정보가 노출되는 것을 방지한다. "용도에 따라 출력항목을 최소화"하여야 한다는 것은 대리점, 고객상담, 본사 등 각각의 다양한 업무장소나 업무형태 및 개인정보처리시스템에의 접근권한에 따라 보여지는 출력항목을 다르게 설정하거나 최소화하는 것을 의미한다.

그리고 출력·복사물의 일련번호, 형태, 출력·복사 일시, 목적, 출력·복사를 한 자의 소속 및 성명 및 출력·복사물을 전달 받을 자 등을 기록하고 사전 승인을 받도록 함으로써 출력·복사물의 생성, 이용, 전달, 파기 과정까지의 책임관계를 명확히 하고, 개인정보취급자의 임의적인 개인정보 명단을 출력·복사하는 행위를 억제하고, 사후 개인정보 유출 발생시 출처를 확인할 수 있게 된다.

제3항은 우편발송, 고지서 발급 등을 위해 개인단위로 종이에 인쇄하는 경우에 대해 일련번호 표시의 예외 사항을 규정한다.

제4항은 개인정보관리책임자로 하여금 출력·복사 승인 시 사전에 법 위배 여부를 확인하도록 하고 있으며 개인정보취급자에게 출력·복사물을 불법 유출하면 법에 따라 책임을 지게 됨을 주지시킴으로써 사전에 개인정보 유출을 방지한다. 전자결제 등 자동화 방식에 의해 출력·복사를 승인할 경우 전자결재 화면에 법적책임에 대한 경고 문구를 팝업창 등의 방법으로 주지시킬 수 있고 수기 대장에 의할 경우 대장의 표지 등에 경고 문구를 부착하는 방법을 활용할 수도 있다.

※ 참고파일 1

1. 행정안전부, 개인정보의 안전성 확보조치 기준 및 해설서, 2011년 9월
2. 방송통신위원회, KISA, 개인정보의 기술적·관리적 보호조치 기준 해설서, 2011년 1월
3. KISA, 패스워드 선택 및 이용 안내서, 2010년 1월
4. KISA, 암호이용 안내서, 2010년 1월
5. KISA, 암호 알고리즘 및 키길이 이용 안내서, 2010년 1월

부록 I 개인정보 보호법

- 개인정보 보호법(법률 제10465호 신규제정 2011. 03. 29.)
- 개인정보 보호법 시행령(대통령령 제23169호 신규제정 2011. 09. 29.)
- 개인정보 보호법 시행규칙(행정안전부령 제241호 신규제정 2011. 09. 29.)

부 록

▌개인정보 보호법

● **법률 제10465호 신규제정 2011. 03. 29.**

제1장 총칙

제1조 (목적)

이 법은 개인정보의 수집·유출·오용·남용으로부터 사생활의 비밀 등을 보호함으로써 국민의 권리와 이익을 증진하고, 나아가 개인의 존엄과 가치를 구현하기 위하여 개인정보 처리에 관한 사항을 규정함을 목적으로 한다.

제2조 (정의)

이 법에서 사용하는 용어의 뜻은 다음과 같다.

1. "개인정보"란 살아 있는 개인에 관한 정보로서 성명, 주민등록번호 및 영상 등을 통하여 개인을 알아볼 수 있는 정보(해당 정보만으로는 특정 개인을 알아볼 수 없더라도 다른 정보와 쉽게 결합하여 알아볼 수 있는 것을 포함한다)를 말한다.
2. "처리"란 개인정보의 수집, 생성, 기록, 저장, 보유, 가공, 편집, 검색, 출력, 정정(訂正), 복구, 이용, 제공, 공개, 파기(破棄), 그 밖에 이와 유사한 행위를 말한다.
3. "정보주체"란 처리되는 정보에 의하여 알아볼 수 있는 사람으로서 그 정보의 주체가 되는 사람을 말한다.

4. "개인정보파일"이란 개인정보를 쉽게 검색할 수 있도록 일정한 규칙에 따라 체계적으로 배열하거나 구성한 개인정보의 집합물(集合物)을 말한다.
5. "개인정보처리자"란 업무를 목적으로 개인정보파일을 운용하기 위하여 스스로 또는 다른 사람을 통하여 개인정보를 처리하는 공공기관, 법인, 단체 및 개인 등을 말한다.
6. "공공기관"이란 다음 각 목의 기관을 말한다.
가. 국회, 법원, 헌법재판소, 중앙선거관리위원회의 행정사무를 처리하는 기관, 중앙행정기관(대통령 소속 기관과 국무총리 소속 기관을 포함한다) 및 그 소속 기관, 지방자치단체
나. 그 밖의 국가기관 및 공공단체 중 대통령령으로 정하는 기관
7. "영상정보처리기기"란 일정한 공간에 지속적으로 설치되어 사람 또는 사물의 영상 등을 촬영하거나 이를 유·무선망을 통하여 전송하는 장치로서 대통령령으로 정하는 장치를 말한다.

제3조 (개인정보 보호 원칙)

① 개인정보처리자는 개인정보의 처리 목적을 명확하게 하여야 하고 그 목적에 필요한 범위에서 최소한의 개인정보만을 적법하고 정당하게 수집하여야 한다.
② 개인정보처리자는 개인정보의 처리 목적에 필요한 범위에서 적합하게 개인정보를 처리하여야 하며, 그 목적 외의 용도로 활용하여서는 아니 된다.
③ 개인정보처리자는 개인정보의 처리 목적에 필요한 범위에서 개인정보의 정확성, 완전성 및 최신성이 보장되도록 하여야 한다.
④ 개인정보처리자는 개인정보의 처리 방법 및 종류 등에 따라 정보주체의 권리가 침해받을 가능성과 그 위험 정도를 고려하여 개인정보를 안전하게 관리하여야 한다.
⑤ 개인정보처리자는 개인정보 처리방침 등 개인정보의 처리에 관한 사항을 공개하여야 하며, 열람청구권 등 정보주체의 권리를 보장하여야 한다.
⑥ 개인정보처리자는 정보주체의 사생활 침해를 최소화하는 방법으로 개인정보를 처리하여야 한다.
⑦ 개인정보처리자는 개인정보의 익명처리가 가능한 경우에는 익명에 의하여 처리될 수 있도록 하여야 한다.

⑧ 개인정보처리자는 이 법 및 관계 법령에서 규정하고 있는 책임과 의무를 준수하고 실천함으로써 정보주체의 신뢰를 얻기 위하여 노력하여야 한다.

제4조 (정보주체의 권리)

정보주체는 자신의 개인정보 처리와 관련하여 다음 각 호의 권리를 가진다.

1. 개인정보의 처리에 관한 정보를 제공받을 권리
2. 개인정보의 처리에 관한 동의 여부, 동의 범위 등을 선택하고 결정할 권리
3. 개인정보의 처리 여부를 확인하고 개인정보에 대하여 열람(사본의 발급을 포함한다. 이하 같다)을 요구할 권리
4. 개인정보의 처리 정지, 정정·삭제 및 파기를 요구할 권리
5. 개인정보의 처리로 인하여 발생한 피해를 신속하고 공정한 절차에 따라 구제받을 권리

제5조 (국가 등의 책무)

① 국가와 지방자치단체는 개인정보의 목적 외 수집, 오용·남용 및 무분별한 감시·추적 등에 따른 폐해를 방지하여 인간의 존엄과 개인의 사생활 보호를 도모하기 위한 시책을 강구하여야 한다.

② 국가와 지방자치단체는 제4조에 따른 정보주체의 권리를 보호하기 위하여 법령의 개선 등 필요한 시책을 마련하여야 한다.

③ 국가와 지방자치단체는 개인정보의 처리에 관한 불합리한 사회적 관행을 개선하기 위하여 개인정보처리자의 자율적인 개인정보 보호활동을 존중하고 촉진·지원하여야 한다.

④ 국가와 지방자치단체는 개인정보의 처리에 관한 법령 또는 조례를 제정하거나 개정하는 경우에는 이 법의 목적에 부합되도록 하여야 한다.

제6조 (다른 법률과의 관계)

개인정보 보호에 관하여는「정보통신망 이용촉진 및 정보보호 등에 관한 법률」, 「신용정보의 이용 및 보호에 관한 법률」등 다른 법률에 특별한 규정이 있는 경우를 제외하고는 이 법에서 정하는 바에 따른다.

제2장 개인정보 보호정책의 수립 등

제7조 (개인정보 보호위원회)

① 개인정보 보호에 관한 사항을 심의·의결하기 위하여 대통령 소속으로 개인정보 보호위원회(이하 "보호위원회"라 한다)를 둔다. 보호위원회는 그 권한에 속하는 업무를 독립하여 수행한다.

② 보호위원회는 위원장 1명, 상임위원 1명을 포함한 15명 이내의 위원으로 구성하되, 상임위원은 정무직 공무원으로 임명한다.

③ 위원장은 위원 중에서 공무원이 아닌 사람으로 대통령이 위촉한다.

④ 위원은 다음 각 호의 어느 하나에 해당하는 사람을 대통령이 임명하거나 위촉한다. 이 경우 위원 중 5명은 국회가 선출하는 자를, 5명은 대법원장이 지명하는 자를 각각 임명하거나 위촉한다.

1. 개인정보 보호와 관련된 시민사회단체 또는 소비자단체로부터 추천을 받은 사람
2. 개인정보처리자로 구성된 사업자단체로부터 추천을 받은 사람
3. 그 밖에 개인정보에 관한 학식과 경험이 풍부한 사람

⑤ 위원장과 위원의 임기는 3년으로 하되, 1차에 한하여 연임할 수 있다.

⑥ 보호위원회의 회의는 위원장이 필요하다고 인정하거나 재적위원 4분의 1 이상의 요구가 있는 경우에 위원장이 소집한다.

⑦ 보호위원회는 재적위원 과반수의 출석과 출석위원 과반수의 찬성으로 의결한다.

⑧ 보호위원회의 사무를 지원하기 위하여 보호위원회에 사무국을 둔다.

⑨ 제1항부터 제8항까지에서 규정한 사항 외에 보호위원회의 조직과 운영에 필요한 사항은 대통령령령으로 정한다.

제8조 (보호위원회의 기능 등)

① 보호위원회는 다음 각 호의 사항을 심의·의결한다.

1. 제9조에 따른 기본계획 및 제10조에 따른 시행계획

2. 개인정보 보호와 관련된 정책, 제도 및 법령의 개선에 관한 사항
3. 개인정보의 처리에 관한 공공기관 간의 의견조정에 관한 사항
4. 개인정보 보호에 관한 법령의 해석·운용에 관한 사항
5. 제18조제2항제5호에 따른 개인정보의 이용·제공에 관한 사항
6. 제33조제3항에 따른 영향평가 결과에 관한 사항
7. 제61조제1항에 따른 의견제시에 관한 사항
8. 제64조제4항에 따른 조치의 권고에 관한 사항
9. 제66조에 따른 처리 결과의 공표에 관한 사항
10. 제67조제1항에 따른 연차보고서의 작성·제출에 관한 사항
11. 개인정보 보호와 관련하여 대통령, 보호위원회의 위원장 또는 위원 2명 이상이 회의에 부치는 사항
12. 그 밖에 이 법 또는 다른 법령에 따라 보호위원회가 심의·의결하는 사항

② 보호위원회는 제1항 각 호의 사항을 심의·의결하기 위하여 필요하면 관계 공무원, 개인정보 보호에 관한 전문 지식이 있는 사람이나 시민사회단체 및 관련 사업자로부터 의견을 들을 수 있고, 관계 기관 등에 대하여 자료 등의 제출을 요구할 수 있다.

제9조 (기본계획)

① 개인정보의 보호와 정보주체의 권익 보장을 위하여 행정안전부장관은 3년마다 개인정보 보호 기본계획(이하 "기본계획"이라 한다)을 관계 중앙행정기관의 장과 협의 하에 작성하여 보호위원회에 제출하고, 보호위원회의 심의·의결을 거쳐 시행하여야 한다.

② 기본계획에는 다음 각 호의 사항이 포함되어야 한다.

1. 개인정보 보호의 기본목표와 추진방향
2. 개인정보 보호와 관련된 제도 및 법령의 개선
3. 개인정보 침해 방지를 위한 대책
4. 개인정보 보호 자율규제의 활성화
5. 개인정보 보호 교육·홍보의 활성화
6. 개인정보 보호를 위한 전문인력의 양성
7. 그 밖에 개인정보 보호를 위하여 필요한 사항

③ 국회, 법원, 헌법재판소, 중앙선거관리위원회는 해당 기관(그 소속 기관을 포함한다)의 개인정보 보호를 위한 기본계획을 수립·시행할 수 있다.

제10조 (시행계획)

① 중앙행정기관의 장은 기본계획에 따라 매년 개인정보 보호를 위한 시행계획을 작성하여 보호위원회에 제출하고, 보호위원회의 심의·의결을 거쳐 시행하여야 한다.
② 시행계획의 수립·시행에 필요한 사항은 대통령령으로 정한다.

제11조 (자료제출 요구 등)

① 행정안전부장관은 기본계획을 효율적으로 수립·추진하기 위하여 개인정보처리자, 관계 중앙행정기관의 장, 지방자치단체의 장 및 관계 단체 등에 개인정보처리자의 법규 준수 현황과 개인정보 관리 실태 등에 관한 자료의 제출이나 의견의 진술 등을 요구할 수 있다.
② 중앙행정기관의 장은 시행계획을 효율적으로 수립·추진하기 위하여 소관 분야의 개인정보처리자에게 제1항에 따른 자료제출 등을 요구할 수 있다.
③ 제1항 및 제2항에 따른 자료제출 등을 요구받은 자는 특별한 사정이 없으면 이에 따라야 한다.
④ 제1항 및 제2항에 따른 자료제출 등의 범위와 방법 등 필요한 사항은 대통령령으로 정한다.

제12조 (개인정보 보호지침)

① 행정안전부장관은 개인정보의 처리에 관한 기준, 개인정보 침해의 유형 및 예방조치 등에 관한 표준 개인정보 보호지침(이하 "표준지침"이라 한다)을 정하여 개인정보처리자에게 그 준수를 권장할 수 있다.
② 중앙행정기관의 장은 표준지침에 따라 소관 분야의 개인정보 처리와 관련한 개인정보 보호지침을 정하여 개인정보처리자에게 그 준수를 권장할 수 있다.
③ 국회, 법원, 헌법재판소 및 중앙선거관리위원회는 해당 기관(그 소속 기관을

포함한다)의 개인정보 보호지침을 정하여 시행할 수 있다.

제13조 (자율규제의 촉진 및 지원)

행정안전부장관은 개인정보처리자의 자율적인 개인정보 보호활동을 촉진하고 지원하기 위하여 다음 각 호의 필요한 시책을 마련하여야 한다.

1. 개인정보 보호에 관한 교육·홍보
2. 개인정보 보호와 관련된 기관·단체의 육성 및 지원
3. 개인정보 보호 인증마크의 도입·시행 지원
4. 개인정보처리자의 자율적인 규약의 제정·시행 지원
5. 그 밖에 개인정보처리자의 자율적 개인정보 보호활동을 지원하기 위하여 필요한 사항

제14조 (국제협력)

① 정부는 국제적 환경에서의 개인정보 보호 수준을 향상시키기 위하여 필요한 시책을 마련하여야 한다.

② 정부는 개인정보 국외 이전으로 인하여 정보주체의 권리가 침해되지 아니하도록 관련 시책을 마련하여야 한다.

제3장 개인정보의 처리

제1절 개인정보의 수집, 이용, 제공 등

제15조 (개인정보의 수집·이용)

① 개인정보처리자는 다음 각 호의 어느 하나에 해당하는 경우에는 개인정보를 수집할 수 있으며 그 수집 목적의 범위에서 이용할 수 있다.

1. 정보주체의 동의를 받은 경우
2. 법률에 특별한 규정이 있거나 법령상 의무를 준수하기 위하여 불가피한

경우

3. 공공기관이 법령 등에서 정하는 소관 업무의 수행을 위하여 불가피한 경우
4. 정보주체와의 계약의 체결 및 이행을 위하여 불가피하게 필요한 경우
5. 정보주체 또는 그 법정대리인이 의사표시를 할 수 없는 상태에 있거나 주소불명 등으로 사전 동의를 받을 수 없는 경우로서 명백히 정보주체 또는 제3자의 급박한 생명, 신체, 재산의 이익을 위하여 필요하다고 인정되는 경우
6. 개인정보처리자의 정당한 이익을 달성하기 위하여 필요한 경우로서 명백하게 정보주체의 권리보다 우선하는 경우. 이 경우 개인정보처리자의 정당한 이익과 상당한 관련이 있고 합리적인 범위를 초과하지 아니하는 경우에 한한다.

② 개인정보처리자는 제1항제1호에 따른 동의를 받을 때에는 다음 각 호의 사항을 정보주체에게 알려야 한다. 다음 각 호의 어느 하나의 사항을 변경하는 경우에도 이를 알리고 동의를 받아야 한다.

1. 개인정보의 수집·이용 목적
2. 수집하려는 개인정보의 항목
3. 개인정보의 보유 및 이용 기간
4. 동의를 거부할 권리가 있다는 사실 및 동의 거부에 따른 불이익이 있는 경우에는 그 불이익의 내용

제16조 (개인정보의 수집 제한)

① 개인정보처리자는 제15조제1항 각 호의 어느 하나에 해당하여 개인정보를 수집하는 경우에는 그 목적에 필요한 최소한의 개인정보를 수집하여야 한다. 이 경우 최소한의 개인정보 수집이라는 입증책임은 개인정보처리자가 부담한다.

② 개인정보처리자는 정보주체가 필요한 최소한의 정보 외의 개인정보 수집에 동의하지 아니한다는 이유로 정보주체에게 재화 또는 서비스의 제공을 거부하여서는 아니 된다.

제17조 (개인정보의 제공)

① 개인정보처리자는 다음 각 호의 어느 하나에 해당되는 경우에는 정보주체의 개인정보를 제3자에게 제공(공유를 포함한다. 이하 같다)할 수 있다.

1. 정보주체의 동의를 받은 경우
2. 제15조제1항제2호·제3호 및 제5호에 따라 개인정보를 수집한 목적 범위에서 개인정보를 제공하는 경우

② 개인정보처리자는 제1항제1호에 따른 동의를 받을 때에는 다음 각 호의 사항을 정보주체에게 알려야 한다. 다음 각 호의 어느 하나의 사항을 변경하는 경우에도 이를 알리고 동의를 받아야 한다.

1. 개인정보를 제공받는 자
2. 개인정보를 제공받는 자의 개인정보 이용 목적
3. 제공하는 개인정보의 항목
4. 개인정보를 제공받는 자의 개인정보 보유 및 이용 기간
5. 동의를 거부할 권리가 있다는 사실 및 동의 거부에 따른 불이익이 있는 경우에는 그 불이익의 내용

③ 개인정보처리자가 개인정보를 국외의 제3자에게 제공할 때에는 제2항 각 호에 따른 사항을 정보주체에게 알리고 동의를 받아야 하며, 이 법을 위반하는 내용으로 개인정보의 국외 이전에 관한 계약을 체결하여서는 아니 된다.

제18조 (개인정보의 이용·제공 제한)

① 개인정보처리자는 개인정보를 제15조제1항에 따른 범위를 초과하여 이용하거나 제17조제1항 및 제3항에 따른 범위를 초과하여 제3자에게 제공하여서는 아니 된다.

② 제1항에도 불구하고 개인정보처리자는 다음 각 호의 어느 하나에 해당하는 경우에는 정보주체 또는 제3자의 이익을 부당하게 침해할 우려가 있을 때를 제외하고는 개인정보를 목적 외의 용도로 이용하거나 이를 제3자에게 제공할 수 있다. 다만, 제5호부터 제9호까지의 경우는 공공기관의 경우로 한정한다.

1. 정보주체로부터 별도의 동의를 받은 경우

2. 다른 법률에 특별한 규정이 있는 경우
3. 정보주체 또는 그 법정대리인이 의사표시를 할 수 없는 상태에 있거나 주소불명 등으로 사전 동의를 받을 수 없는 경우로서 명백히 정보주체 또는 제3자의 급박한 생명, 신체, 재산의 이익을 위하여 필요하다고 인정되는 경우
4. 통계작성 및 학술연구 등의 목적을 위하여 필요한 경우로서 특정 개인을 알아볼 수 없는 형태로 개인정보를 제공하는 경우
5. 개인정보를 목적 외의 용도로 이용하거나 이를 제3자에게 제공하지 아니하면 다른 법률에서 정하는 소관 업무를 수행할 수 없는 경우로서 보호위원회의 심의·의결을 거친 경우
6. 조약, 그 밖의 국제협정의 이행을 위하여 외국정부 또는 국제기구에 제공하기 위하여 필요한 경우
7. 범죄의 수사와 공소의 제기 및 유지를 위하여 필요한 경우
8. 법원의 재판업무 수행을 위하여 필요한 경우
9. 형(刑) 및 감호, 보호처분의 집행을 위하여 필요한 경우

③ 개인정보처리자는 제2항제1호에 따른 동의를 받을 때에는 다음 각 호의 사항을 정보주체에게 알려야 한다. 다음 각 호의 어느 하나의 사항을 변경하는 경우에도 이를 알리고 동의를 받아야 한다.

1. 개인정보를 제공받는 자
2. 개인정보의 이용 목적(제공 시에는 제공받는 자의 이용 목적을 말한다)
3. 이용 또는 제공하는 개인정보의 항목
4. 개인정보의 보유 및 이용 기간(제공 시에는 제공받는 자의 보유 및 이용 기간을 말한다)
5. 동의를 거부할 권리가 있다는 사실 및 동의 거부에 따른 불이익이 있는 경우에는 그 불이익의 내용

④ 공공기관은 제2항제2호부터 제6호까지, 제8호 및 제9호에 따라 개인정보를 목적 외의 용도로 이용하거나 이를 제3자에게 제공하는 경우에는 그 이용 또는 제공의 법적 근거, 목적 및 범위 등에 관하여 필요한 사항을 행정안전부령으로 정하는 바에 따라 관보 또는 인터넷 홈페이지 등에 게재하여야 한다.

⑤ 개인정보처리자는 제2항 각 호의 어느 하나의 경우에 해당하여 개인정보를 목적 외의 용도로 제3자에게 제공하는 경우에는 개인정보를 제공받는 자에게 이용 목적, 이용 방법, 그 밖에 필요한 사항에 대하여 제한을 하거나, 개인정보의 안전성 확보를 위하여 필요한 조치를 마련하도록 요청하여야 한다. 이 경우 요청을 받은 자는 개인정보의 안전성 확보를 위하여 필요한 조치를 하여야 한다

제19조 (개인정보를 제공받은 자의 이용·제공 제한)

개인정보처리자로부터 개인정보를 제공받은 자는 다음 각 호의 어느 하나에 해당하는 경우를 제외하고는 개인정보를 제공받은 목적 외의 용도로 이용하거나 이를 제3자에게 제공하여서는 아니 된다.
1. 정보주체로부터 별도의 동의를 받은 경우
2. 다른 법률에 특별한 규정이 있는 경우

제20조 (정보주체 이외로부터 수집한 개인정보의 수집 출처 등 고지)

① 개인정보처리자가 정보주체 이외로부터 수집한 개인정보를 처리하는 때에는 정보주체의 요구가 있으면 즉시 다음 각 호의 모든 사항을 정보주체에게 알려야 한다.
  1. 개인정보의 수집 출처
  2. 개인정보의 처리 목적
  3. 제37조에 따른 개인정보 처리의 정지를 요구할 권리가 있다는 사실
② 제1항은 다음 각 호의 어느 하나에 해당하는 경우에는 적용하지 아니한다. 다만, 이 법에 따른 정보주체의 권리보다 명백히 우선하는 경우에 한한다.
  1. 고지를 요구하는 대상이 되는 개인정보가 제32조제2항 각 호의 어느 하나에 해당하는 개인정보파일에 포함되어 있는 경우
  2. 고지로 인하여 다른 사람의 생명·신체를 해할 우려가 있거나 다른 사람의 재산과 그 밖의 이익을 부당하게 침해할 우려가 있는 경우

제21조 (개인정보의 파기)

① 개인정보처리자는 보유기간의 경과, 개인정보의 처리 목적 달성 등 그 개인정보가 불필요하게 되었을 때에는 지체 없이 그 개인정보를 파기하여야 한다. 다만, 다른 법령에 따라 보존하여야 하는 경우에는 그러하지 아니하다.
② 개인정보처리자가 제1항에 따라 개인정보를 파기할 때에는 복구 또는 재생되지 아니하도록 조치하여야 한다.
③ 개인정보처리자가 제1항 단서에 따라 개인정보를 파기하지 아니하고 보존하여야 하는 경우에는 해당 개인정보 또는 개인정보파일을 다른 개인정보와 분리하여서 저장·관리하여야 한다.
④ 개인정보의 파기방법 및 절차 등에 필요한 사항은 대통령령으로 정한다.

제22조 (동의를 받는 방법)

① 개인정보처리자는 이 법에 따른 개인정보의 처리에 대하여 정보주체(제5항에 따른 법정대리인을 포함한다. 이하 이 조에서 같다)의 동의를 받을 때에는 각각의 동의 사항을 구분하여 정보주체가 이를 명확하게 인지할 수 있도록 알리고 각각 동의를 받아야 한다.
② 개인정보처리자는 제15조제1항제1호, 제17조제1항제1호, 제23조제1호 및 제24조제1항제1호에 따라 개인정보의 처리에 대하여 정보주체의 동의를 받을 때에는 정보주체와의 계약 체결 등을 위하여 정보주체의 동의 없이 처리할 수 있는 개인정보와 정보주체의 동의가 필요한 개인정보를 구분하여야 한다. 이 경우 동의 없이 처리할 수 있는 개인정보라는 입증책임은 개인정보처리자가 부담한다.
③ 개인정보처리자는 정보주체에게 재화나 서비스를 홍보하거나 판매를 권유하기 위하여 개인정보의 처리에 대한 동의를 받으려는 때에는 정보주체가 이를 명확하게 인지할 수 있도록 알리고 동의를 받아야 한다.
④ 개인정보처리자는 정보주체가 제2항에 따라 선택적으로 동의할 수 있는 사항을 동의하지 아니하거나 제3항 및 제18조제2항제1호에 따른 동의를 하지 아니한다는 이유로 정보주체에게 재화 또는 서비스의 제공을 거부하여서는 아니 된다.
⑤ 개인정보처리자는 만 14세 미만 아동의 개인정보를 처리하기 위하여 이 법에 따른 동의를 받아야 할 때에는 그 법정대리인의 동의를 받아야 한다. 이

경우 법정대리인의 동의를 받기 위하여 필요한 최소한의 정보는 법정대리인의 동의 없이 해당 아동으로부터 직접 수집할 수 있다.

⑥ 제1항부터 제5항까지에서 규정한 사항 외에 정보주체의 동의를 받는 세부적인 방법 및 제5항에 따른 최소한의 정보의 내용에 관하여 필요한 사항은 개인정보의 수집매체 등을 고려하여 대통령령으로 정한다.

제2절 개인정보의 처리 제한

제23조 (민감정보의 처리 제한)

개인정보처리자는 사상·신념, 노동조합·정당의 가입·탈퇴, 정치적 견해, 건강, 성생활 등에 관한 정보, 그 밖에 정보주체의 사생활을 현저히 침해할 우려가 있는 개인정보로서 대통령령으로 정하는 정보(이하 "민감정보"라 한다)를 처리하여서는 아니 된다. 다만, 다음 각 호의 어느 하나에 해당하는 경우에는 그러하지 아니하다.

1. 정보주체에게 제15조제2항 각 호 또는 제17조제2항 각 호의 사항을 알리고 다른 개인정보의 처리에 대한 동의와 별도로 동의를 받은 경우
2. 법령에서 민감정보의 처리를 요구하거나 허용하는 경우

제24조 (고유식별정보의 처리 제한)

① 개인정보처리자는 다음 각 호의 경우를 제외하고는 법령에 따라 개인을 고유하게 구별하기 위하여 부여된 식별정보로서 대통령령으로 정하는 정보(이하 "고유식별정보"라 한다)를 처리할 수 없다.

1. 정보주체에게 제15조제2항 각 호 또는 제17조제2항 각 호의 사항을 알리고 다른 개인정보의 처리에 대한 동의와 별도로 동의를 받은 경우
2. 법령에서 구체적으로 고유식별정보의 처리를 요구하거나 허용하는 경우

② 대통령령으로 정하는 기준에 해당하는 개인정보처리자는 정보주체가 인터넷 홈페이지를 통하여 회원으로 가입할 경우 주민등록번호를 사용하지 아니하고도 회원으로 가입할 수 있는 방법을 제공하여야 한다. 〔[시행일 2012.3.30]〕

③ 개인정보처리자가 제1항 각 호에 따라 고유식별정보를 처리하는 경우에는 그 고유식별정보가 분실·도난·유출·변조 또는 훼손되지 아니하도록 대통령령으로 정하는 바에 따라 암호화 등 안전성 확보에 필요한 조치를 하여야 한다.

④ 행정안전부장관은 제2항에 따른 방법의 제공을 지원하기 위하여 관계 법령의 정비, 계획의 수립, 필요한 시설 및 시스템의 구축 등 제반 조치를 마련할 수 있다.

제25조 (영상정보처리기기의 설치 • 운영 제한)

① 누구든지 다음 각 호의 경우를 제외하고는 공개된 장소에 영상정보처리기기를 설치·운영하여서는 아니 된다.

1. 법령에서 구체적으로 허용하고 있는 경우
2. 범죄의 예방 및 수사를 위하여 필요한 경우
3. 시설안전 및 화재 예방을 위하여 필요한 경우
4. 교통단속을 위하여 필요한 경우
5. 교통정보의 수집·분석 및 제공을 위하여 필요한 경우

② 누구든지 불특정 다수가 이용하는 목욕실, 화장실, 발한실(發汗室), 탈의실 등 개인의 사생활을 현저히 침해할 우려가 있는 장소의 내부를 볼 수 있도록 영상정보처리기기를 설치·운영하여서는 아니 된다. 다만, 교도소, 정신보건 시설 등 법령에 근거하여 사람을 구금하거나 보호하는 시설로서 대통령령으로 정하는 시설에 대하여는 그러하지 아니하다.

③ 제1항 각 호에 따라 영상정보처리기기를 설치·운영하려는 공공기관의 장과 제2항 단서에 따라 영상정보처리기기를 설치·운영하려는 자는 공청회·설명회의 개최 등 대통령령으로 정하는 절차를 거쳐 관계 전문가 및 이해관계인의 의견을 수렴하여야 한다.

④ 제1항 각 호에 따라 영상정보처리기기를 설치·운영하는 자(이하 "영상정보처리기기운영자"라 한다)는 정보주체가 쉽게 인식할 수 있도록 대통령령으로 정하는 바에 따라 안내판 설치 등 필요한 조치를 하여야 한다. 다만, 대통령령으로 정하는 시설에 대하여는 그러하지 아니하다.

⑤ 영상정보처리기기운영자는 영상정보처리기기의 설치 목적과 다른 목적으로 영상정보처리기기를 임의로 조작하거나 다른 곳을 비춰서는 아니 되며, 녹

음기능은 사용할 수 없다.

⑥ 영상정보처리기기운영자는 개인정보가 분실·도난·유출·변조 또는 훼손되지 아니하도록 제29조에 따라 안전성 확보에 필요한 조치를 하여야 한다.

⑦ 영상정보처리기기운영자는 대통령령으로 정하는 바에 따라 영상정보처리기기 운영·관리 방침을 마련하여야 한다. 이 경우 제30조에 따른 개인정보 처리방침을 정하지 아니할 수 있다.

⑧ 영상정보처리기기운영자는 영상정보처리기기의 설치·운영에 관한 사무를 위탁할 수 있다. 다만, 공공기관이 영상정보처리기기 설치·운영에 관한 사무를 위탁하는 경우에는 대통령령으로 정하는 절차 및 요건에 따라야 한다.

제26조 (업무위탁에 따른 개인정보의 처리 제한)

① 개인정보처리자가 제3자에게 개인정보의 처리 업무를 위탁하는 경우에는 다음 각 호의 내용이 포함된 문서에 의하여야 한다.

1. 위탁업무 수행 목적 외 개인정보의 처리 금지에 관한 사항
2. 개인정보의 기술적·관리적 보호조치에 관한 사항
3. 그 밖에 개인정보의 안전한 관리를 위하여 대통령령으로 정한 사항

② 제1항에 따라 개인정보의 처리 업무를 위탁하는 개인정보처리자(이하 "위탁자"라 한다)는 위탁하는 업무의 내용과 개인정보 처리 업무를 위탁받아 처리하는 자(이하 "수탁자"라 한다)를 정보주체가 언제든지 쉽게 확인할 수 있도록 대통령령으로 정하는 방법에 따라 공개하여야 한다.

③ 위탁자가 재화 또는 서비스를 홍보하거나 판매를 권유하는 업무를 위탁하는 경우에는 대통령령으로 정하는 방법에 따라 위탁하는 업무의 내용과 수탁자를 정보주체에게 알려야 한다. 위탁하는 업무의 내용이나 수탁자가 변경된 경우에도 또한 같다.

④ 위탁자는 업무 위탁으로 인하여 정보주체의 개인정보가 분실·도난·유출·변조 또는 훼손되지 아니하도록 수탁자를 교육하고, 처리 현황 점검 등 대통령령으로 정하는 바에 따라 수탁자가 개인정보를 안전하게 처리하는지를 감독하여야 한다.

⑤ 수탁자는 개인정보처리자로부터 위탁받은 해당 업무 범위를 초과하여 개인정보를 이용하거나 제3자에게 제공하여서는 아니 된다.

⑥ 수탁자가 위탁받은 업무와 관련하여 개인정보를 처리하는 과정에서 이 법을 위반하여 발생한 손해배상책임에 대하여는 수탁자를 개인정보처리자의 소속 직원으로 본다.

⑦ 수탁자에 관하여는 제15조 부터 제25조까지, 제27조 부터 제31조까지, 제33조 부터 제38조까지 및 제59조를 준용한다.

제27조 (영업양도 등에 따른 개인정보의 이전 제한)

① 개인정보처리자는 영업의 전부 또는 일부의 양도·합병 등으로 개인정보를 다른 사람에게 이전하는 경우에는 미리 다음 각 호의 사항을 대통령령으로 정하는 방법에 따라 해당 정보주체에게 알려야 한다.

1. 개인정보를 이전하려는 사실
2. 개인정보를 이전받는 자(이하 "영업양수자등"이라 한다)의 성명(법인의 경우에는 법인의 명칭을 말한다), 주소, 전화번호 및 그 밖의 연락처
3. 정보주체가 개인정보의 이전을 원하지 아니하는 경우 조치할 수 있는 방법 및 절차

② 영업양수자등은 개인정보를 이전받았을 때에는 지체 없이 그 사실을 대통령령으로 정하는 방법에 따라 정보주체에게 알려야 한다. 다만, 개인정보처리자가 제1항에 따라 그 이전 사실을 이미 알린 경우에는 그러하지 아니하다.

③ 영업양수자등은 영업의 양도·합병 등으로 개인정보를 이전받은 경우에는 이전 당시의 본래 목적으로만 개인정보를 이용하거나 제3자에게 제공할 수 있다. 이 경우 영업양수자등은 개인정보처리자로 본다.

제28조 (개인정보취급자에 대한 감독)

① 개인정보처리자는 개인정보를 처리함에 있어서 개인정보가 안전하게 관리될 수 있도록 임직원, 파견근로자, 시간제근로자 등 개인정보처리자의 지휘·감독을 받아 개인정보를 처리하는 자(이하 "개인정보취급자"라 한다)에 대하여 적절한 관리·감독을 행하여야 한다.

② 개인정보처리자는 개인정보의 적정한 취급을 보장하기 위하여 개인정보취급자에게 정기적으로 필요한 교육을 실시하여야 한다.

제4장 개인정보의 안전한 관리

제29조 (안전조치의무)

개인정보처리자는 개인정보가 분실·도난·유출·변조 또는 훼손되지 아니하도록 내부 관리계획 수립, 접속기록 보관 등 대통령령으로 정하는 바에 따라 안전성 확보에 필요한 기술적·관리적 및 물리적 조치를 하여야 한다

제30조 (개인정보 처리방침의 수립 및 공개)

① 개인정보처리자는 다음 각 호의 사항이 포함된 개인정보의 처리 방침(이하 "개인정보 처리방침"이라 한다)을 정하여야 한다. 이 경우 공공기관은 제32조에 따라 등록대상이 되는 개인정보파일에 대하여 개인정보 처리방침을 정한다.

1. 개인정보의 처리 목적
2. 개인정보의 처리 및 보유 기간
3. 개인정보의 제3자 제공에 관한 사항(해당되는 경우에만 정한다)
4. 개인정보처리의 위탁에 관한 사항(해당되는 경우에만 정한다)
5. 정보주체의 권리·의무 및 그 행사방법에 관한 사항
6. 그 밖에 개인정보의 처리에 관하여 대통령령으로 정한 사항

② 개인정보처리자가 개인정보 처리방침을 수립하거나 변경하는 경우에는 정보주체가 쉽게 확인할 수 있도록 대통령령으로 정하는 방법에 따라 공개하여야 한다.

③ 개인정보 처리방침의 내용과 개인정보처리자와 정보주체 간에 체결한 계약의 내용이 다른 경우에는 정보주체에게 유리한 것을 적용한다.

④ 행정안전부장관은 개인정보 처리방침의 작성지침을 정하여 개인정보처리자에게 그 준수를 권장할 수 있다.

제31조 (개인정보 보호책임자의 지정)

① 개인정보처리자는 개인정보의 처리에 관한 업무를 총괄해서 책임질 개인정

보 보호책임자를 지정하여야 한다.

② 개인정보 보호책임자는 다음 각 호의 업무를 수행한다.

1. 개인정보 보호 계획의 수립 및 시행
2. 개인정보 처리 실태 및 관행의 정기적인 조사 및 개선
3. 개인정보 처리와 관련한 불만의 처리 및 피해 구제
4. 개인정보 유출 및 오용·남용 방지를 위한 내부통제시스템의 구축
5. 개인정보 보호 교육 계획의 수립 및 시행
6. 개인정보파일의 보호 및 관리·감독
7. 그 밖에 개인정보의 적절한 처리를 위하여 대통령령으로 정한 업무

③ 개인정보 보호책임자는 제2항 각 호의 업무를 수행함에 있어서 필요한 경우 개인정보의 처리 현황, 처리 체계 등에 대하여 수시로 조사하거나 관계 당사자로부터 보고를 받을 수 있다.

④ 개인정보 보호책임자는 개인정보 보호와 관련하여 이 법 및 다른 관계 법령의 위반 사실을 알게 된 경우에는 즉시 개선조치를 하여야 하며, 필요하면 소속 기관 또는 단체의 장에게 개선조치를 보고하여야 한다.

⑤ 개인정보처리자는 개인정보 보호책임자가 제2항 각 호의 업무를 수행함에 있어서 정당한 이유 없이 불이익을 주거나 받게 하여서는 아니 된다.

⑥ 개인정보 보호책임자의 지정요건, 업무, 자격요건, 그 밖에 필요한 사항은 대통령령으로 정한다.

제32조 (개인정보파일의 등록 및 공개)

① 공공기관의 장이 개인정보파일을 운용하는 경우에는 다음 각 호의 사항을 행정안전부장관에게 등록하여야 한다. 등록한 사항이 변경된 경우에도 또한 같다.

1. 개인정보파일의 명칭
2. 개인정보파일의 운영 근거 및 목적
3. 개인정보파일에 기록되는 개인정보의 항목
4. 개인정보의 처리방법
5. 개인정보의 보유기간
6. 개인정보를 통상적 또는 반복적으로 제공하는 경우에는 그 제공받는 자

7. 그 밖에 대통령령으로 정하는 사항

② 다음 각 호의 어느 하나에 해당하는 개인정보파일에 대하여는 제1항을 적용하지 아니한다.

1. 국가 안전, 외교상 비밀, 그 밖에 국가의 중대한 이익에 관한 사항을 기록한 개인정보파일
2. 범죄의 수사, 공소의 제기 및 유지, 형 및 감호의 집행, 교정처분, 보호처분, 보안관찰처분과 출입국관리에 관한 사항을 기록한 개인정보파일
3. 「조세범처벌법」에 따른 범칙행위 조사 및 「관세법」에 따른 범칙행위 조사에 관한 사항을 기록한 개인정보파일
4. 공공기관의 내부적 업무처리만을 위하여 사용되는 개인정보파일
5. 다른 법령에 따라 비밀로 분류된 개인정보파일

③ 행정안전부장관은 필요하면 제1항에 따른 개인정보파일의 등록사항과 그 내용을 검토하여 해당 공공기관의 장에게 개선을 권고할 수 있다.

④ 행정안전부장관은 제1항에 따른 개인정보파일의 등록 현황을 누구든지 쉽게 열람할 수 있도록 공개하여야 한다.

⑤ 제1항에 따른 등록과 제4항에 따른 공개의 방법, 범위 및 절차에 관하여 필요한 사항은 대통령령으로 정한다.

⑥ 국회, 법원, 헌법재판소, 중앙선거관리위원회(그 소속 기관을 포함한다)의 개인정보파일 등록 및 공개에 관하여는 국회규칙, 대법원규칙, 헌법재판소규칙 및 중앙선거관리위원회규칙으로 정한다.

제33조 (개인정보 영향평가)

① 공공기관의 장은 대통령령으로 정하는 기준에 해당하는 개인정보파일의 운용으로 인하여 정보주체의 개인정보 침해가 우려되는 경우에는 그 위험요인의 분석과 개선 사항 도출을 위한 평가(이하 "영향평가"라 한다)를 하고 그 결과를 행정안전부장관에게 제출하여야 한다. 이 경우 공공기관의 장은 영향평가를 행정안전부장관이 지정하는 기관(이하 "평가기관"이라 한다) 중에서 의뢰하여야 한다.

② 영향평가를 하는 경우에는 다음 각 호의 사항을 고려하여야 한다.

1. 처리하는 개인정보의 수

2. 개인정보의 제3자 제공 여부
3. 정보주체의 권리를 해할 가능성 및 그 위험 정도
4. 그 밖에 대통령령으로 정한 사항

③ 행정안전부장관은 제1항에 따라 제출받은 영향평가 결과에 대하여 보호위원회의 심의·의결을 거쳐 의견을 제시할 수 있다.

④ 공공기관의 장은 제1항에 따라 영향평가를 한 개인정보파일을 제32조제1항에 따라 등록할 때에는 영향평가 결과를 함께 첨부하여야 한다.

⑤ 행정안전부장관은 영향평가의 활성화를 위하여 관계 전문가의 육성, 영향평가 기준의 개발·보급 등 필요한 조치를 마련하여야 한다.

⑥ 제1항에 따른 평가기관의 지정기준 및 지정취소, 평가기준, 영향평가의 방법·절차 등에 관하여 필요한 사항은 대통령령으로 정한다.

⑦ 국회, 법원, 헌법재판소, 중앙선거관리위원회(그 소속 기관을 포함한다)의 영향평가에 관한 사항은 국회규칙, 대법원규칙, 헌법재판소규칙 및 중앙선거관리위원회규칙으로 정하는 바에 따른다.

⑧ 공공기관 외의 개인정보처리자는 개인정보파일 운용으로 인하여 정보주체의 개인정보 침해가 우려되는 경우에는 영향평가를 하기 위하여 적극 노력하여야 한다.

제34조 (개인정보 유출 통지 등)

① 개인정보처리자는 개인정보가 유출되었음을 알게 되었을 때에는 지체 없이 해당 정보주체에게 다음 각 호의 사실을 알려야 한다.

1. 유출된 개인정보의 항목
2. 유출된 시점과 그 경위
3. 유출로 인하여 발생할 수 있는 피해를 최소화하기 위하여 정보주체가 할 수 있는 방법 등에 관한 정보
4. 개인정보처리자의 대응조치 및 피해 구제절차
5. 정보주체에게 피해가 발생한 경우 신고 등을 접수할 수 있는 담당부서 및 연락처

② 개인정보처리자는 개인정보가 유출된 경우 그 피해를 최소화하기 위한 대책을 마련하고 필요한 조치를 하여야 한다.

③ 개인정보처리자는 대통령령으로 정한 규모 이상의 개인정보가 유출된 경우에는 제1항에 따른 통지 및 제2항에 따른 조치 결과를 지체 없이 행정안전부장관 또는 대통령령으로 정하는 전문기관에 신고하여야 한다. 이 경우 행정안전부장관 또는 대통령령으로 정하는 전문기관은 피해 확산방지, 피해 복구 등을 위한 기술을 지원할 수 있다.

④ 제1항에 따른 통지의 시기, 방법 및 절차 등에 관하여 필요한 사항은 대통령령으로 정한다.

제5장 정보주체의 권리 보장

제35조 (개인정보의 열람)

① 정보주체는 개인정보처리자가 처리하는 자신의 개인정보에 대한 열람을 해당 개인정보처리자에게 요구할 수 있다.

② 제1항에도 불구하고 정보주체가 자신의 개인정보에 대한 열람을 공공기관에 요구하고자 할 때에는 공공기관에 직접 열람을 요구하거나 대통령령으로 정하는 바에 따라 행정안전부장관을 통하여 열람을 요구할 수 있다.

③ 개인정보처리자는 제1항 및 제2항에 따른 열람을 요구받았을 때에는 대통령령으로 정하는 기간 내에 정보주체가 해당 개인정보를 열람할 수 있도록 하여야 한다. 이 경우 해당 기간 내에 열람할 수 없는 정당한 사유가 있을 때에는 정보주체에게 그 사유를 알리고 열람을 연기할 수 있으며, 그 사유가 소멸하면 지체 없이 열람하게 하여야 한다.

④ 개인정보처리자는 다음 각 호의 어느 하나에 해당하는 경우에는 정보주체에게 그 사유를 알리고 열람을 제한하거나 거절할 수 있다.

1. 법률에 따라 열람이 금지되거나 제한되는 경우
2. 다른 사람의 생명·신체를 해할 우려가 있거나 다른 사람의 재산과 그 밖의 이익을 부당하게 침해할 우려가 있는 경우
3. 공공기관이 다음 각 목의 어느 하나에 해당하는 업무를 수행할 때 중대

한 지장을 초래하는 경우

가. 조세의 부과·징수 또는 환급에 관한 업무

나. 「초·중등교육법」 및 「고등교육법」에 따른 각급 학교, 「평생교육법」에 따른 평생교육시설, 그 밖의 다른 법률에 따라 설치된 고등교육기관에서의 성적 평가 또는 입학자 선발에 관한 업무

다. 학력·기능 및 채용에 관한 시험, 자격 심사에 관한 업무

라. 보상금·급부금 산정 등에 대하여 진행 중인 평가 또는 판단에 관한 업무

마. 다른 법률에 따라 진행 중인 감사 및 조사에 관한 업무

⑤ 제1항부터 제4항까지의 규정에 따른 열람 요구, 열람 제한, 통지 등의 방법 및 절차에 관하여 필요한 사항은 대통령령으로 정한다.

제36조 (개인정보의 정정 · 삭제)

① 제35조에 따라 자신의 개인정보를 열람한 정보주체는 개인정보처리자에게 그 개인정보의 정정 또는 삭제를 요구할 수 있다. 다만, 다른 법령에서 그 개인정보가 수집 대상으로 명시되어 있는 경우에는 그 삭제를 요구할 수 없다.

② 개인정보처리자는 제1항에 따른 정보주체의 요구를 받았을 때에는 개인정보의 정정 또는 삭제에 관하여 다른 법령에 특별한 절차가 규정되어 있는 경우를 제외하고는 지체 없이 그 개인정보를 조사하여 정보주체의 요구에 따라 정정·삭제 등 필요한 조치를 한 후 그 결과를 정보주체에게 알려야 한다.

③ 개인정보처리자가 제2항에 따라 개인정보를 삭제할 때에는 복구 또는 재생되지 아니하도록 조치하여야 한다.

④ 개인정보처리자는 정보주체의 요구가 제1항 단서에 해당될 때에는 지체 없이 그 내용을 정보주체에게 알려야 한다.

⑤ 개인정보처리자는 제2항에 따른 조사를 할 때 필요하면 해당 정보주체에게 정정·삭제 요구사항의 확인에 필요한 증거자료를 제출하게 할 수 있다.

⑥ 제1항·제2항 및 제4항에 따른 정정 또는 삭제 요구, 통지 방법 및 절차 등에 필요한 사항은 대통령령으로 정한다.

제37조 (개인정보의 처리정지 등)

① 정보주체는 개인정보처리자에 대하여 자신의 개인정보 처리의 정지를 요구할 수 있다. 이 경우 공공기관에 대하여는 제32조에 따라 등록 대상이 되는 개인정보파일 중 자신의 개인정보에 대한 처리의 정지를 요구할 수 있다.

② 개인정보처리자는 제1항에 따른 요구를 받았을 때에는 지체 없이 정보주체의 요구에 따라 개인정보 처리의 전부를 정지하거나 일부를 정지하여야 한다. 다만, 다음 각 호의 어느 하나에 해당하는 경우에는 정보주체의 처리정지 요구를 거절할 수 있다.

1. 법률에 특별한 규정이 있거나 법령상 의무를 준수하기 위하여 불가피한 경우
2. 다른 사람의 생명·신체를 해할 우려가 있거나 다른 사람의 재산과 그 밖의 이익을 부당하게 침해할 우려가 있는 경우
3. 공공기관이 개인정보를 처리하지 아니하면 다른 법률에서 정하는 소관 업무를 수행할 수 없는 경우
4. 개인정보를 처리하지 아니하면 정보주체와 약정한 서비스를 제공하지 못하는 등 계약의 이행이 곤란한 경우로서 정보주체가 그 계약의 해지 의사를 명확하게 밝히지 아니한 경우

③ 개인정보처리자는 제2항 단서에 따라 처리정지 요구를 거절하였을 때에는 정보주체에게 지체 없이 그 사유를 알려야 한다.

④ 개인정보처리자는 정보주체의 요구에 따라 처리가 정지된 개인정보에 대하여 지체 없이 해당 개인정보의 파기 등 필요한 조치를 하여야 한다.

⑤ 제1항부터 제3항까지의 규정에 따른 처리정지의 요구, 처리정지의 거절, 통지 등의 방법 및 절차에 필요한 사항은 대통령령으로 정한다.

제38조 (권리행사의 방법 및 절차)

① 정보주체는 제35조에 따른 열람, 제36조에 따른 정정·삭제, 제37조에 따른 처리정지 등의 요구(이하 "열람등요구"라 한다)를 문서 등 대통령령으로 정하는 방법·절차에 따라 대리인에게 하게 할 수 있다.

② 만 14세 미만 아동의 법정대리인은 개인정보처리자에게 그 아동의 개인정보

열람등요구를 할 수 있다.

③ 개인정보처리자는 열람등요구를 하는 자에게 대통령령으로 정하는 바에 따라 수수료와 우송료(사본의 우송을 청구하는 경우에 한한다)를 청구할 수 있다.

④ 개인정보처리자는 정보주체가 열람등요구를 할 수 있는 구체적인 방법과 절차를 마련하고, 이를 정보주체가 알 수 있도록 공개하여야 한다.

⑤ 개인정보처리자는 정보주체가 열람등요구에 대한 거절 등 조치에 대하여 불복이 있는 경우 이의를 제기할 수 있도록 필요한 절차를 마련하고 안내하여야 한다.

제39조 (손해배상책임)

① 정보주체는 개인정보처리자가 이 법을 위반한 행위로 손해를 입으면 개인정보처리자에게 손해배상을 청구할 수 있다. 이 경우 그 개인정보처리자는 고의 또는 과실이 없음을 입증하지 아니하면 책임을 면할 수 없다.

② 개인정보처리자가 이 법에 따른 의무를 준수하고 상당한 주의와 감독을 게을리하지 아니한 경우에는 개인정보의 분실·도난·유출·변조 또는 훼손으로 인한 손해배상책임을 감경받을 수 있다.

제6장 개인정보 분쟁조정위원회

제40조 (설치 및 구성)

① 개인정보에 관한 분쟁의 조정(調停)을 위하여 개인정보 분쟁조정위원회(이하 "분쟁조정위원회"라 한다)를 둔다.

② 분쟁조정위원회는 위원장 1명을 포함한 20명 이내의 위원으로 구성하며, 그 중 1명은 상임위원으로 한다.

③ 위원은 다음 각 호의 어느 하나에 해당하는 사람 중에서 행정안전부장관이 임명하거나 위촉한다.

1. 개인정보 보호업무를 관장하는 중앙행정기관의 고위공무원단에 속하는 공무원 또는 이에 상당하는 공공부문 및 관련 단체의 직에 재직하고 있거나 재직하였던 사람으로서 개인정보 보호업무의 경험이 있는 사람
2. 대학이나 공인된 연구기관에서 부교수 이상 또는 이에 상당하는 직에 재직하고 있거나 재직하였던 사람
3. 판사·검사 또는 변호사로 재직하고 있거나 재직하였던 사람
4. 개인정보 보호와 관련된 시민사회단체 또는 소비자단체로부터 추천을 받은 사람
5. 개인정보처리자로 구성된 사업자단체의 임원으로 재직하고 있거나 재직하였던 사람

④ 위원장은 위원 중에서 공무원이 아닌 사람으로 행정안전부장관이 임명한다.

⑤ 위원장과 위원의 임기는 2년으로 하되, 1차에 한하여 연임할 수 있다. 다만, 제3항제1호에 따라 임명된 공무원인 위원은 그 직에 재직하는 동안 재임한다.

⑥ 분쟁조정위원회는 분쟁조정 업무를 효율적으로 수행하기 위하여 필요하면 대통령령으로 정하는 바에 따라 조정사건의 분야별로 5명 이내의 위원으로 구성되는 조정부를 둘 수 있다. 이 경우 조정부가 분쟁조정위원회에서 위임받아 의결한 사항은 분쟁조정위원회에서 의결한 것으로 본다.

⑦ 분쟁조정위원회 또는 조정부는 재적위원 과반수의 출석으로 개의하며 출석위원 과반수의 찬성으로 의결한다.

⑧ 행정안전부장관은 분쟁조정위원회 사무국 운영 등 업무를 지원하기 위하여 대통령령으로 정하는 바에 따라 전문기관을 지정할 수 있다.

⑨ 이 법에서 정한 사항 외에 분쟁조정위원회 운영에 필요한 사항은 대통령령으로 정한다.

제41조 (위원의 신분보장)

위원은 자격정지 이상의 형을 선고받거나 심신상의 장애로 직무를 수행할 수 없는 경우를 제외하고는 그의 의사에 반하여 면직되거나 해촉되지 아니한다.

제42조 (위원의 제척·기피·회피)

① 분쟁조정위원회의 위원은 다음 각 호의 어느 하나에 해당하는 경우에는 제43조제1항에 따라 분쟁조정위원회에 신청된 분쟁조정사건(이하 이 조에서 "사건"이라 한다)의 심의·의결에서 제척(除斥)된다.

1. 위원 또는 그 배우자나 배우자였던 자가 그 사건의 당사자가 되거나 그 사건에 관하여 공동의 권리자 또는 의무자의 관계에 있는 경우
2. 위원이 그 사건의 당사자와 친족이거나 친족이었던 경우
3. 위원이 그 사건에 관하여 증언, 감정, 법률자문을 한 경우
4. 위원이 그 사건에 관하여 당사자의 대리인으로서 관여하거나 관여하였던 경우

② 당사자는 위원에게 공정한 심의·의결을 기대하기 어려운 사정이 있으면 위원장에게 기피신청을 할 수 있다. 이 경우 위원장은 기피신청에 대하여 분쟁조정위원회의 의결을 거치지 아니하고 결정한다.

③ 위원이 제1항 또는 제2항의 사유에 해당하는 경우에는 스스로 그 사건의 심의·의결에서 회피할 수 있다.

제43조 (조정의 신청 등)

① 개인정보와 관련한 분쟁의 조정을 원하는 자는 분쟁조정위원회에 분쟁조정을 신청할 수 있다.

② 분쟁조정위원회는 당사자 일방으로부터 분쟁조정 신청을 받았을 때에는 그 신청내용을 상대방에게 알려야 한다.

③ 공공기관이 제2항에 따른 분쟁조정의 통지를 받은 경우에는 특별한 사유가 없으면 분쟁조정에 응하여야 한다.

제44조 (처리기간)

① 분쟁조정위원회는 제43조제1항에 따른 분쟁조정 신청을 받은 날부터 60일 이내에 이를 심사하여 조정안을 작성하여야 한다. 다만, 부득이한 사정이 있는 경우에는 분쟁조정위원회의 의결로 처리기간을 연장할 수 있다.

② 분쟁조정위원회는 제1항 단서에 따라 처리기간을 연장한 경우에는 기간연장

의 사유와 그 밖의 기간연장에 관한 사항을 신청인에게 알려야 한다.

제45조 (자료의 요청 등)

① 분쟁조정위원회는 제43조제1항에 따라 분쟁조정 신청을 받았을 때에는 해당 분쟁의 조정을 위하여 필요한 자료를 분쟁당사자에게 요청할 수 있다. 이 경우 분쟁당사자는 정당한 사유가 없으면 요청에 따라야 한다.
② 분쟁조정위원회는 필요하다고 인정하면 분쟁당사자나 참고인을 위원회에 출석하도록 하여 그 의견을 들을 수 있다.

제46조 (조정 전 합의 권고)

분쟁조정위원회는 제43조제1항에 따라 분쟁조정 신청을 받았을 때에는 당사자에게 그 내용을 제시하고 조정 전 합의를 권고할 수 있다.

제47조 (분쟁의 조정)

① 분쟁조정위원회는 다음 각 호의 어느 하나의 사항을 포함하여 조정안을 작성할 수 있다.
 1. 조사 대상 침해행위의 중지
 2. 원상회복, 손해배상, 그 밖에 필요한 구제조치
 3. 같거나 비슷한 침해의 재발을 방지하기 위하여 필요한 조치
② 분쟁조정위원회는 제1항에 따라 조정안을 작성하면 지체 없이 각 당사자에게 제시하여야 한다.
③ 제1항에 따라 조정안을 제시받은 당사자가 제시받은 날부터 15일 이내에 수락 여부를 알리지 아니하면 조정을 거부한 것으로 본다.
④ 당사자가 조정내용을 수락한 경우 분쟁조정위원회는 조정서를 작성하고, 분쟁조정위원회의 위원장과 각 당사자가 기명날인하여야 한다.
⑤ 제4항에 따른 조정의 내용은 재판상 화해와 동일한 효력을 갖는다.

제48조 (조정의 거부 및 중지)

① 분쟁조정위원회는 분쟁의 성질상 분쟁조정위원회에서 조정하는 것이 적합하

지 아니하다고 인정하거나 부정한 목적으로 조정이 신청되었다고 인정하는 경우에는 그 조정을 거부할 수 있다. 이 경우 조정거부의 사유 등을 신청인에게 알려야 한다.

② 분쟁조정위원회는 신청된 조정사건에 대한 처리절차를 진행하던 중에 한 쪽 당사자가 소를 제기하면 그 조정의 처리를 중지하고 이를 당사자에게 알려야 한다.

제49조 (집단분쟁조정)

① 국가 및 지방자치단체, 개인정보 보호단체 및 기관, 정보주체, 개인정보처리자는 정보주체의 피해 또는 권리침해가 다수의 정보주체에게 같거나 비슷한 유형으로 발생하는 경우로서 대통령령으로 정하는 사건에 대하여는 분쟁조정위원회에 일괄적인 분쟁조정(이하 "집단분쟁조정"이라 한다)을 의뢰 또는 신청할 수 있다.

② 제1항에 따라 집단분쟁조정을 의뢰받거나 신청받은 분쟁조정위원회는 그 의결로써 제3항부터 제7항까지의 규정에 따른 집단분쟁조정의 절차를 개시할 수 있다. 이 경우 분쟁조정위원회는 대통령령으로 정하는 기간 동안 그 절차의 개시를 공고하여야 한다.

③ 분쟁조정위원회는 집단분쟁조정의 당사자가 아닌 정보주체 또는 개인정보처리자로부터 그 분쟁조정의 당사자에 추가로 포함될 수 있도록 하는 신청을 받을 수 있다.

④ 분쟁조정위원회는 그 의결로써 제1항 및 제3항에 따른 집단분쟁조정의 당사자 중에서 공동의 이익을 대표하기에 가장 적합한 1인 또는 수인을 대표당사자로 선임할 수 있다.

⑤ 분쟁조정위원회는 개인정보처리자가 분쟁조정위원회의 집단분쟁조정의 내용을 수락한 경우에는 집단분쟁조정의 당사자가 아닌 자로서 피해를 입은 정보주체에 대한 보상계획서를 작성하여 분쟁조정위원회에 제출하도록 권고할 수 있다.

⑥ 제48조제2항에도 불구하고 분쟁조정위원회는 집단분쟁조정의 당사자인 다수의 정보주체 중 일부의 정보주체가 법원에 소를 제기한 경우에는 그 절차를 중지하지 아니하고, 소를 제기한 일부의 정보주체를 그 절차에서 제외한다.

⑦ 집단분쟁조정의 기간은 제2항에 따른 공고가 종료된 날의 다음 날부터 60일 이내로 한다. 다만, 부득이한 사정이 있는 경우에는 분쟁조정위원회의 의결로 처리기간을 연장할 수 있다.

⑧ 집단분쟁조정의 절차 등에 관하여 필요한 사항은 대통령령으로 정한다.

제50조 (조정절차 등)

① 제43조 부터 제49조까지의 규정에서 정한 것 외에 분쟁의 조정방법, 조정절차 및 조정업무의 처리 등에 필요한 사항은 대통령령으로 정한다.

② 분쟁조정위원회의 운영 및 분쟁조정 절차에 관하여 이 법에서 규정하지 아니한 사항에 대하여는 「민사조정법」을 준용한다.

제7장 개인정보 단체소송

제51조 (단체소송의 대상 등)

다음 각 호의 어느 하나에 해당하는 단체는 개인정보처리자가 제49조에 따른 집단분쟁조정을 거부하거나 집단분쟁조정의 결과를 수락하지 아니한 경우에는 법원에 권리침해 행위의 금지·중지를 구하는 소송(이하 "단체소송"이라 한다)을 제기할 수 있다.

1. 「소비자기본법」 제29조에 따라 공정거래위원회에 등록한 소비자단체로서 다음 각 목의 요건을 모두 갖춘 단체
   가. 정관에 따라 상시적으로 정보주체의 권익증진을 주된 목적으로 하는 단체일 것
   나. 단체의 정회원수가 1천명 이상일 것
   다. 「소비자기본법」 제29조에 따른 등록 후 3년이 경과하였을 것
2. 「비영리민간단체 지원법」 제2조에 따른 비영리민간단체로서 다음 각 목의 요건을 모두 갖춘 단체

가. 법률상 또는 사실상 동일한 침해를 입은 100명 이상의 정보주체로부터 단체소송의 제기를 요청받을 것
나. 정관에 개인정보 보호를 단체의 목적으로 명시한 후 최근 3년 이상 이를 위한 활동실적이 있을 것
다. 단체의 상시 구성원수가 5천명 이상일 것
라. 중앙행정기관에 등록되어 있을 것

제52조 (전속관할)

① 단체소송의 소는 피고의 주된 사무소 또는 영업소가 있는 곳, 주된 사무소나 영업소가 없는 경우에는 주된 업무담당자의 주소가 있는 곳의 지방법원 본원 합의부의 관할에 전속한다.
② 제1항을 외국사업자에 적용하는 경우 대한민국에 있는 이들의 주된 사무소·영업소 또는 업무담당자의 주소에 따라 정한다.

제53조 (소송대리인의 선임)

단체소송의 원고는 변호사를 소송대리인으로 선임하여야 한다.

제54조 (소송허가신청)

① 단체소송을 제기하는 단체는 소장과 함께 다음 각 호의 사항을 기재한 소송허가신청서를 법원에 제출하여야 한다.
1. 원고 및 그 소송대리인
2. 피고
3. 정보주체의 침해된 권리의 내용
② 제1항에 따른 소송허가신청서에는 다음 각 호의 자료를 첨부하여야 한다.
1. 소제기단체가 제51조 각 호의 어느 하나에 해당하는 요건을 갖추고 있음을 소명하는 자료
2. 개인정보처리자가 조정을 거부하였거나 조정결과를 수락하지 아니하였음을 증명하는 서류

제55조 (소송허가요건 등)

① 법원은 다음 각 호의 요건을 모두 갖춘 경우에 한하여 결정으로 단체소송을 허가한다.

1. 개인정보처리자가 분쟁조정위원회의 조정을 거부하거나 조정결과를 수락하지 아니하였을 것
2. 제54조에 따른 소송허가신청서의 기재사항에 흠결이 없을 것

② 단체소송을 허가하거나 불허가하는 결정에 대하여는 즉시항고할 수 있다.

제56조 (확정판결의 효력)

원고의 청구를 기각하는 판결이 확정된 경우 이와 동일한 사안에 관하여는 제51조에 따른 다른 단체는 단체소송을 제기할 수 없다. 다만, 다음 각 호의 어느 하나에 해당하는 경우에는 그러하지 아니하다.

1. 판결이 확정된 후 그 사안과 관련하여 국가·지방자치단체 또는 국가·지방자치단체가 설립한 기관에 의하여 새로운 증거가 나타난 경우
2. 기각판결이 원고의 고의로 인한 것임이 밝혀진 경우

제57조 (「민사소송법」의 적용 등)

① 단체소송에 관하여 이 법에 특별한 규정이 없는 경우에는 「민사소송법」을 적용한다.

② 제55조에 따른 단체소송의 허가결정이 있는 경우에는 「민사집행법」 제4편에 따른 보전처분을 할 수 있다.

③ 단체소송의 절차에 관하여 필요한 사항은 대법원규칙으로 정한다.

제8장 보 칙

제58조 (적용의 일부 제외)

다음 각 호의 어느 하나에 해당하는 개인정보에 관하여는 제3장부터 제7장까지를 적용하지 아니한다.

1. 공공기관이 처리하는 개인정보 중 「통계법」에 따라 수집되는 개인정보
2. 국가안전보장과 관련된 정보 분석을 목적으로 수집 또는 제공 요청되는 개인정보
3. 공중위생 등 공공의 안전과 안녕을 위하여 긴급히 필요한 경우로서 일시적으로 처리되는 개인정보
4. 언론, 종교단체, 정당이 각각 취재·보도, 선교, 선거 입후보자 추천 등 고유 목적을 달성하기 위하여 수집·이용하는 개인정보

② 제25조제1항 각 호에 따라 공개된 장소에 영상정보처리기기를 설치·운영하여 처리되는 개인정보에 대하여는 제15조, 제22조, 제27조제1항·제2항, 제34조 및 제37조를 적용하지 아니한다.

③ 개인정보처리자가 동창회, 동호회 등 친목 도모를 위한 단체를 운영하기 위하여 개인정보를 처리하는 경우에는 제15조, 제30조 및 제31조를 적용하지 아니한다.

④ 개인정보처리자는 제1항 각 호에 따라 개인정보를 처리하는 경우에도 그 목적을 위하여 필요한 범위에서 최소한의 기간에 최소한의 개인정보만을 처리하여야 하며, 개인정보의 안전한 관리를 위하여 필요한 기술적·관리적 및 물리적 보호조치, 개인정보의 처리에 관한 고충처리, 그 밖에 개인정보의 적절한 처리를 위하여 필요한 조치를 마련하여야 한다.

제59조 (금지행위)

개인정보를 처리하거나 처리하였던 자는 다음 각 호의 어느 하나에 해당하는 행위를 하여서는 아니 된다.

1. 거짓이나 그 밖의 부정한 수단이나 방법으로 개인정보를 취득하거나 처리에 관한 동의를 받는 행위
2. 업무상 알게 된 개인정보를 누설하거나 권한 없이 다른 사람이 이용하도록 제공하는 행위
3. 정당한 권한 없이 또는 허용된 권한을 초과하여 다른 사람의 개인정보를 훼손, 멸실, 변경, 위조 또는 유출하는 행위

제60조 (비밀유지 등)

다음 각 호의 업무에 종사하거나 종사하였던 자는 직무상 알게 된 비밀을 다른 사람에게 누설하거나 직무상 목적 외의 용도로 이용하여서는 아니 된다. 다만, 다른 법률에 특별한 규정이 있는 경우에는 그러하지 아니하다.

1. 제8조에 따른 보호위원회의 업무
2. 제33조에 따른 영향평가 업무
3. 제40조에 따른 분쟁조정위원회의 분쟁조정 업무

제61조 (의견제시 및 개선권고)

① 행정안전부장관은 개인정보 보호에 영향을 미치는 내용이 포함된 법령이나 조례에 대하여 필요하다고 인정하면 보호위원회의 심의·의결을 거쳐 관계 기관에 의견을 제시할 수 있다.

② 행정안전부장관은 개인정보 보호를 위하여 필요하다고 인정하면 개인정보처리자에게 개인정보 처리 실태의 개선을 권고할 수 있다. 이 경우 권고를 받은 개인정보처리자는 이를 이행하기 위하여 성실하게 노력하여야 하며, 그 조치 결과를 행정안전부장관에게 알려야 한다.

③ 관계 중앙행정기관의 장은 개인정보 보호를 위하여 필요하다고 인정하면 소관 법률에 따라 개인정보처리자에게 개인정보 처리 실태의 개선을 권고할 수 있다. 이 경우 권고를 받은 개인정보처리자는 이를 이행하기 위하여 성실하게 노력하여야 하며, 그 조치 결과를 관계 중앙행정기관의 장에게 알려야 한다.

④ 중앙행정기관, 지방자치단체, 국회, 법원, 헌법재판소, 중앙선거관리위원회는 그 소속 기관 및 소관 공공기관에 대하여 개인정보 보호에 관한 의견을 제시하거나 지도·점검을 할 수 있다.

제62조 (침해 사실의 신고 등)

① 개인정보처리자가 개인정보를 처리할 때 개인정보에 관한 권리 또는 이익을 침해받은 사람은 행정안전부장관에게 그 침해 사실을 신고할 수 있다.

② 행정안전부장관은 제1항에 따른 신고의 접수·처리 등에 관한 업무를 효율적

으로 수행하기 위하여 대통령령으로 정하는 바에 따라 전문기관을 지정할 수 있다. 이 경우 전문기관은 개인정보침해 신고센터(이하 “신고센터”라 한다)를 설치·운영하여야 한다.

③ 신고센터는 다음 각 호의 업무를 수행한다.
1. 개인정보 처리와 관련한 신고의 접수·상담
2. 사실의 조사·확인 및 관계자의 의견 청취
3. 제1호 및 제2호에 따른 업무에 딸린 업무

④ 행정안전부장관은 제3항제2호의 사실 조사·확인 등의 업무를 효율적으로 하기 위하여 필요하면 「국가공무원법」 제32조의4에 따라 소속 공무원을 제2항에 따른 전문기관에 파견할 수 있다.

제63조 (자료제출 요구 및 검사)

① 행정안전부장관은 다음 각 호의 어느 하나에 해당하는 경우에는 개인정보처리자에게 관계 물품·서류 등 자료를 제출하게 할 수 있다.
1. 이 법을 위반하는 사항을 발견하거나 혐의가 있음을 알게 된 경우
2. 이 법 위반에 대한 신고를 받거나 민원이 접수된 경우
3. 그 밖에 정보주체의 개인정보 보호를 위하여 필요한 경우로서 대통령령으로 정하는 경우

② 행정안전부장관은 개인정보처리자가 제1항에 따른 자료를 제출하지 아니하거나 이 법을 위반한 사실이 있다고 인정되면 소속 공무원으로 하여금 개인정보처리자의 사무소나 사업장에 출입하여 업무 상황, 장부 또는 서류 등을 검사하게 할 수 있다. 이 경우 검사를 하는 공무원은 그 권한을 나타내는 증표를 지니고 이를 관계인에게 내보여야 한다.

③ 관계 중앙행정기관의 장은 소관 법률에 따라 개인정보처리자에게 제1항에 따른 자료제출을 요구하거나 제2항에 따른 검사를 할 수 있다.

④ 행정안전부장관과 관계 중앙행정기관의 장은 개인정보처리자로부터 제출받거나 수집한 서류·자료 등을 이 법에 따른 경우를 제외하고는 제3자에게 제공하거나 일반에게 공개하여서는 아니 된다.

⑤ 행정안전부장관과 관계 중앙행정기관의 장은 정보통신망을 통하여 자료의 제출 등을 받은 경우나 수집한 자료 등을 전자화한 경우에는 개인정보·영업

비밀 등이 유출되지 아니하도록 제도적·기술적 보완조치를 하여야 한다.

제64조 (시정조치 등)

① 행정안전부장관은 개인정보가 침해되었다고 판단할 상당한 근거가 있고 이를 방치할 경우 회복하기 어려운 피해가 발생할 우려가 있다고 인정되면 이 법을 위반한 자(중앙행정기관, 지방자치단체, 국회, 법원, 헌법재판소, 중앙선거관리위원회는 제외한다)에 대하여 다음 각 호에 해당하는 조치를 명할 수 있다.

1. 개인정보 침해행위의 중지
2. 개인정보 처리의 일시적인 정지
3. 그 밖에 개인정보의 보호 및 침해 방지를 위하여 필요한 조치

② 관계 중앙행정기관의 장은 개인정보가 침해되었다고 판단할 상당한 근거가 있고 이를 방치할 경우 회복하기 어려운 피해가 발생할 우려가 있다고 인정되면 소관 법률에 따라 개인정보처리자에 대하여 제1항 각 호에 해당하는 조치를 명할 수 있다.

③ 지방자치단체, 국회, 법원, 헌법재판소, 중앙선거관리위원회는 그 소속 기관 및 소관 공공기관이 이 법을 위반하였을 때에는 제1항 각 호에 해당하는 조치를 명할 수 있다.

④ 보호위원회는 중앙행정기관, 지방자치단체, 국회, 법원, 헌법재판소, 중앙선거관리위원회가 이 법을 위반하였을 때에는 해당 기관의 장에게 제1항 각 호에 해당하는 조치를 하도록 권고할 수 있다. 이 경우 권고를 받은 기관은 특별한 사유가 없으면 이를 존중하여야 한다.

제65조 (고발 및 징계권고)

① 행정안전부장관은 개인정보처리자에게 이 법 등 개인정보 보호와 관련된 법규의 위반에 따른 범죄혐의가 있다고 인정될 만한 상당한 이유가 있을 때에는 관할 수사기관에 그 내용을 고발할 수 있다.

② 행정안전부장관은 이 법 등 개인정보 보호와 관련된 법규의 위반행위가 있다고 인정될 만한 상당한 이유가 있을 때에는 책임이 있는 자를 징계할 것을

그 소속 기관·단체 등의 장에게 권고할 수 있다. 이 경우 권고를 받은 사람은 이를 존중하여야 하며 그 결과를 행정안전부장관에게 통보하여야 한다.

③ 관계 중앙행정기관의 장은 소관 법률에 따라 개인정보처리자에 대하여 제1항에 따른 고발을 하거나 소속 기관·단체 등의 장에게 제2항에 따른 징계권고를 할 수 있다. 이 경우 제2항에 따른 권고를 받은 사람은 이를 존중하여야 하며 그 결과를 관계 중앙행정기관의 장에게 통보하여야 한다.

제66조 (결과의 공표)

① 행정안전부장관은 제61조에 따른 개선권고, 제64조에 따른 시정조치 명령, 제65조에 따른 고발 또는 징계권고 및 제75조에 따른 과태료 부과의 내용 및 결과에 대하여 보호위원회의 심의·의결을 거쳐 공표할 수 있다.

② 관계 중앙행정기관의 장은 소관 법률에 따라 제1항에 따른 공표를 할 수 있다.

③ 제1항 및 제2항에 따른 공표의 방법, 기준 및 절차 등은 대통령령으로 정한다.

제67조 (연차보고)

① 보호위원회는 관계 기관 등으로부터 필요한 자료를 제출받아 매년 개인정보 보호시책의 수립 및 시행에 관한 보고서를 작성하여 정기국회 개회 전까지 국회에 제출(정보통신망에 의한 제출을 포함한다)하여야 한다.

② 제1항에 따른 보고서에는 다음 각 호의 내용이 포함되어야 한다.

1. 정보주체의 권리침해 및 그 구제현황
2. 개인정보 처리에 관한 실태조사 등의 결과
3. 개인정보 보호시책의 추진현황 및 실적
4. 개인정보 관련 해외의 입법 및 정책 동향
5. 그 밖에 개인정보 보호시책에 관하여 공개 또는 보고하여야 할 사항

제68조 (권한의 위임・위탁)

① 이 법에 따른 행정안전부장관 또는 관계 중앙행정기관의 장의 권한은 그 일부를 대통령령으로 정하는 바에 따라 특별시장, 광역시장, 도지사, 특별자치

도지사 또는 대통령령으로 정하는 전문기관에 위임하거나 위탁할 수 있다.

② 제1항에 따라 행정안전부장관 또는 관계 중앙행정기관의 장의 권한을 위임 또는 위탁받은 기관은 위임 또는 위탁받은 업무의 처리 결과를 행정안전부장관 또는 관계 중앙행정기관의 장에게 통보하여야 한다.

③ 행정안전부장관은 제1항에 따른 전문기관에 권한의 일부를 위임하거나 위탁하는 경우 해당 전문기관의 업무 수행을 위하여 필요한 경비를 출연할 수 있다

제69조 (벌칙 적용 시의 공무원 의제)

행정안전부장관 또는 관계 중앙행정기관의 장의 권한을 위탁한 업무에 종사하는 관계 기관의 임직원은 「형법」 제129조 부터 제132조까지의 규정을 적용할 때에는 공무원으로 본다.

제9장 벌 칙

제70조 (벌칙)

공공기관의 개인정보 처리업무를 방해할 목적으로 공공기관에서 처리하고 있는 개인정보를 변경하거나 말소하여 공공기관의 업무 수행의 중단·마비 등 심각한 지장을 초래한 자는 10년 이하의 징역 또는 1억원 이하의 벌금에 처한다.

제71조 (벌칙)

다음 각 호의 어느 하나에 해당하는 자는 5년 이하의 징역 또는 5천만원 이하의 벌금에 처한다.

1. 제17조제1항제2호에 해당하지 아니함에도 같은 항 제1호를 위반하여 정보주체의 동의를 받지 아니하고 개인정보를 제3자에게 제공한 자 및 그 사정을 알고 개인정보를 제공받은 자
2. 제18조제1항·제2항, 제19조, 제26조제5항 또는 제27조제3항을 위반하여 개인정보를 이용하거나 제3자에게 제공한 자 및 그 사정을 알면서도 영리

또는 부정한 목적으로 개인정보를 제공받은 자
3. 제23조를 위반하여 민감정보를 처리한 자
4. 제24조제1항을 위반하여 고유식별정보를 처리한 자
5. 제59조제2호를 위반하여 업무상 알게 된 개인정보를 누설하거나 권한 없이 다른 사람이 이용하도록 제공한 자 및 그 사정을 알면서도 영리 또는 부정한 목적으로 개인정보를 제공받은 자
6. 제59조제3호를 위반하여 다른 사람의 개인정보를 훼손, 멸실, 변경, 위조 또는 유출한 자

제72조 (벌칙)

다음 각 호의 어느 하나에 해당하는 자는 3년 이하의 징역 또는 3천만원 이하의 벌금에 처한다.
1. 제25조제5항을 위반하여 영상정보처리기기의 설치 목적과 다른 목적으로 영상정보처리기기를 임의로 조작하거나 다른 곳을 비추는 자 또는 녹음기능을 사용한 자
2. 제59조제1호를 위반하여 거짓이나 그 밖의 부정한 수단이나 방법으로 개인정보를 취득하거나 개인정보 처리에 관한 동의를 받는 행위를 한 자 및 그 사정을 알면서도 영리 또는 부정한 목적으로 개인정보를 제공받은 자
3. 제60조를 위반하여 직무상 알게 된 비밀을 누설하거나 직무상 목적 외에 이용한 자

제73조 (벌칙)

다음 각 호의 어느 하나에 해당하는 자는 2년 이하의 징역 또는 1천만원 이하의 벌금에 처한다.
1. 제24조제3항, 제25조제6항 또는 제29조를 위반하여 안전성 확보에 필요한 조치를 하지 아니하여 개인정보를 분실·도난·유출·변조 또는 훼손당한 자
2. 제36조제2항을 위반하여 정정·삭제 등 필요한 조치를 하지 아니하고 개인정보를 계속 이용하거나 이를 제3자에게 제공한 자
3. 제37조제2항을 위반하여 개인정보의 처리를 정지하지 아니하고 계속 이용

하거나 제3자에게 제공한 자

제74조 (양벌규정)

① 법인의 대표자나 법인 또는 개인의 대리인, 사용인, 그 밖의 종업원이 그 법인 또는 개인의 업무에 관하여 제70조에 해당하는 위반행위를 하면 그 행위자를 벌하는 외에 그 법인 또는 개인을 7천만원 이하의 벌금에 처한다. 다만, 법인 또는 개인이 그 위반행위를 방지하기 위하여 해당 업무에 관하여 상당한 주의와 감독을 게을리하지 아니한 경우에는 그러하지 아니하다.

② 법인의 대표자나 법인 또는 개인의 대리인, 사용인, 그 밖의 종업원이 그 법인 또는 개인의 업무에 관하여 제71조 부터 제73조까지의 어느 하나에 해당하는 위반행위를 하면 그 행위자를 벌하는 외에 그 법인 또는 개인에게도 해당 조문의 벌금형을 과(科)한다. 다만, 법인 또는 개인이 그 위반행위를 방지하기 위하여 해당 업무에 관하여 상당한 주의와 감독을 게을리하지 아니한 경우에는 그러하지 아니하다.

제75조 (과태료)

① 다음 각 호의 어느 하나에 해당하는 자에게는 5천만원 이하의 과태료를 부과한다.

1. 제15조제1항을 위반하여 개인정보를 수집한 자
2. 제22조제5항을 위반하여 법정대리인의 동의를 받지 아니한 자
3. 제25조제2항을 위반하여 영상정보처리기기를 설치·운영한 자

② 다음 각 호의 어느 하나에 해당하는 자에게는 3천만원 이하의 과태료를 부과한다.

1. 제15조제2항, 제17조제2항, 제18조제3항 또는 제26조제3항을 위반하여 정보주체에게 알려야 할 사항을 알리지 아니한 자
2. 제16조제2항 또는 제22조제4항을 위반하여 재화 또는 서비스의 제공을 거부한 자
3. 제20조제1항을 위반하여 정보주체에게 같은 항 각 호의 사실을 알리지 아니한 자

4. 제21조제1항을 위반하여 개인정보를 파기하지 아니한 자
5. 제24조제2항을 위반하여 정보주체가 주민등록번호를 사용하지 아니할 수 있는 방법을 제공하지 아니한 자 〔[시행일 2012.3.30]〕
6. 제24조제3항, 제25조제6항 또는 제29조를 위반하여 안전성 확보에 필요한 조치를 하지 아니한 자
7. 제25조제1항을 위반하여 영상정보처리기기를 설치·운영한 자
8. 제34조제1항을 위반하여 정보주체에게 같은 항 각 호의 사실을 알리지 아니한 자
9. 제34조제3항을 위반하여 조치 결과를 신고하지 아니한 자
10. 제35조제3항을 위반하여 열람을 제한하거나 거절한 자
11. 제36조제2항을 위반하여 정정·삭제 등 필요한 조치를 하지 아니한 자
12. 제37조제4항을 위반하여 처리가 정지된 개인정보에 대하여 파기 등 필요한 조치를 하지 아니한 자
13. 제64조제1항에 따른 시정명령에 따르지 아니한 자

③ 다음 각 호의 어느 하나에 해당하는 자에게는 1천만원 이하의 과태료를 부과한다.

1. 제21조제3항을 위반하여 개인정보를 분리하여 저장·관리하지 아니한 자
2. 제22조제1항부터 제3항까지의 규정을 위반하여 동의를 받은 자
3. 제25조제4항을 위반하여 안내판 설치 등 필요한 조치를 하지 아니한 자
4. 제26조제1항을 위반하여 업무 위탁 시 같은 항 각 호의 내용이 포함된 문서에 의하지 아니한 자
5. 제26조제2항을 위반하여 위탁하는 업무의 내용과 수탁자를 공개하지 아니한 자
6. 제27조제1항 또는 제2항을 위반하여 정보주체에게 개인정보의 이전 사실을 알리지 아니한 자
7. 제30조제1항 또는 제2항을 위반하여 개인정보 처리방침을 정하지 아니하거나 이를 공개하지 아니한 자
8. 제31조제1항을 위반하여 개인정보 보호책임자를 지정하지 아니한 자
9. 제35조제3항·제4항, 제36조제2항·제4항 또는 제37조제3항을 위반하여 정보주체에게 알려야 할 사항을 알리지 아니한 자

10. 제63조제1항에 따른 관계 물품·서류 등 자료를 제출하지 아니하거나 거짓으로 제출한 자
11. 제63조제2항에 따른 출입·검사를 거부·방해 또는 기피한 자

④ 제1항부터 제3항까지의 규정에 따른 과태료는 대통령령으로 정하는 바에 따라 행정안전부장관과 관계 중앙행정기관의 장이 부과·징수한다. 이 경우 관계 중앙행정기관의 장은 소관 분야의 개인정보처리자에게 과태료를 부과·징수한다.

부 칙[2011.3.29 제10465호]

제1조(시행일) 이 법은 공포 후 6개월이 경과한 날부터 시행한다. 다만, 제24조제2항 및 제75조제2항제5호는 공포 후 1년이 경과한 날부터 시행한다.

제2조(다른 법률의 폐지) 공공기관의 개인정보보호에 관한 법률은 폐지한다.

제3조(개인정보분쟁조정위원회에 관한 경과조치) 이 법 시행 당시 종전의 「정보통신망 이용촉진 및 정보보호 등에 관한 법률」에 따른 개인정보분쟁조정위원회의 행위나 개인정보분쟁조정위원회에 대한 행위는 그에 해당하는 이 법에 따른 개인정보 분쟁조정위원회의 행위나 개인정보 분쟁조정위원회에 대한 행위로 본다.

제4조(처리 중인 개인정보에 관한 경과조치) 이 법 시행 전에 다른 법령에 따라 적법하게 처리된 개인정보는 이 법에 따라 처리된 것으로 본다.

제5조(벌칙의 적용에 관한 경과조치)

① 이 법 시행 전에 종전의 「공공기관의 개인정보보호에 관한 법률」을 위반한 행위에 대하여 벌칙을 적용할 때에는 종전의 「공공기관의 개인정보보호에 관한 법률」에 따른다.

② 이 법 시행 전에 종전의 「정보통신망 이용촉진 및 정보보호 등에 관한 법률」을 위반한 행위에 대하여 벌칙을 적용할 때에는 종전의 「정보통신망 이용촉진 및 정보보호 등에 관한 법률」에 따른다.

제6조(다른 법률의 개정)

① 6·25 전사자유해의 발굴 등에 관한 법률 일부를 다음과 같이 개정한다.

제14조제1항제2호 중 "「공공기관의 개인정보보호에 관한 법률」 제2조제2호"를 "「개인정보 보호법」 제2조제1호"로 한다.

② 공직자윤리법 일부를 다음과 같이 개정한다.

제6조제6항 및 제9항 중 "「공공기관의 개인정보보호에 관한 법률」 제10조"를 각각 "「개인정보 보호법」 제18조"로 한다.

③ 국가공무원법 일부를 다음과 같이 개정한다.

제19조의3제3항 중 "「공공기관의 개인정보보호에 관한 법률」 제2조제1호"를 "「개인정보 보호법」 제2조제6호"로 하고, 같은 조 제4항 중 "「공공기관의 개인정보보호에 관한 법률」"을 "「개인정보 보호법」"으로 한다.

④ 발명진흥법 일부를 다음과 같이 개정한다.

제20조의2제1항 중 "「공공기관의 개인정보보호에 관한 법률」"을 "「개인정보 보호법」"으로 한다.

⑤ 신용정보의 이용 및 보호에 관한 법률 일부를 다음과 같이 개정한다.

제23조제2항제2호를 다음과 같이 한다.

2. 「개인정보 보호법」

⑥ 아동복지법 일부를 다음과 같이 개정한다.

제9조의2제3항 중 "「공공기관의 개인정보보호에 관한 법률」"을 "「개인정보 보호법」"으로 한다.

⑦ 법률 제10333호 암관리법 전부개정법률 일부를 다음과 같이 개정한다.

제14조제1항 후단 중 "「공공기관의 개인정보보호에 관한 법률」 제3조제2항"을 "「개인정보 보호법」 제58조제1항"으로 한다.

제49조 중 "「공공기관의 개인정보보호에 관한 법률」 제10조제3항"을 "「개인정보 보호법」 제18조제2항"으로 한다.

⑧ 장애인차별금지 및 권리구제 등에 관한 법률 일부를 다음과 같이 개정한다.

제3조제8호다목 중 "「공공기관의 개인정보보호에 관한 법률」 제2조제2호"를 "「개인정보 보호법」 제2조제1호"로 한다.

제22조제2항 중 "「공공기관의 개인정보보호에 관한 법률」"을 "「개인정보 보호법」"으로 한다.

⑨ 전자서명법 일부를 다음과 같이 개정한다.

제24조제2항을 삭제한다.

⑩ 전자정부법 일부를 다음과 같이 개정한다.

제21조제2항 중 "「공공기관의 개인정보보호에 관한 법률」 제2조제2호"를 "「개인정보 보호법」 제2조제1호"로 한다.

제39조제4항 중 "「공공기관의 개인정보보호에 관한 법률」 제5조"를 "「개인정보 보호법」 제32조"로, "같은 법 제20조제1항에 따른 공공기관개인정보보호심의위원회의 심의를 거쳐"를 "「개인정보 보호법」 제7조에 따른 개인정보 보호위원회의 심의·의결을 거쳐"로 한다.

제42조제1항 중 "「공공기관의 개인정보보호에 관한 법률」 제2조제8호"를 "「개인정보 보호법」 제2조제3호"로, "「공공기관의 개인정보보호에 관한 법률」 제10조제3항제1호 및 같은 조 제5항은"을 "「개인정보 보호법」 제18조제2항제1호 및 제19조제1호는"으로 한다.

⑪ 정보통신망 이용촉진 및 정보보호 등에 관한 법률 일부를 다음과 같이 개정한다.

제4장제4절(제33조, 제33조의2, 제34조부터 제40조까지), 제66조제1호 및 제67조를 각각 삭제한다.

제4조제1항·제3항, 제64조의2제3항 후단, 제65조제1항 및 제69조 중 "행정안전부장관, 지식경제부장관 또는 방송통신위원회"를 각각 "지식경제부장관 또는 방송통신위원회"로 한다.

제64조제1항 각 호 외의 부분·제3항·제4항 전단·제5항 전단·제6항·제9항·제10항, 제64조의2제1항·제2항·제3항 각 호 외의 부분 전단, 제65조제3항, 제76조제1항제12호 및 제4항부터 제6항까지 중 "행정안전부장관 또는 방송통신위원회"를 각각 "방송통신위원회"로 한다.

⑫ 채권의 공정한 추심에 관한 법률 일부를 다음과 같이 개정한다.

제2조제5호 중 "「공공기관의 개인정보보호에 관한 법률」 제2조제2호"를 "「개인정보 보호법」 제2조제1호"로 한다.

⑬ 출입국관리법 일부를 다음과 같이 개정한다.

제12조의2제6항 및 제38조제3항 중 "「공공기관의 개인정보보호에 관한 법률」"을 각각 "「개인정보 보호법」"으로 한다.

⑭ 한국장학재단 설립 등에 관한 법률 일부를 다음과 같이 개정한다.

제50조제3항 중 "「공공기관의 개인정보보호에 관한 법률」"을 "「개인정보 보호법」"으로 한다.

제7조(다른 법령과의 관계) 이 법 시행 당시 다른 법령에서 종전의 「공공기관의 개인정보보호에 관한 법률」 또는 그 규정을 인용하고 있는 경우 이 법 중 그에 해당하는 규정이 있을 때에는 종전의 규정을 갈음하여 이 법 또는 이 법의 해당 규정을 인용한 것으로 본다.

개인정보 보호법 시행령

● 대통령령 제23169호 신규제정 2011. 09. 29.

제1장 총 칙

제1조 (목적)

이 영은 「개인정보 보호법」에서 위임된 사항과 그 시행에 필요한 사항을 규정함을 목적으로 한다.

제2조 (공공기관의 범위)

「개인정보 보호법」(이하 "법"이라 한다) 제2조제6호나목에서 "대통령령으로 정하는 기관"이란 다음 각 호의 기관을 말한다.

1. 「국가인권위원회법」 제3조에 따른 국가인권위원회
2. 「공공기관의 운영에 관한 법률」 제4조에 따른 공공기관
3. 「지방공기업법」에 따른 지방공사와 지방공단
4. 특별법에 따라 설립된 특수법인
5. 「초·중등교육법」, 「고등교육법」, 그 밖의 다른 법률에 따라 설치된 각급 학교

제3조 (영상정보처리기기의 범위)

법 제2조제7호에서 "대통령령으로 정하는 장치"란 다음 각 호의 장치를 말한다.

1. 폐쇄회로 텔레비전: 다음 각 목의 어느 하나에 해당하는 장치
   가. 일정한 공간에 지속적으로 설치된 카메라를 통하여 영상 등을 촬영하거나 촬영한 영상정보를 유무선 폐쇄회로 등의 전송로를 통하여 특정 장소에 전송하는 장치
   나. 가목에 따라 촬영되거나 전송된 영상정보를 녹화·기록할 수 있도록 하는 장치

2. 네트워크 카메라: 일정한 공간에 지속적으로 설치된 기기로 촬영한 영상정보를 그 기기를 설치·관리하는 자가 유무선 인터넷을 통하여 어느 곳에서나 수집·저장 등의 처리를 할 수 있도록 하는 장치

제2장 개인정보 보호위원회

제4조 (위원의 제척·기피·회피)

① 법 제7조제2항에 따른 개인정보 보호위원회(이하 "보호위원회"라 한다)의 위원은 다음 각 호의 어느 하나에 해당하는 사항에 대한 심의·의결에 관여하지 못한다.

1. 위원 또는 위원의 배우자, 4촌 이내의 혈족, 2촌 이내의 인척인 사람이나 그 사람이 속한 기관·단체와 이해관계가 있는 사항
2. 위원이 증언, 진술 또는 감정(鑑定)을 하거나 대리인으로 관여한 사항
3. 위원이나 위원이 속한 공공기관·법인 또는 단체 등이 조언 등 지원을 하고 있는 자와 이해관계가 있는 사항

② 보호위원회가 심의·의결하는 사항과 직접적인 이해관계가 있는 자는 제1항에 따른 제척 사유가 있거나 심의·의결의 공정을 기대하기 어려운 사유가 있는 위원에 대해서는 그 사유를 밝혀 보호위원회에 그 위원의 기피를 신청할 수 있다. 이 경우 위원장이 기피 여부를 결정한다.

③ 위원은 제1항 또는 제2항에 해당하는 경우에는 스스로 심의·의결을 회피할 수 있다.

제5조 (전문위원회)

① 보호위원회는 법 제8조제1항에 따른 심의·의결 사항에 대하여 사전에 전문적으로 검토하기 위하여 보호위원회에 분야별 전문위원회(이하 "전문위원회"라 한다)를 둘 수 있다.

② 제1항에 따라 전문위원회를 두는 경우 각 전문위원회는 위원장 1명을 포함

한 5명 이내의 위원으로 구성하되, 전문위원회 위원은 다음 각 호의 사람 중에서 보호위원회의 동의를 받아 보호위원회 위원장이 임명하거나 위촉하고, 전문위원회 위원장은 보호위원회 위원장이 전문위원회 위원 중에서 지명한다.

1. 보호위원회 위원
2. 개인정보 보호 관련 업무를 담당하는 중앙행정기관의 관계 공무원
3. 개인정보 보호에 관한 전문지식과 경험이 풍부한 사람
4. 개인정보 보호와 관련된 단체 또는 사업자단체에 속하거나 그 단체의 추천을 받은 사람

③ 전문위원회의 회의는 재적위원 과반수의 출석으로 개의(開議)하고, 출석위원 과반수의 찬성으로 의결한다.

제6조 (의사의 공개)

보호위원회의 의사(議事)는 공개한다. 다만, 보호위원회 위원장이 필요하다고 인정하는 경우에는 공개하지 아니할 수 있다.

제7조 (공무원 등의 파견)

보호위원회는 그 업무 수행을 위하여 필요하다고 인정하는 경우에는 공공기관에 그 소속 공무원 또는 임직원의 파견을 요청할 수 있다.

제8조 (조직 및 정원 등)

이 영에서 규정한 사항 외에 보호위원회의 조직 및 정원 등에 관하여 필요한 사항은 따로 대통령령으로 정한다.

제9조 (출석수당 등)

보호위원회 또는 전문위원회의 회의에 출석한 위원, 법 제8조제2항에 따라 보호위원회에 출석한 사람 및 전문위원회에 출석한 사람에게는 예산의 범위에서 수당·여비, 그 밖에 필요한 경비를 지급할 수 있다. 다만, 공무원이 그 소관 업무와 직접 관련되어 출석하는 경우에는 그러하지 아니하다.

제10조 (보호위원회 등의 운영 세칙)

법과 이 영에서 규정한 사항 외에 보호위원회 및 전문위원회의 구성 및 운영 등에 필요한 사항은 보호위원회의 의결을 거쳐 보호위원회의 규칙으로 정한다.

제3장 기본계획 및 시행계획의 수립절차

제11조 (기본계획의 수립절차 등)

① 행정안전부장관은 3년마다 법 제9조에 따른 개인정보 보호 기본계획(이하 "기본계획"이라 한다)을 작성하여 그 3년이 시작되는 해의 전전년도 12월 31일까지 보호위원회의 심의·의결을 거쳐야 한다.

② 행정안전부장관은 제1항에 따라 기본계획을 작성하는 경우에는 미리 관계 중앙행정기관의 장으로부터 부문별 계획을 제출받아 기본계획에 반영할 수 있다. 이 경우 행정안전부장관은 부문별 계획의 작성방법 등에 관한 지침을 마련하여 관계 중앙행정기관의 장에게 통보할 수 있다.

③ 행정안전부장관은 기본계획이 확정되면 지체 없이 관계 중앙행정기관의 장에게 통보하여야 한다.

제12조 (시행계획의 수립절차 등)

① 행정안전부장관은 매년 12월 31일까지 다음다음 해 시행계획의 작성방법 등에 관한 지침을 마련하여 관계 중앙행정기관의 장에게 통보하여야 한다.

② 관계 중앙행정기관의 장은 제1항의 지침에 따라 기본계획 중 다음 해에 시행할 소관 분야의 시행계획을 작성하여 매년 2월 말일까지 보호위원회에 제출하여야 한다.

③ 보호위원회는 제2항에 따라 제출된 시행계획을 그 해 4월 30일까지 심의·의결하여야 한다.

제13조 (자료제출 요구 등의 범위와 방법)

① 행정안전부장관은 법 제11조제1항에 따라 개인정보처리자에게 다음 각 호의 사항에 관한 자료의 제출이나 의견의 진술 등을 요구할 수 있다.

1. 해당 개인정보처리자가 처리하는 개인정보 및 개인정보파일의 관리와 영상정보처리기기의 설치·운영에 관한 사항
2. 법 제31조에 따른 개인정보 보호책임자의 지정 여부에 관한 사항
3. 개인정보의 안전성 확보를 위한 기술적·관리적·물리적 조치에 관한 사항
4. 정보주체의 열람, 개인정보의 정정·삭제·처리정지의 요구 및 조치 현황에 관한 사항
5. 그 밖에 법 및 이 영의 준수에 관한 사항 등 기본계획의 수립·추진을 위하여 필요한 사항

② 행정안전부장관은 제1항에 따라 자료의 제출이나 의견의 진술 등을 요구할 때에는 기본계획을 효율적으로 수립·추진하기 위하여 필요한 최소한의 범위로 한정하여 요구하여야 한다.

③ 법 제11조제2항에 따라 중앙행정기관의 장이 소관 분야의 개인정보처리자에게 자료의 제출 등을 요구하는 경우에는 제1항과 제2항을 준용한다. 이 경우 "행정안전부장관"은 "중앙행정기관의 장"으로, "법 제11조제1항"은 "법 제11조제2항"으로 본다.

제14조 (자율규제의 촉진 및 지원)

행정안전부장관은 법 제13조제2호에 따라 개인정보처리자의 자율적인 개인정보 보호활동을 촉진하기 위하여 예산의 범위에서 개인정보 보호와 관련된 기관 또는 단체에 필요한 지원을 할 수 있다.

제4장 개인정보의 처리

제15조 (개인정보의 목적 외 이용 또는 제3자 제공의 관리)

공공기관은 법 제18조제2항 각 호에 따라 개인정보를 목적 외의 용도로 이용하거나 이를 제3자에게 제공하는 경우에는 다음 각 호의 사항을 행정안전부령으로 정하는 개인정보의 목적 외 이용 및 제3자 제공 대장에 기록하고 관리하여야 한다.

1. 이용하거나 제공하는 개인정보 또는 개인정보파일의 명칭
2. 이용기관 또는 제공받는 기관의 명칭
3. 이용 목적 또는 제공받는 목적
4. 이용 또는 제공의 법적 근거
5. 이용하거나 제공하는 개인정보의 항목
6. 이용 또는 제공의 날짜, 주기 또는 기간
7. 이용하거나 제공하는 형태
8. 법 제18조제5항에 따라 제한을 하거나 필요한 조치를 마련할 것을 요청한 경우에는 그 내용

제16조 (개인정보의 파기방법)

개인정보처리자는 법 제21조에 따라 개인정보를 파기할 때에는 다음 각 호의 구분에 따른 방법으로 하여야 한다.

1. 전자적 파일 형태인 경우: 복원이 불가능한 방법으로 영구 삭제
2. 제1호 외의 기록물, 인쇄물, 서면, 그 밖의 기록매체인 경우: 파쇄 또는 소각

제17조 (동의를 받는 방법)

① 개인정보처리자는 법 제22조에 따라 개인정보의 처리에 대하여 다음 각 호의 어느 하나에 해당하는 방법으로 정보주체의 동의를 받아야 한다.

1. 동의 내용이 적힌 서면을 정보주체에게 직접 발급하거나 우편 또는 팩스

등의 방법으로 전달하고, 정보주체가 서명하거나 날인한 동의서를 받는 방법

2. 전화를 통하여 동의 내용을 정보주체에게 알리고 동의의 의사표시를 확인하는 방법
3. 전화를 통하여 동의 내용을 정보주체에게 알리고 정보주체에게 인터넷주소 등을 통하여 동의 사항을 확인하도록 한 후 다시 전화를 통하여 그 동의 사항에 대한 동의의 의사표시를 확인하는 방법
4. 인터넷 홈페이지 등에 동의 내용을 게재하고 정보주체가 동의 여부를 표시하도록 하는 방법
5. 동의 내용이 적힌 전자우편을 발송하여 정보주체로부터 동의의 의사표시가 적힌 전자우편을 받는 방법
6. 그 밖에 제1호부터 제5호까지의 규정에 따른 방법에 준하는 방법으로 동의 내용을 알리고 동의의 의사표시를 확인하는 방법

② 개인정보처리자는 법 제22조제5항에 따라 만 제14세 미만 아동의 법정대리인의 동의를 받기 위하여 해당 아동으로부터 직접 법정대리인의 성명·연락처에 관한 정보를 수집할 수 있다.

③ 중앙행정기관의 장은 제1항에 따른 동의방법 중 소관 분야의 개인정보처리자별 업무, 업종의 특성 및 정보주체의 수 등을 고려하여 적절한 동의방법에 관한 기준을 법 제12조제2항에 따른 개인정보 보호지침(이하 "개인정보 보호지침"이라 한다)으로 정하여 그 기준에 따라 동의를 받도록 개인정보처리자에게 권장할 수 있다.

제18조 (민감정보의 범위)

법 제23조 각 호 외의 부분 본문에서 "대통령령으로 정하는 정보"란 다음 각 호의 어느 하나에 해당하는 정보를 말한다. 다만, 공공기관이 법 제18조제2항제5호부터 제9호까지의 규정에 따라 다음 각 호의 어느 하나에 해당하는 정보를 처리하는 경우의 해당 정보는 제외한다.

1. 유전자검사 등의 결과로 얻어진 유전정보
2. 「형의 실효 등에 관한 법률」 제2조제5호에 따른 범죄경력자료에 해당하는 정보

제19조 (고유식별정보의 범위)

법 제24조제1항 각 호 외의 부분에서 "대통령령으로 정하는 정보"란 다음 각 호의 어느 하나에 해당하는 정보(이하 "고유식별정보"라 한다)를 말한다. 다만, 공공기관이 법 제18조제2항제5호부터 제9호까지의 규정에 따라 다음 각 호의 어느 하나에 해당하는 정보를 처리하는 경우의 해당 정보는 제외한다.

1. 「주민등록법」 제7조제3항에 따른 주민등록번호
2. 「여권법」 제7조제1항제1호에 따른 여권번호
3. 「도로교통법」 제80조에 따른 운전면허의 면허번호
4. 「출입국관리법」 제31조제4항에 따른 외국인등록번호

제20조 (주민등록번호 외의 회원가입 방법 제공의무자)

① 법 제24조제2항에 따라 주민등록번호를 사용하지 아니하고도 회원으로 가입할 수 있는 방법(이하 "대체가입수단"이라 한다)을 제공하여야 하는 개인정보처리자는 다음 각 호의 어느 하나에 해당하는 자를 말한다.

1. 공공기관
2. 공공기관 외에 인터넷 홈페이지를 운영하는 개인정보처리자로서 전년도 말 기준 직전 3개월간 그 인터넷 홈페이지를 이용한 정보주체의 수가 하루 평균 1만명 이상인 개인정보처리자

② 행정안전부장관은 제1항에 따른 대체가입수단 제공과 관련하여 다음 각 호의 사항을 인터넷 홈페이지에 게재하여야 한다.

1. 제1항에 따라 대체가입수단을 제공하여야 하는 개인정보처리자의 명칭 및 인터넷 홈페이지 주소
2. 제공할 수 있는 대체가입수단의 종류 및 내용
3. 대체가입수단의 제공 기한

〔[시행일 2012.3.30]〕

제21조 (고유식별정보의 안전성 확보 조치)

법 제24조제3항에 따른 고유식별정보의 안전성 확보 조치에 관하여는 제30조를 준용한다. 이 경우 "법 제29조"는 "법 제24조제3항"으로, "개인정보"는 "고유

식별정보"로 본다.

제22조 (영상정보처리기기 설치·운영 제한의 예외)

① 법 제25조제2항 단서에서 "대통령령으로 정하는 시설"이란 다음 각 호의 시설을 말한다.

1. 「형의 집행 및 수용자의 처우에 관한 법률」 제2조제4호에 따른 교정시설
2. 「정신보건법」 제3조제3호부터 제5호까지의 규정에 따른 정신의료기관(수용시설을 갖추고 있는 것만 해당한다), 정신질환자사회복귀시설 및 정신요양시설

② 중앙행정기관의 장은 소관 분야의 개인정보처리자가 법 제25조제2항 단서에 따라 제1항 각 호의 시설에 영상정보처리기기를 설치·운영하는 경우 정보주체의 사생활 침해를 최소화하기 위하여 필요한 세부 사항을 개인정보 보호지침으로 정하여 그 준수를 권장할 수 있다.

제23조 (영상정보처리기기 설치 시 의견 수렴)

① 법 제25조제1항 각 호에 따라 영상정보처리기기를 설치·운영하려는 공공기관의 장은 다음 각 호의 어느 하나에 해당하는 절차를 거쳐 관계 전문가 및 이해관계인의 의견을 수렴하여야 한다.

1. 「행정절차법」에 따른 행정예고의 실시 또는 의견청취
2. 해당 영상정보처리기기의 설치로 직접 영향을 받는 지역 주민 등을 대상으로 하는 설명회·설문조사 또는 여론조사

② 법 제25조제2항 단서에 따른 시설에 영상정보처리기기를 설치·운영하려는 자는 다음 각 호의 사람으로부터 의견을 수렴하여야 한다.

1. 관계 전문가
2. 해당 시설에 종사하는 사람, 해당 시설에 구금되어 있거나 보호받고 있는 사람 또는 그 사람의 보호자 등 이해관계인

제24조 (안내판의 설치 등)

① 법 제25조제1항 각 호에 따라 영상정보처리기기를 설치·운영하는 자(이하

"영상정보처리기기운영자"라 한다)는 영상정보처리기기가 설치·운영되고 있음을 정보주체가 쉽게 알아볼 수 있도록 법 제25조제4항 본문에 따라 다음 각 호의 사항이 포함된 안내판을 설치하여야 한다. 다만, 건물 안에 여러 개의 영상정보처리기기를 설치하는 경우에는 출입구 등 잘 보이는 곳에 해당 시설 또는 장소 전체가 영상정보처리기기 설치지역임을 표시하는 안내판을 설치할 수 있다.

1. 설치 목적 및 장소
2. 촬영 범위 및 시간
3. 관리책임자의 성명 및 연락처

② 제1항에도 불구하고 영상정보처리기기운영자가 설치·운영하는 영상정보처리기기가 다음 각 호의 어느 하나에 해당하는 경우에는 안내판 설치를 갈음하여 영상정보처리기기운영자의 인터넷 홈페이지에 제1항 각 호의 사항을 게재할 수 있다.

1. 공공기관이 원거리 촬영, 과속·신호위반 단속 또는 교통흐름조사 등의 목적으로 영상정보처리기기를 설치하는 경우로서 개인정보 침해의 우려가 적은 경우
2. 산불감시용 영상정보처리기기를 설치하는 경우 등 장소적 특성으로 인하여 안내판을 설치하는 것이 불가능하거나 안내판을 설치하더라도 정보주체가 쉽게 알아볼 수 없는 경우

③ 제2항에 따라 인터넷 홈페이지에 제1항 각 호의 사항을 게재할 수 없으면 영상정보처리기기운영자는 다음 각 호의 어느 하나 이상의 방법으로 제1항 각 호의 사항을 공개하여야 한다.

1. 영상정보처리기기운영자의 사업장·영업소·사무소·점포 등(이하 "사업장 등"이라 한다)의 보기 쉬운 장소에 게시하는 방법
2. 관보(영상정보처리기기운영자가 공공기관인 경우만 해당한다)나 영상정보처리기기운영자의 사업장등이 있는 특별시·광역시·도 또는 특별자치도(이하 "시·도"라 한다) 이상의 지역을 주된 보급지역으로 하는 「신문 등의 진흥에 관한 법률」 제2조제1호가목·다목 및 같은 조 제2호에 따른 일반일간신문, 일반주간신문 또는 인터넷신문에 싣는 방법

④ 법 제25조제4항 단서에 따라 공공기관의 장은 다음 각 호의 어느 하나에 해

당하는 시설에 설치하는 영상정보처리기기에 대해서는 안내판을 설치하지 아니할 수 있다.

1. 「군사기지 및 군사시설 보호법」 제2조제2호에 따른 군사시설
2. 「통합방위법」 제2조제13호에 따른 국가중요시설
3. 「보안업무규정」 제36조에 따른 보안목표시설

第25조 (영상정보처리기기 운영·관리 방침)

① 영상정보처리기기운영자는 법 제25조제7항에 따라 다음 각 호의 사항이 포함된 영상정보처리기기 운영·관리 방침을 마련하여야 한다.

1. 영상정보처리기기의 설치 근거 및 설치 목적
2. 영상정보처리기기의 설치 대수, 설치 위치 및 촬영 범위
3. 관리책임자, 담당 부서 및 영상정보에 대한 접근 권한이 있는 사람
4. 영상정보의 촬영시간, 보관기간, 보관장소 및 처리방법
5. 영상정보처리기기운영자의 영상정보 확인 방법 및 장소
6. 정보주체의 영상정보 열람 등 요구에 대한 조치
7. 영상정보 보호를 위한 기술적·관리적 및 물리적 조치
8. 그 밖에 영상정보처리기기의 설치·운영 및 관리에 필요한 사항

② 제1항에 따라 마련한 영상정보처리기기 운영·관리 방침의 공개에 관하여는 제31조제2항 및 제3항을 준용한다. 이 경우 "개인정보처리자"는 "영상정보처리기기운영자"로, "법 제30조제2항"은 "법 제25조제7항"으로, "개인정보처리방침"은 "영상정보처리기기 관리·운영 방침"으로 본다.

第26조 (공공기관의 영상정보처리기기 설치·운영 사무의 위탁)

① 법 제25조제8항 단서에 따라 공공기관이 영상정보처리기기의 설치·운영에 관한 사무를 위탁하는 경우에는 다음 각 호의 내용이 포함된 문서로 하여야 한다.

1. 위탁하는 사무의 목적 및 범위
2. 재위탁 제한에 관한 사항
3. 영상정보에 대한 접근 제한 등 안전성 확보 조치에 관한 사항

4. 영상정보의 관리 현황 점검에 관한 사항
5. 위탁받는 자가 준수하여야 할 의무를 위반한 경우의 손해배상 등 책임에 관한 사항

② 제1항에 따라 사무를 위탁한 경우에는 제24조제1항부터 제3항까지의 규정에 따른 안내판 등에 위탁받는 자의 명칭 및 연락처를 포함시켜야 한다.

제27조 (영상정보처리기기 설치·운영 지침)

행정안전부장관은 법 및 이 영에서 규정한 사항 외에 영상정보처리기기의 설치·운영에 관한 기준, 설치·운영 사무의 위탁 등에 관하여 법 제12조제1항에 따른 표준 개인정보 보호지침을 정하여 영상정보처리기기운영자에게 그 준수를 권장할 수 있다.

제28조 (개인정보의 처리 업무 위탁 시 조치)

① 법 제26조제1항제3호에서 "대통령령으로 정한 사항"이란 다음 각 호의 사항을 말한다.

1. 위탁업무의 목적 및 범위
2. 재위탁 제한에 관한 사항
3. 개인정보에 대한 접근 제한 등 안전성 확보 조치에 관한 사항
4. 위탁업무와 관련하여 보유하고 있는 개인정보의 관리 현황 점검 등 감독에 관한 사항
5. 법 제26조제2항에 따른 수탁자(이하 "수탁자"라 한다)가 준수하여야 할 의무를 위반한 경우의 손해배상 등 책임에 관한 사항

② 법 제26조제2항에서 "대통령령으로 정하는 방법"이란 개인정보 처리 업무를 위탁하는 개인정보처리자(이하 "위탁자"라 한다)가 위탁자의 인터넷 홈페이지에 위탁하는 업무의 내용과 수탁자를 지속적으로 게재하는 방법을 말한다.

③ 제2항에 따라 인터넷 홈페이지에 게재할 수 없는 경우에는 다음 각 호의 어느 하나 이상의 방법으로 위탁하는 업무의 내용과 수탁자를 공개하여야 한다.

1. 위탁자의 사업장등의 보기 쉬운 장소에 게시하는 방법
2. 관보(위탁자가 공공기관인 경우만 해당한다)나 위탁자의 사업장등이 있는 시·도 이상의 지역을 주된 보급지역으로 하는 「신문 등의 진흥에 관한 법률」 제2조제1호가목·다목 및 같은 조 제2호에 따른 일반일간신문, 일반주간신문 또는 인터넷신문에 싣는 방법
3. 같은 제목으로 연 2회 이상 발행하여 정보주체에게 배포하는 간행물·소식지·홍보지 또는 청구서 등에 지속적으로 싣는 방법
4. 재화나 용역을 제공하기 위하여 위탁자와 정보주체가 작성한 계약서 등에 실어 정보주체에게 발급하는 방법

④ 법 제26조제3항 전단에서 "대통령령으로 정하는 방법"이란 서면, 전자우편, 팩스, 전화, 문자전송 또는 이에 상당하는 방법(이하 "서면등의 방법"이라 한다)을 말한다.

⑤ 위탁자가 과실 없이 제4항에 따른 방법으로 위탁하는 업무의 내용과 수탁자를 정보주체에게 알릴 수 없는 경우에는 해당 사항을 인터넷 홈페이지에 30일 이상 게재하여야 한다. 다만, 인터넷 홈페이지를 운영하지 아니하는 위탁자의 경우에는 사업장등의 보기 쉬운 장소에 30일 이상 게시하여야 한다.

⑥ 위탁자는 수탁자가 개인정보 처리 업무를 수행하는 경우에 법 또는 이 영에 따라 개인정보처리자가 준수하여야 할 사항과 법 제26조제1항 각 호의 사항을 준수하는지를 같은 조 제4항에 따라 감독하여야 한다.

제29조 (영업양도 등에 따른 개인정보 이전의 통지)

① 법 제27조제1항 각 호 외의 부분과 같은 조 제2항 본문에서 "대통령령으로 정하는 방법"이란 서면등의 방법을 말한다.

② 법 제27조제1항에 따라 개인정보를 이전하려는 자(이하 이 항에서 "영업양도자등"이라 한다)가 과실 없이 제1항에 따른 방법으로 법 제27조제1항 각 호의 사항을 정보주체에게 알릴 수 없는 경우에는 해당 사항을 인터넷 홈페이지에 30일 이상 게재하여야 한다. 다만, 인터넷 홈페이지를 운영하지 아니하는 영업양도자등의 경우에는 사업장등의 보기 쉬운 장소에 30일 이상 게시하여야 한다.

제5장 개인정보의 안전한 관리

제30조 (개인정보의 안전성 확보 조치)

① 개인정보처리자는 법 제29조에 따라 다음 각 호의 안전성 확보 조치를 하여야 한다.

1. 개인정보의 안전한 처리를 위한 내부 관리계획의 수립·시행
2. 개인정보에 대한 접근 통제 및 접근 권한의 제한 조치
3. 개인정보를 안전하게 저장·전송할 수 있는 암호화 기술의 적용 또는 이에 상응하는 조치
4. 개인정보 침해사고 발생에 대응하기 위한 접속기록의 보관 및 위조·변조 방지를 위한 조치
5. 개인정보에 대한 보안프로그램의 설치 및 갱신
6. 개인정보의 안전한 보관을 위한 보관시설의 마련 또는 잠금장치의 설치 등 물리적 조치

② 행정안전부장관은 개인정보처리자가 제1항에 따른 안전성 확보 조치를 하도록 시스템을 구축하는 등 필요한 지원을 할 수 있다.

③ 제1항에 따른 안전성 확보 조치에 관한 세부 기준은 행정안전부장관이 정하여 고시한다.

제31조 (개인정보 처리방침의 내용 및 공개방법 등)

① 법 제30조제1항제6호에서 "대통령령으로 정한 사항"이란 다음 각 호의 사항을 말한다.

1. 처리하는 개인정보의 항목
2. 개인정보의 파기에 관한 사항
3. 제30조에 따른 개인정보의 안전성 확보 조치에 관한 사항

② 개인정보처리자는 법 제30조제2항에 따라 수립하거나 변경한 개인정보 처리방침을 개인정보처리자의 인터넷 홈페이지에 지속적으로 게재하여야 한다.

③ 제2항에 따라 인터넷 홈페이지에 게재할 수 없는 경우에는 다음 각 호의 어느 하나 이상의 방법으로 수립하거나 변경한 개인정보 처리방침을 공개하여야 한다.

1. 개인정보처리자의 사업장등의 보기 쉬운 장소에 게시하는 방법
2. 관보(개인정보처리자가 공공기관인 경우만 해당한다)나 개인정보처리자의 사업장등이 있는 시·도 이상의 지역을 주된 보급지역으로 하는 「신문 등의 진흥에 관한 법률」 제2조제1호가목·다목 및 같은 조 제2호에 따른 일반일간신문, 일반주간신문 또는 인터넷신문에 싣는 방법
3. 같은 제목으로 연 2회 이상 발행하여 정보주체에게 배포하는 간행물·소식지·홍보지 또는 청구서 등에 지속적으로 싣는 방법
4. 재화나 용역을 제공하기 위하여 개인정보처리자와 정보주체가 작성한 계약서 등에 실어 정보주체에게 발급하는 방법

제32조 (개인정보 보호책임자의 업무 및 지정요건 등)

① 법 제31조제2항제7호에서 "대통령령으로 정한 업무"란 다음 각 호와 같다.

1. 법 제30조에 따른 개인정보 처리방침의 수립·변경 및 시행
2. 개인정보 보호 관련 자료의 관리
3. 처리 목적이 달성되거나 보유기간이 지난 개인정보의 파기

② 개인정보처리자는 법 제31조제1항에 따라 개인정보 보호책임자를 지정하려는 경우에는 다음 각 호의 구분에 따라 지정한다.

1. 공공기관: 다음 각 목의 구분에 따른 기준에 해당하는 공무원 등

가. 국회, 법원, 헌법재판소, 중앙선거관리위원회의 행정사무를 처리하는 기관 및 중앙행정기관: 고위공무원단에 속하는 공무원(이하 "고위공무원"이라 한다) 또는 그에 상당하는 공무원

나. 가목 외에 정무직공무원을 장(長)으로 하는 국가기관: 3급 이상 공무원(고위공무원을 포함한다) 또는 그에 상당하는 공무원

다. 가목 및 나목 외에 고위공무원, 3급 공무원 또는 그에 상당하는 공무원 이상의 공무원을 장으로 하는 국가기관: 4급 이상 공무원 또는 그에 상당하는 공무원

라. 가목부터 다목까지의 규정에 따른 국가기관 외의 국가기관(소속 기관을

포함한다): 해당 기관의 개인정보 처리 관련 업무를 담당하는 부서의 장

마. 시·도 및 시·도 교육청: 3급 이상 공무원 또는 그에 상당하는 공무원

바. 시·군 및 자치구: 4급 공무원 또는 그에 상당하는 공무원

사. 제2조제5호에 따른 각급 학교: 해당 학교의 행정사무를 총괄하는 사람

아. 가목부터 사목까지의 규정에 따른 기관 외의 공공기관: 개인정보 처리 관련 업무를 담당하는 부서의 장. 다만, 개인정보 처리 관련 업무를 담당하는 부서의 장이 2명 이상인 경우에는 해당 공공기관의 장이 지명하는 부서의 장이 된다.

2. 공공기관 외의 개인정보처리자: 다음 각 목의 어느 하나에 해당하는 사람

가. 사업주 또는 대표자

나. 개인정보 처리 관련 업무를 담당하는 부서의 장 또는 개인정보 보호에 관한 소양이 있는 사람

③ 행정안전부장관은 개인정보 보호책임자가 법 제31조제2항의 업무를 원활히 수행할 수 있도록 개인정보 보호책임자에 대한 교육과정을 개설·운영하는 등 지원을 할 수 있다.

제33조 (개인정보파일의 등록사항)

법 제32조제1항제7호에서 "대통령령으로 정하는 사항"이란 다음 각 호의 사항을 말한다.

1. 개인정보파일을 운용하는 공공기관의 명칭
2. 개인정보파일로 보유하고 있는 개인정보의 정보주체 수
3. 해당 공공기관에서 개인정보 처리 관련 업무를 담당하는 부서
4. 제41조에 따른 개인정보의 열람 요구를 접수·처리하는 부서
5. 개인정보파일의 개인정보 중 법 제35조제4항에 따라 열람을 제한하거나 거절할 수 있는 개인정보의 범위 및 제한 또는 거절 사유

第34조 (개인정보파일의 등록 및 공개 등)

① 개인정보파일을 운용하는 공공기관의 장은 그 운용을 시작한 날부터 60일 이내에 행정안전부령으로 정하는 바에 따라 행정안전부장관에게 법 제32조제1항 및 이 영 제33조에 따른 등록사항(이하 "등록사항"이라 한다)의 등록을 신청하여야 한다. 등록 후 등록한 사항이 변경된 경우에도 또한 같다.

② 행정안전부장관은 법 제32조제4항에 따라 개인정보파일의 등록 현황을 인터넷 홈페이지에 게재하여야 한다.

③ 행정안전부장관은 제1항에 따른 개인정보파일의 등록사항을 등록하거나 변경하는 업무를 전자적으로 처리할 수 있도록 시스템을 구축·운영할 수 있다.

第35조 (개인정보 영향평가의 대상)

법 제33조제1항에서 "대통령령으로 정하는 기준에 해당하는 개인정보파일"이란 개인정보를 전자적으로 처리할 수 있는 개인정보파일로서 다음 각 호의 어느 하나에 해당하는 개인정보파일을 말한다.

1. 구축·운용 또는 변경하려는 개인정보파일로서 5만명 이상의 정보주체에 관한 법 제23조에 따른 민감정보(이하 "민감정보"라 한다) 또는 고유식별정보의 처리가 수반되는 개인정보파일
2. 구축·운용하고 있는 개인정보파일을 해당 공공기관 내부 또는 외부에서 구축·운용하고 있는 다른 개인정보파일과 연계하려는 경우로서 연계 결과 50만명 이상의 정보주체에 관한 개인정보가 포함되는 개인정보파일
3. 구축·운용 또는 변경하려는 개인정보파일로서 100만명 이상의 정보주체에 관한 개인정보파일
4. 법 제33조제1항에 따른 개인정보 영향평가(이하 "영향평가"라 한다)를 받은 후에 개인정보 검색체계 등 개인정보파일의 운용체계를 변경하려는 경우 그 개인정보파일. 이 경우 영향평가 대상은 변경된 부분으로 한정한다.

第36조 (영향평가 시 고려사항)

법 제33조제2항제4호에서 "대통령령으로 정한 사항"이란 다음 각 호의 사항을 말한다.

1. 민감정보 또는 고유식별정보의 처리 여부
2. 개인정보 보유기간

제37조 (평가기관의 지정 및 지정취소)

① 행정안전부장관은 법 제33조제1항 후단에 따라 다음 각 호의 요건을 모두 갖춘 법인을 개인정보 영향평가기관(이하 "평가기관"이라 한다)으로 지정할 수 있다.

1. 최근 5년간 다음 각 목의 어느 하나에 해당하는 업무 수행의 대가로 받은 금액의 합계액이 2억원 이상인 법인
   가. 영향평가 업무 또는 이와 유사한 업무
   나. 「전자정부법」 제2조제13호에 따른 정보시스템(정보보호시스템을 포함한다)의 구축 업무 중 정보보호컨설팅 업무(전자적 침해행위에 대비하기 위한 정보시스템의 분석·평가와 이에 기초한 정보 보호 대책의 제시 업무를 말한다. 이하 같다)
   다. 「전자정부법」 제2조제14호에 따른 정보시스템 감리 업무 중 정보보호컨설팅 업무
   라. 「정보통신산업 진흥법」 제33조제1항제1호 및 제2호에 따른 업무
   마. 「정보통신망 이용촉진 및 정보보호 등에 관한 법률」 제2조제8호에 따른 정보보호산업에 해당하는 업무 중 정보보호컨설팅 업무
2. 별표 1에 따른 전문인력을 10명 이상 상시 고용하고 있는 법인
3. 다음 각 목의 사무실 및 설비를 갖춘 법인
   가. 신원 확인 및 출입 통제를 위한 설비를 갖춘 사무실
   나. 기록 및 자료의 안전한 관리를 위한 설비

② 평가기관으로 지정받으려는 자는 행정안전부령으로 정하는 평가기관 지정신청서에 다음 각 호의 서류(전자문서를 포함한다. 이하 같다)를 첨부하여 행정안전부장관에게 제출하여야 한다.

1. 정관
2. 대표자 및 임원의 성명
3. 제1항제2호에 따른 전문인력의 자격을 증명할 수 있는 서류
4. 그 밖에 행정안전부령으로 정하는 서류

③ 제2항에 따라 평가기관 지정신청서를 제출받은 행정안전부장관은 「전자정부법」 제36조제1항에 따른 행정정보의 공동이용을 통하여 다음 각 호의 서류를 확인하여야 한다. 다만, 신청인이 제2호의 확인에 동의하지 아니하는 경우에는 신청인에게 그 서류를 첨부하게 하여야 한다.

1. 법인 등기사항증명서
2. 「출입국관리법」 제88조제2항에 따른 외국인등록 사실증명(외국인인 경우만 해당한다)

④ 행정안전부장관은 제1항에 따라 평가기관을 지정한 경우에는 지체 없이 평가기관 지정서를 발급하고, 다음 각 호의 사항을 관보에 고시하여야 한다. 고시된 사항이 변경된 경우에도 또한 같다.

1. 평가기관의 명칭·주소 및 전화번호와 대표자의 성명
2. 지정 시 조건을 붙이는 경우 그 조건의 내용

⑤ 행정안전부장관은 제1항에 따라 지정된 평가기관이 다음 각 호의 어느 하나에 해당하는 경우에는 평가기관의 지정을 취소할 수 있다. 다만, 제1호 또는 제2호에 해당하는 경우에는 평가기관의 지정을 취소하여야 한다.

1. 거짓이나 그 밖의 부정한 방법으로 평가기관의 지정을 받은 경우
2. 지정된 평가기관 스스로 지정취소를 원하는 경우나 폐업한 경우
3. 제1항에 따른 지정요건을 충족하지 못하게 된 경우
4. 제6항에 따른 신고의무를 이행하지 아니한 경우
5. 고의 또는 중대한 과실로 영향평가 업무를 부실하게 수행하여 그 업무를 적정하게 수행할 수 없다고 인정되는 경우
6. 그 밖에 법 또는 이 영에 따른 의무를 위반한 경우

⑥ 제1항에 따라 지정된 평가기관은 지정된 후 다음 각 호의 어느 하나에 해당하는 사유가 발생한 경우에는 행정안전부령으로 정하는 바에 따라 그 사유가 발생한 날부터 7일 이내에 행정안전부장관에게 신고하여야 한다. 다만, 제3호에 해당하는 경우에는 그 사유가 발생한 날부터 30일 이내에 신고하여야 한다.

1. 제1항 각 호의 어느 하나에 해당하는 사항이 변경된 경우
2. 제4항제1호에 해당하는 사항이 변경된 경우
3. 평가기관을 양도·양수하거나 합병하는 등의 사유가 발생한 경우

⑦ 행정안전부장관은 제5항에 따라 평가기관의 지정을 취소하려는 경우에는 청문을 하여야 한다.

제38조 (영향평가의 평가기준 등)

① 법 제33조제6항에 따른 영향평가의 평가기준은 다음 각 호와 같다.
1. 해당 공공기관에서 처리하는 개인정보의 종류·성질, 정보주체의 수 및 그에 따른 개인정보 침해의 가능성
2. 법 제24조제3항, 제25조제6항 및 제29조에 따른 안전성 확보 조치의 수준 및 이에 따른 개인정보 침해의 가능성
3. 개인정보 침해의 위험요인별 조치 여부
4. 그 밖에 법 및 이 영에 따라 필요한 조치 또는 의무 위반 요소에 관한 사항

② 법 제33조제1항에 따라 영향평가를 의뢰받은 평가기관은 제1항의 평가기준에 따라 개인정보파일의 운용으로 인한 개인정보 침해의 위험요인을 분석·평가한 후 다음 각 호의 사항이 포함된 평가 결과를 영향평가서로 작성하여 해당 공공기관의 장에게 보내야 하며, 공공기관의 장은 제35조 각 호에 해당하는 개인정보파일을 구축·운용하기 전에 그 영향평가서를 행정안전부장관에게 제출(영향평가서에 제3호에 따른 개선 필요 사항이 포함된 경우에는 그에 대한 조치 내용을 포함한다)하여야 한다.
1. 개인정보파일 운용과 관련된 사업의 개요 및 개인정보파일 운용의 목적
2. 영향평가 대상 개인정보파일의 개요
3. 평가기준에 따른 개인정보 침해의 위험요인에 대한 분석·평가 및 개선이 필요한 사항
4. 영향평가 수행 인력 및 비용

③ 행정안전부장관은 법 및 이 영에서 정한 사항 외에 평가기관의 지정 및 영향평가의 절차 등에 관한 세부 기준을 정하여 고시할 수 있다.

제39조 (개인정보 유출 신고의 범위 및 기관)

① 법 제34조제3항 전단에서 "대통령령으로 정한 규모 이상의 개인정보"란 1만

명 이상의 정보주체에 관한 개인정보를 말한다.

② 법 제34조제3항 전단 및 후단에서 "대통령령으로 정하는 전문기관"이란 다음 각 호의 어느 하나에 해당하는 기관을 말한다.

1. 「국가정보화 기본법」 제14조에 따른 한국정보화진흥원(이하 "한국정보화진흥원"이라 한다)
2. 「정보통신망 이용촉진 및 정보보호 등에 관한 법률」 제52조에 따른 한국인터넷진흥원(이하 "한국인터넷진흥원"이라 한다)

제40조 (개인정보 유출 통지의 방법 및 절차)

① 개인정보처리자는 개인정보가 유출되었음을 알게 되었을 때에는 서면등의 방법으로 지체 없이 법 제34조제1항 각 호의 사항을 정보주체에게 알려야 한다. 다만, 유출된 개인정보의 확산 및 추가 유출을 방지하기 위하여 접속경로의 차단, 취약점 점검·보완, 유출된 개인정보의 삭제 등 긴급한 조치가 필요한 경우에는 그 조치를 한 후 지체 없이 정보주체에게 알릴 수 있다.

② 제1항에도 불구하고 개인정보처리자는 같은 항 본문에 따라 개인정보가 유출되었음을 알게 되었을 때나 같은 항 단서에 따라 유출 사실을 알고 긴급한 조치를 한 후에도 법 제34조제1항제1호 및 제2호의 구체적인 유출 내용을 확인하지 못한 경우에는 먼저 개인정보가 유출된 사실과 유출이 확인된 사항만을 서면등의 방법으로 먼저 알리고 나중에 확인되는 사항을 추가로 알릴 수 있다.

③ 제1항과 제2항에도 불구하고 법 제34조제3항 및 이 영 제39조제1항에 따라 1만명 이상의 정보주체에 관한 개인정보가 유출된 경우에는 서면등의 방법과 함께 인터넷 홈페이지에 정보주체가 알아보기 쉽도록 법 제34조제1항 각 호의 사항을 7일 이상 게재하여야 한다. 다만, 인터넷 홈페이지를 운영하지 아니하는 개인정보처리자의 경우에는 서면등의 방법과 함께 사업장등의 보기 쉬운 장소에 법 제34조제1항 각 호의 사항을 7일 이상 게시하여야 한다.

제6장 정보주체의 권리 보장

제41조 (개인정보의 열람절차 등)

① 정보주체는 법 제35조제1항 및 제2항에 따라 자신의 개인정보에 대한 열람을 요구하려는 경우에는 행정안전부령으로 정하는 바에 따라 다음 각 호의 사항 중 열람하려는 사항을 표시한 개인정보 열람요구서를 개인정보처리자에게 제출하여야 한다.

1. 개인정보의 항목 및 내용
2. 개인정보의 수집·이용의 목적
3. 개인정보 보유 및 이용 기간
4. 개인정보의 제3자 제공 현황
5. 개인정보 처리에 동의한 사실 및 내용

② 정보주체가 법 제35조제2항에 따라 행정안전부장관을 통하여 자신의 개인정보에 대한 열람을 요구하려는 경우에는 제1항에 따른 개인정보 열람요구서를 행정안전부장관에게 제출하여야 한다. 이 경우 행정안전부장관은 지체 없이 그 개인정보 열람요구서를 해당 공공기관에 이송하여야 한다.

③ 법 제35조제3항 전단에서 "대통령령으로 정하는 기간"이란 10일을 말한다.

④ 개인정보처리자는 제1항에 따른 개인정보 열람요구서를 받은 날부터 10일 이내에 정보주체에게 해당 개인정보를 열람할 수 있도록 하는 경우와 제42조제1항에 따라 열람 요구 사항 중 일부를 열람하게 하는 경우에는 열람할 개인정보와 열람이 가능한 날짜·시간 및 장소 등(제42조제1항에 따라 열람 요구 사항 중 일부만을 열람하게 하는 경우에는 그 사유와 이의제기방법을 포함한다)을 행정안전부령으로 정하는 열람통지서로 해당 정보주체에게 알려야 한다.

제42조 (개인정보 열람의 제한·연기 및 거절)

① 개인정보처리자는 제41조제1항에 따른 열람 요구 사항 중 일부가 법 제35조제4항 각 호의 어느 하나에 해당하는 경우에는 그 일부에 대하여 열람을

제한할 수 있으며, 열람이 제한되는 사항을 제외한 부분은 열람할 수 있도록 하여야 한다.

② 개인정보처리자가 법 제35조제3항 후단에 따라 정보주체의 열람을 연기하거나 같은 조 제4항에 따라 열람을 거절하려는 경우에는 열람 요구를 받은 날부터 10일 이내에 연기 또는 거절의 사유 및 이의제기방법을 행정안전부령으로 정하는 열람의 연기·거절 통지서로 해당 정보주체에게 알려야 한다.

제43조 (개인정보의 정정·삭제 등)

① 정보주체는 법 제36조제1항에 따라 개인정보처리자에게 그 개인정보의 정정 또는 삭제를 요구하려는 경우에 행정안전부령으로 정하는 개인정보 정정·삭제 요구서를 해당 개인정보처리자에게 제출하여야 한다.

② 다른 개인정보처리자로부터 개인정보를 제공받아 개인정보파일을 처리하는 개인정보처리자는 법 제36조제1항에 따른 개인정보의 정정 또는 삭제 요구를 받으면 그 요구에 따라 해당 개인정보를 정정·삭제하거나 그 개인정보 정정·삭제 요구서를 해당 개인정보를 제공한 기관의 장에게 지체 없이 보내고 그 처리 결과에 따라 필요한 조치를 하여야 한다.

③ 개인정보처리자는 제1항과 제2항에 따른 개인정보 정정·삭제 요구서를 받은 날부터 10일 이내에 법 제36조제2항에 따라 해당 개인정보의 정정·삭제 등의 조치를 한 경우에는 그 조치를 한 사실을, 법 제36조제1항 단서에 해당하여 삭제 요구에 따르지 아니한 경우에는 그 사실 및 이유와 이의제기방법을 행정안전부령으로 정하는 개인정보 정정·삭제 결과 통지서로 해당 정보주체에게 알려야 한다.

제44조 (개인정보의 처리정지 등)

① 정보주체는 법 제37조제1항에 따라 개인정보처리자에게 자신의 개인정보 처리의 정지를 요구하려는 경우에 행정안전부령으로 정하는 개인정보 처리정지 요구서를 그 개인정보처리자에게 제출하여야 한다.

② 개인정보처리자는 제1항에 따른 개인정보 처리정지 요구서를 받은 날부터 10일 이내에 법 제37조제2항 본문에 따라 해당 개인정보의 처리정지 조치

를 한 경우에는 그 조치를 한 사실을, 같은 항 단서에 해당하여 처리정지 요구에 따르지 아니한 경우에는 그 사실 및 이유와 이의제기방법을 행정안전부령으로 정하는 개인정보 처리정지 요구에 대한 결과 통지서로 해당 정보주체에게 알려야 한다.

제45조 (대리인의 범위 등)

① 법 제38조에 따라 정보주체를 대리할 수 있는 자는 다음 각 호와 같다.
1. 정보주체의 법정대리인
2. 정보주체로부터 위임을 받은 자

② 제1항에 따른 대리인이 법 제38조에 따라 정보주체를 대리할 때에는 개인정보처리자에게 행정안전부령으로 정하는 정보주체의 위임장을 제출하여야 한다.

제46조 (정보주체 또는 대리인의 확인)

① 개인정보처리자는 제41조제1항에 따른 열람의 요구, 제43조제1항에 따른 정정·삭제의 요구 또는 제44조제1항에 따른 처리정지의 요구(이하 이 조, 제47조 및 제48조에서 "열람등요구"라 한다)를 받았을 때에는 열람등요구를 한 자가 본인이거나 정당한 대리인인지를 확인하여야 한다.

② 공공기관인 개인정보처리자가 「전자정부법」 제36조제1항에 따른 행정정보의 공동이용을 통하여 제1항에 따른 확인을 할 수 있는 경우에는 행정정보의 공동이용을 통하여 확인하여야 한다. 다만, 해당 공공기관이 행정정보의 공동이용을 할 수 없거나 정보주체가 확인에 동의하지 아니하는 경우에는 그러하지 아니하다.

제47조 (수수료 등의 금액 등)

① 법 제38조제3항에 따른 수수료와 우송료의 금액은 열람등요구에 필요한 실비의 범위에서 해당 개인정보처리자가 정하는 바에 따른다. 다만, 개인정보처리자가 지방자치단체인 경우에는 그 지방자치단체의 조례로 정하는 바에 따른다.

② 개인정보처리자는 열람등요구를 하게 된 사유가 그 개인정보처리자에게 있는 경우에는 수수료와 우송료를 청구해서는 아니 된다.

③ 법 제38조제3항에 따른 수수료 또는 우송료는 다음 각 호의 구분에 따른 방법으로 낸다. 다만, 국회, 법원, 헌법재판소, 중앙선거관리위원회, 중앙행정기관 및 그 소속 기관(이하 이 조에서 "국가기관"이라 한다) 또는 지방자치단체인 개인정보처리자는 「전자금융거래법」 제2조제11호에 따른 전자지급수단 또는 「정보통신망 이용촉진 및 정보보호 등에 관한 법률」 제2조제10호에 따른 통신과금서비스를 이용하여 수수료 또는 우송료를 내게 할 수 있다.

1. 국가기관인 개인정보처리자에게 내는 경우: 수입인지
2. 지방자치단체인 개인정보처리자에게 내는 경우: 수입증지
3. 국가기관 및 지방자치단체 외의 개인정보처리자에게 내는 경우: 해당 개인정보처리자가 정하는 방법

제48조 (열람 요구 지원시스템의 구축 등)

① 개인정보처리자는 열람등요구 및 그에 대한 통지를 갈음하여 해당 업무를 전자적으로 처리할 수 있도록 시스템을 구축·운영하거나 그 밖의 절차를 정하여 해당 업무를 처리할 수 있다.

② 행정안전부장관은 개인정보처리자 중 공공기관이 보유하고 있는 개인정보에 관한 열람등요구 및 그에 대한 통지에 관한 공공기관의 업무 수행을 효율적으로 지원하기 위하여 시스템을 구축·운영할 수 있다.

제7장 개인정보 분쟁조정

제49조 (조정부의 구성 및 운영)

① 법 제40조제6항에 따른 조정부(이하 "조정부"라 한다)는 법 제40조제1항에 따른 개인정보 분쟁조정위원회(이하 "분쟁조정위원회"라 한다) 위원장이 지명하는 5명 이내의 위원으로 구성하되, 그 중 1명은 변호사 자격이 있는 위원으로 한다.

② 분쟁조정위원회 위원장은 조정부의 회의를 소집한다.

③ 분쟁조정위원회의 위원장은 조정부의 회의를 소집하려면 회의 날짜·시간·장소 및 안건을 정하여 회의 개최 7일 전까지 조정부의 각 위원에게 알려야 한다. 다만, 긴급한 사정이 있는 경우에는 그러하지 아니하다.

④ 조정부의 장은 조정부 위원 중에서 호선(互選)한다.

⑤ 제1항부터 제4항까지의 규정에서 정한 사항 외에 조정부의 구성 및 운영 등에 필요한 사항은 분쟁조정위원회의 의결을 거쳐 분쟁조정위원회의 위원장이 정한다.

제50조 (사무국 등)

① 법 제40조제8항에 따른 분쟁조정위원회 사무국은 위원장의 명을 받아 분쟁조정 신청사건에 대한 사실 확인 및 그 밖의 사무를 처리한다.

② 법 제40조제8항에 따라 행정안전부장관은 분쟁조정위원회 사무국 운영 등 업무를 지원하는 전문기관으로 한국인터넷진흥원을 지정한다.

제51조 (분쟁조정위원회 등의 운영)

① 분쟁조정위원회 위원장은 분쟁조정위원회의 회의를 소집하며, 그 의장이 된다.

② 분쟁조정위원회 위원장이 분쟁조정위원회의 회의를 소집하려면 회의 날짜·시간·장소 및 안건을 정하여 회의 개최 7일 전까지 각 위원에게 알려야 한다. 다만, 긴급한 사정이 있는 경우에는 그러하지 아니하다.

③ 분쟁조정위원회 및 조정부의 회의는 공개하지 아니한다. 다만, 필요하다고 인정되는 경우에는 분쟁조정위원회의 의결로 당사자 또는 이해관계인에게 방청을 하게 할 수 있다.

제52조 (집단분쟁조정의 신청 대상)

법 제49조제1항에서 "대통령령으로 정하는 사건"이란 다음 각 호의 요건을 모두 갖춘 사건을 말한다.

1. 피해 또는 권리침해를 입은 정보주체의 수가 다음 각 목의 정보주체를 제외하고 50명 이상일 것
   가. 개인정보처리자와 분쟁해결이나 피해보상에 관한 합의가 이루어진 정보주체
   나. 같은 사안으로 다른 법령에 따라 설치된 분쟁조정기구에서 분쟁조정 절차가 진행 중인 정보주체
   다. 해당 개인정보 침해로 인한 피해에 대하여 법원에 소(訴)를 제기한 정보주체
2. 사건의 중요한 쟁점이 사실상 또는 법률상 공통될 것

제53조 (집단분쟁조정 절차의 개시)

① 법 제49조제2항 후단에서 "대통령령으로 정하는 기간"이란 14일 이상의 기간을 말한다.

② 법 제49조제2항 후단에 따른 집단분쟁조정 절차의 개시 공고는 분쟁조정위원회의 인터넷 홈페이지 및 「신문 등의 진흥에 관한 법률」에 따라 전국을 보급지역으로 하는 일반일간신문에 게재하는 방법으로 한다.

제54조 (집단분쟁조정 절차에 대한 참가 신청)

① 법 제49조에 따른 집단분쟁조정(이하 "집단분쟁조정"이라 한다)의 당사자가 아닌 정보주체 또는 개인정보처리자가 법 제49조제3항에 따라 추가로 집단분쟁조정의 당사자로 참가하려면 법 제49조제2항 후단의 공고기간에 문서

로 참가 신청을 하여야 한다.

② 분쟁조정위원회는 제1항에 따라 집단분쟁조정 당사자 참가 신청을 받으면 제1항의 신청기간이 끝난 후 10일 이내에 참가 인정 여부를 문서로 알려야 한다.

제55조 (집단분쟁조정 절차의 진행)

① 집단분쟁조정 절차가 개시된 후 제52조제1호가목부터 다목까지의 어느 하나에 해당하게 된 정보주체는 당사자에서 제외된다.

② 분쟁조정위원회는 제52조 각 호의 요건을 모두 갖춘 사건에 대하여 집단분쟁조정 절차가 개시되고 나면 그 후 집단분쟁조정 당사자 중 일부가 같은 조 제1호가목부터 다목까지의 어느 하나에 해당하게 되어 같은 조 제1호의 요건을 갖추지 못하게 되더라도 집단분쟁조정 절차를 중지하지 아니한다.

제56조 (수당과 여비)

분쟁조정위원회 및 조정부의 회의에 출석한 위원 등에게는 예산의 범위에서 수당과 여비를 지급할 수 있다. 다만, 공무원인 위원이 그 소관 업무와 직접적으로 관련되어 출석하는 경우에는 그러하지 아니하다.

제57조 (분쟁조정 세칙)

법 및 이 영에서 규정한 사항 외에 분쟁조정위원회의 운영 및 집단분쟁조정을 위하여 필요한 사항은 분쟁조정위원회의 의결을 거쳐 분쟁조정위원회의 위원장이 정한다.

제8장 보칙 및 벌칙

제58조 (개선권고 및 징계권고)

① 법 제61조제2항·제3항에 따른 개선권고 및 법 제65조제2항·제3항에 따른 징계권고는 권고 사항, 권고 사유 및 조치 결과 회신기간 등을 분명하게 밝힌 문서로 하여야 한다.

② 제1항에 따른 권고를 받은 자는 권고 내용에 따라 필요한 조치를 하고, 그 결과를 행정안전부장관 또는 관계 중앙행정기관의 장에게 문서로 통보하여야 한다. 다만, 권고 내용대로 조치하기 곤란하다고 판단되는 특별한 사정이 있는 경우에는 그 사유를 통보하여야 한다.

제59조 (침해 사실의 신고 등)

행정안전부장관은 법 제62조제2항에 따라 개인정보에 관한 권리 또는 이익 침해 사실 신고의 접수·처리 등에 관한 업무를 효율적으로 수행하기 위한 전문기관으로 한국인터넷진흥원을 지정한다.

제60조 (자료제출 요구 및 검사)

① 법 제63조제1항제3호에서 "대통령령으로 정하는 경우"란 개인정보 유출 등 정보주체의 개인정보에 관한 권리 또는 이익을 침해하는 사건·사고 등이 발생하였거나 발생할 가능성이 상당히 있는 경우를 말한다.

② 행정안전부장관은 법 제63조제1항 및 제2항에 따른 자료의 제출 요구 및 검사 등을 위하여 한국정보화진흥원 또는 한국인터넷진흥원의 장에게 기술적인 사항을 자문하는 등 필요한 지원을 요청할 수 있다.

제61조 (결과의 공표)

① 행정안전부장관 및 관계 중앙행정기관의 장은 법 제66조제1항 및 제2항에 따라 다음 각 호의 사항을 인터넷 홈페이지 또는 「신문 등의 진흥에 관한 법률」에 따라 전국을 보급지역으로 하는 일반일간신문 등에 게재하여 공표

할 수 있다.

1. 위반행위의 내용
2. 위반행위를 한 자
3. 개선권고, 시정조치 명령, 고발, 징계권고 및 과태료 부과의 내용 및 결과

② 행정안전부장관 및 관계 중앙행정기관의 장은 법 제66조제1항 및 제2항에 따라 제1항 각 호의 사항을 공표하려는 경우에는 위반행위의 내용 및 정도, 위반 기간 및 횟수, 위반행위로 인하여 발생한 피해의 범위 및 결과 등을 고려하여야 한다.

③ 행정안전부장관 및 관계 중앙행정기관의 장은 법 제66조제1항에 따른 보호위원회에 심의·의결을 요청하기 전에 공표대상자에게 공표대상자라는 사실을 알려 소명자료를 제출하거나 의견을 진술할 수 있는 기회를 주어야 한다.

제62조 (권한의 위탁)

① 행정안전부장관은 다음 각 호의 권한을 한국정보화진흥원에 위탁한다.

1. 법 제13조제1호에 따른 개인정보 보호에 관한 교육·홍보
2. 법 제33조제5항에 따른 관계 전문가의 육성 및 영향평가 기준의 개발
3. 법 제35조제2항에 따른 열람 요구의 접수 및 처리
4. 제37조제2항에 따른 평가기관 지정신청서의 접수 및 같은 조 제6항에 따른 신고 사항의 접수

② 행정안전부장관은 법 제24조제4항에 따른 대체가입수단 제공의 지원에 관한 권한을 「전자정부법」 제72조제1항에 따른 한국지역정보개발원에 위탁한다.

③ 행정안전부장관은 법 제63조에 따른 자료제출 요구 및 검사에 관한 권한(법 제62조에 따라 개인정보침해 신고센터에 접수된 신고의 접수·처리 및 상담과 관련된 사항만 해당한다)을 한국인터넷진흥원에 위탁한다.

제63조 (과태료의 부과기준)

법 제75조제1항부터 제3항까지의 규정에 따른 과태료의 부과기준은 별표 2와 같다.

부 칙[2011.9.29 제23169호]

제1조(시행일) 이 영은 2011년 9월 30일부터 시행한다. 다만, 제20조 및 별표 2 제2호자목은 2012년 3월 30일부터 시행한다.

제2조(다른 법령의 폐지) 공공기관의 개인정보보호에 관한 법률 시행령을 폐지한다.

제3조(기본계획 및 시행계획의 수립에 관한 경과조치) ① 행정안전부장관은 제11조에도 불구하고 2012년부터 제2014년까지의 기간에 대한 기본계획을 2011년 12월 31일까지 보호위원회의 심의·의결을 거쳐 수립하여야 한다.

② 중앙행정기관의 장은 제12조에도 불구하고 2012년 및 2013년에 시행할 시행계획을 제1항의 기본계획에 따라 2012년 2월 28일까지 보호위원회에 제출하여 2012년 4월 30일까지 보호위원회의 심의·의결을 거쳐 수립하여야 한다.

제4조(개인정보처리자가 수집·보유하고 있는 개인정보의 암호화에 관한 경과조치) 이 영 시행 당시 개인정보를 수집·보유하고 있는 개인정보처리자는 전자매체에 저장하는 개인정보에 대하여 2012년 12월 31일까지 제30조제1항제3호에 따른 암호화 조치(제21조에 따라 준용되는 고유식별정보에 관한 암호화 조치를 포함한다)를 마쳐야 한다.

제5조(개인정보파일의 등록에 관한 경과조치) 이 영 시행 당시 개인정보파일을 운용하고 있는 공공기관(이 영 시행 전에 개인정보파일을 등록한 기관은 제외한다)의 장은 이 영 시행일부터 60일 이내에 제34조에 따라 행정안전부장관에게 등록을 신청하여야 한다.

제6조(개인정보 영향평가에 관한 경과조치) 이 영 시행 당시 제35조 각 호에 따른 개인정보파일을 운용하고 있거나, 운용할 목적으로 제35조 각 호에 따른 개인정보파일을 구축하고 있는 공공기관의 장은 이 영 시행일부터 5년 이내에 해당 개인정보파일에 대한 영향평가를 실시하고 그 결과를 행정안전부장관에게 제출하여야 한다.

제7조(다른 법령의 개정) ① 가맹사업거래의 공정화에 관한 법률 시행령 일부를 다음과 같이 개정한다.

제5조의4제1항 중 "「공공기관의 개인정보보호에 관한 법률」 제2조제2호"를

"「개인정보 보호법」 제2조제1호"로 한다.

② 민주화운동관련자 명예회복 및 보상 등에 관한 법률 시행령 일부를 다음과 같이 개정한다.

제19조의2 중 "「공공기관의 개인정보보호에 관한 법률」"을 "「개인정보 보호법」"으로 한다.

③ 발명진흥법 시행령 일부를 다음과 같이 개정한다.

제8조의2제2항 중 "「공공기관의 개인정보보호에 관한 법률」"을 "「개인정보 보호법」"으로 한다.

④ 소비자기본법 시행령 일부를 다음과 같이 개정한다.

제25조제7호를 다음과 같이 한다.

7. 「개인정보 보호법」 제40조에 따라 설치된 개인정보 분쟁조정위원회

⑤ 전자정부법 시행령 일부를 다음과 같이 개정한다.

제49조제1항 중 "「공공기관의 개인정보보호에 관한 법률」 제2조제8호"를 "「개인정보 보호법」 제2조제3호"로 한다.

⑥ 정보통신망 이용촉진 및 정보보호 등에 관한 법률 시행령 일부를 다음과 같이 개정한다.

제3조제1항 중 "정보통신서비스 제공자 및 제71조에 따른 정보통신서비스 제공자 외의 자"를 "정보통신서비스 제공자"로 한다.

제16조부터 제22조까지를 각각 삭제한다.

제36조제6항을 삭제한다.

제66조제2항 중 "정보통신서비스 제공자등(법 제67조에 따라 준용되는 경우에 해당되는 자를 포함한다)"을 "정보통신서비스 제공자등"으로 한다.

제71조를 삭제한다.

제3조제1항ㆍ제2항, 제66조제2항, 제68조의2제1항 각 호 외의 부분, 같은 조 제2항, 제69조제1항 각 호 외의 부분 후단, 제70조제2항 각 호 외의 부분, 같은 조 제3항 각 호 외의 부분 및 별표 9 위반행위란의 제12호 각 목 외의 부분 중 "행정안전부장관 또는 방송통신위원회"를 각각 "방송통신위원회"로 한다.

제8조(다른 법령과의 관계) 이 영 시행 당시 다른 법령에서 종전의 「공공기관의 개인정보보호에 관한 법률 시행령」 또는 그 규정을 인용하고 있는 경우

이 영 가운데 그에 해당하는 규정이 있을 때에는 종전의 규정을 갈음하여 이 영 또는 이 영의 해당 규정을 인용한 것으로 본다.

별표1 전문인력의 자격기준(제37조제1항제2호 관련)
별표2 과태료의 부과기준(제63조 관련)

[별표 1]

전문인력의 자격기준(제37조제1항제2호 관련)

1. 「정보통신망 이용촉진 및 정보보호 등에 관한 법률」 제52조에 따른 한국인터넷진흥원이 시행하는 정보보호전문가(SIS) 자격을 취득한 후 1년 이상 개인정보 영향평가 관련 분야에서 업무를 수행한 경력이 있는 사람
2. 「전자정부법」 제60조에 따른 감리원(ISA) 자격을 취득한 후 1년 이상 개인정보 영향평가 관련 분야에서 업무를 수행한 경력이 있는 사람
3. 「국가기술자격법」 에 따른 정보통신 직무분야의 국가기술자격 중 정보관리기술사, 컴퓨터시스템응용기술사, 정보통신기술사, 전자계산기조직응용기사, 정보처리기사 또는 정보통신기사 기술자격을 취득한 후 1년 이상 개인정보 영향평가 관련 분야에서 업무를 수행한 경력이 있는 사람
4. 국제정보시스템감사통제협회(Information Systems Audit and Control Association)의 공인정보시스템감사사(CISA) 자격을 취득한 후 1년 이상 개인정보 영향평가 관련 분야에서 업무를 수행한 경력이 있는 사람
5. 국제정보시스템보안자격협회(International Information System Security Certification Consortium)의 공인정보시스템보호전문가(CISSP) 자격을 취득한 후 1년 이상 개인정보 영향평가 관련 분야에서 업무를 수행한 경력이 있는 사람
6. 그 밖에 개인정보 보호와 관련된 자격으로서 행정안전부장관이 정하는 자격을 취득한 후 1년 이상 개인정보 영향평가 관련 분야에서 업무를 수행한 경력이 있는 사람

비고

"개인정보 영향평가 관련 분야에서 업무를 수행한 경력이 있는 사람"이란 공공기관, 법인 및 단체 등의 임직원으로 개인정보 보호를 위한 공통기반기술(암호기술, 인증기술 등을 말한다), 시스템·네트워크 보호(시스템 보호, 해킹·바이러스 대응, 네트워크 보호 등을 말한다) 또는 응용서비스 보호(전자거래 보호, 응용서비스 보호, 정보보호 표준화 등을 말한다)에 해당하는 분야에서 계획, 분석, 설계, 개발, 운영, 유지·보수, 감리, 컨설팅 또는 연구·개발 업무 등을 수행한 경력이 있는 사람을 말한다.

[별표 2]

과태료의 부과기준(제63조 관련)

1. 일반기준

가. 위반행위의 횟수에 따른 과태료 부과기준은 최근 3년간 같은 위반행위로 과태료를 부과받은 경우에 적용한다. 이 경우 위반행위에 대하여 과태료 부과처분을 한 날과 다시 같은 위반행위를 적발한 날을 각각 기준으로 하여 위반 횟수를 계산한다.

나. 행정안전부장관 또는 관계 중앙행정기관의 장은 다음의 어느 하나에 해당하는 경우에는 제2호에 따른 과태료 부과금액의 2분의 1의 범위에서 그 금액을 감경할 수 있다. 다만, 과태료를 체납하고 있는 위반행위자의 경우에는 그러하지 아니하다.

1) 위반행위자가 「질서위반행위규제법 시행령」 제2조의2제1항 각 호의 어느 하나에 해당하는 경우

2) 위반행위가 사소한 부주의나 오류로 인한 것으로 인정되는 경우

3) 위반행위자가 위법행위로 인한 결과를 시정하였거나 해소한 경우

4) 그 밖에 위반행위의 정도, 위반행위의 동기와 그 결과 등을 고려하여 과태료를 감경할 필요가 있다고 인정되는 경우

다. 행정안전부장관 또는 관계 중앙행정기관의 장은 다음의 어느 하나에 해당하는 경우에는 제2호에 따른 과태료 부과금액의 2분의 1의 범위에서 그 금액을 가중할 수 있다. 다만, 가중할 사유가 여러 개인 경우라도 법 제75조제1항부터 제3항까지의 규정에 따른 과태료 금액의 상한을 넘을 수 없다.

1) 위반의 내용 및 정도가 중대하여 소비자 등에게 미치는 피해가 크다고 인정되는 경우

2) 법 위반상태의 기간이 3개월 이상인 경우

3) 그 밖에 위반행위의 정도, 위반행위의 동기와 그 결과 등을 고려하여 과태료를 가중할 필요가 있다고 인정되는 경우

2. 개별기준 (단위: 만원)

위반행위	근거 법조문	과태료 금액		
		1회 위반	2회 위반	3회 이상 위반
가. 법 제15조제1항을 위반하여 개인정보를 수집한 경우	법 제75조 제1항제1호	1000	2000	4000
나. 법 제15조제2항, 제17조제2항, 제18조제3항 또는 제26조제3항을 위반하여 정보주체에게 알려야 할 사항을 알리지 않은 경우	법 제75조 제2항제1호	600	1200	2400
다. 법 제16조제2항 또는 제22조제4항을 위반하여 재화 또는 서비스의 제공을 거부한 경우	법 제75조 제2항제2호	600	1200	2400
라. 법 제20조제1항을 위반하여 정보주체에게 같은 항 각 호의 사실을 알리지 않은 경우	법 제75조 제2항제3호	600	1200	2400
마. 법 제21조제1항을 위반하여 개인정보를 파기하지 않은 경우	법 제75조 제2항제4호	600	1200	2400
바. 법 제21조제3항을 위반하여 개인정보를 분리하여 저장·관리하지 않은 경우	법 제75조 제3항제1호	200	400	800
사. 법 제22조제1항부터 제3항까지의 규정을 위반하여 동의를 받은 경우	법 제75조 제3항제2호	200	400	800
아. 법 제22조제5항을 위반하여 법정대리인의 동의를 받지 않은 경우	법 제75조 제1항제2호	1000	2000	4000
자. 법 제24조제2항을 위반하여 정보주체가 주민등록번호를 사용하지 않을 수 있는 방법을 제공하지 않은 경우	법 제75조 제2항제5호	600	1200	2400
차. 법 제24조제3항, 제25조제6항 또는 제29조를 위반하여 안전성 확보에 필요한 조치를 하지 않은 경우	법 제75조 제2항제6호	600	1200	2400
카. 법 제25조제1항을 위반하여 영상정보처리기기를 설치·운영한 경우	법 제75조 제2항제7호	600	1200	2400

타. 법 제25조제2항을 위반하여 영상정보처리기기를 설치·운영한 경우	법 제75조 제1항제3호	1000	2000	4000
파. 법 제25조제4항을 위반하여 안내판 설치 등 필요한 조치를 하지 않은 경우	법 제75조 제3항제3호	200	400	800
하. 법 제26조제1항을 위반하여 업무 위탁 시 같은 항 각 호의 내용이 포함된 문서에 의하지 않은 경우	법 제75조 제3항제4호	200	400	800
거. 법 제26조제2항을 위반하여 위탁하는 업무의 내용과 수탁자를 공개하지 않은 경우	법 제75조 제3항제5호	200	400	800
너. 법 제27조제1항 또는 제2항을 위반하여 정보주체에게 개인정보의 이전 사실을 알리지 않은 경우	법 제75조 제3항제6호	200	400	800
더. 법 제30조제1항 또는 제2항을 위반하여 개인정보 처리방침을 정하지 않거나 이를 공개하지 않은 경우	법 제75조 제3항제7호	200	400	800
러. 법 제31조제1항을 위반하여 개인정보 보호책임자를 지정하지 않은 경우	법 제75조 제3항제8호	500		
머. 법 제34조제1항을 위반하여 정보주체에게 같은 항 각 호의 사실을 알리지 않은 경우	법 제75조 제2항제8호	600	1200	2400
버. 법 제34조제3항을 위반하여 조치 결과를 신고하지 않은 경우	법 제75조 제2항제9호	600	1200	2400
서. 법 제35조제3항을 위반하여 열람을 제한하거나 거절한 경우	법 제75조 제2항제10호	600	1200	2400
어. 법 제35조제3항·제4항, 제36조제2항·제4항 또는 제37조제3항을 위반하여 정보주체에게 알려야 할 사항을 알리지 않은 경우	법 제75조 제3항제9호	200	400	800
저. 법 제36조제2항을 위반하여 정정·삭제 등 필요한 조치를 하지 않은 경우	법 제75조 제2항제11호	600	1200	2400

처. 법 제37조제4항을 위반하여 처리가 정지된 개인정보에 대하여 파기 등 필요한 조치를 하지 않은 경우	법 제75조 제2항제12호	600	1200	2400
커. 법 제63조제1항에 따른 관계 물품·서류 등 자료를 제출하지 않거나 거짓으로 제출한 경우	법 제75조 제3항제10호			
1) 자료를 제출하지 않은 경우		100	200	400
2) 자료를 거짓으로 제출한 경우		200	400	800
터. 법 제63조제2항에 따른 출입·검사를 거부·방해 또는 기피한 경우	법 제75조 제3항제11호	200	400	800
퍼. 법 제64조제1항에 따른 시정명령에 따르지 않은 경우	법 제75조 제2항제13호	600	1200	2400

개인정보 보호법 시행규칙

● 행정안전부령 제241호 신규제정 2011. 09. 29.

제1조 (목적)

이 규칙은 「개인정보 보호법」 및 같은 법 시행령에서 위임된 사항과 그 시행에 필요한 사항을 규정함을 목적으로 한다.

제2조 (공공기관에 의한 개인정보의 목적 외 이용 또는 제3자 제공의 공고)

공공기관은 개인정보를 목적 외의 용도로 이용하거나 제3자에게 제공(이하 "목적외이용등"이라 한다)하는 경우에는 「개인정보 보호법」(이하 "법"이라 한다) 제18조제4항에 따라 개인정보를 목적외이용등을 한 날부터 30일 이내에 다음 각 호의 사항을 관보 또는 인터넷 홈페이지에 게재하여야 한다. 이 경우 인터넷 홈페이지에 게재할 때에는 10일 이상 계속 게재하되, 게재를 시작하는 날은 목적외이용등을 한 날부터 30일 이내여야 한다.

1. 목적외이용등을 한 날짜
2. 목적외이용등의 법적 근거
3. 목적외이용등의 목적
4. 목적외이용등을 한 개인정보의 항목

제3조 (개인정보 보호업무 관련 장부 및 문서 서식)

① 법 제18조제2항과 「개인정보 보호법 시행령」(이하 "영"이라 한다) 제15조에 따른 개인정보의 목적 외 이용 및 제3자 제공 대장은 별지 제1호서식과 같다.

② 법 제32조제1항과 영 제34조제1항에 따른 개인정보파일 등록 신청 및 변경등록 신청은 별지 제2호서식의 개인정보파일 등록·변경등록 신청서에 따른다.

③ 영 제37조제2항에 따라 개인정보 영향평가기관의 지정을 신청하려는 자는

별지 제3호서식의 개인정보 영향평가기관 지정신청서에 다음 각 호의 서류(전자문서를 포함한다)를 첨부하여 행정안전부장관에게 제출하여야 한다.

1. 영 제37조제2항제1호부터 제3호까지의 규정에 따른 서류
2. 영 제37조제2항제4호에 따른 다음 각 목의 서류
   가. 별지 제4호서식의 개인정보 영향평가 수행인력 보유 현황
   나. 별지 제5호서식의 개인정보 영향평가 수행 관련 사무실 및 설비 보유 현황
   다. 영 제37조제1항제1호의 사실을 증명할 수 있는 서류 등 행정안전부장관이 정하는 서류
3. 「출입국관리법」 제88조제2항에 따른 외국인등록 사실증명(영 제37조제3항 각 호 외의 부분 단서에 해당하는 경우에만 첨부한다)

④ 법 제33조제1항과 영 제37조제4항에 따른 개인정보 영향평가기관 지정서는 별지 제6호서식과 같다.

⑤ 법 제33조제6항과 영 제37조제6항에 따른 신고는 별지 제7호서식의 개인정보 영향평가기관 변경사항 신고서에 따른다.

⑥ 법 제35조제1항·제2항과 영 제41조제1항에 따른 개인정보 열람의 요구, 법 제36조제1항과 영 제43조제1항에 따른 개인정보 정정·삭제 요구, 법 제37조제1항과 영 제44조제1항에 따른 개인정보 처리정지 요구는 별지 제8호서식의 개인정보 열람, 정정·삭제, 처리정지 요구서에 따른다.

⑦ 법 제35조제5항과 영 제41조제4항에 따른 개인정보 열람 및 일부열람의 통지, 법 제35조제3항 후단과 영 제42조제2항에 따른 개인정보 열람연기의 통지, 법 제35조제4항과 영 제42조제2항에 따른 열람거절의 통지는 별지 제9호서식의 개인정보 열람, 일부열람, 열람연기, 열람거절 통지서에 따른다.

⑧ 법 제36조제6항과 영 제43조제3항에 따른 개인정보 정정·삭제 요구에 대한 결과의 통지, 법 제37조제5항과 영 제44조제2항에 따른 개인정보 처리정지 요구에 대한 결과의 통지는 별지 제10호서식의 개인정보 정정·삭제, 처리정지 요구에 대한 결과 통지서에 따른다.

⑨ 영 제45조제2항에 따른 정보주체의 위임장은 별지 제11호서식과 같다.

부 칙 [2011.9.29 제241호]

제1조(시행일) 이 규칙은 2011년 9월 30일부터 시행한다.

제2조(다른 법령의 폐지) 공공기관의 개인정보보호에 관한 법률 시행규칙은 폐지한다.

제3조(다른 법령과의 관계) 이 규칙 시행 당시 다른 법령에서 종전의 「공공기관의 개인정보보호에 관한 법률 시행규칙」 또는 그 규정을 인용하고 있는 경우 이 규칙 가운데 그에 해당하는 규정이 있을 때에는 종전의 규정을 갈음하여 이 규칙 또는 이 규칙의 해당 규정을 인용한 것으로 본다.

서식1 개인정보의 목적 외 이용 및 제3자 제공 대장
서식2 개인정보파일 (등록, 변경등록) 신청서
서식3 개인정보 영향평가기관 지정신청서
서식4 개인정보 영향평가 수행인력 보유현황
서식5 개인정보 영향평가 수행 관련 사무실 및 설비 보유 현황
서식6 개인정보 영향평가기관 지정서
서식7 개인정보 영향평가기관 변경사항 신고서
서식8 개인정보(열람, 정정·삭제, 처리정지) 요구서
서식9 개인정보 (열람, 일부열람, 열람연기, 열람거절) 통지서
서식10 개인정보 (정정 · 삭제, 처리정지) 요구에 대한 결과 통지서
서식11 위임장

■ 개인정보 보호법 시행규칙 [별지 제1호서식]

개인정보의 목적 외 이용 및 제3자 제공 대장

개인정보 또는 개인정보파일 명칭			
이용 또는 제공 구분	[ ] 목적외 이용　　[ ] 제3자 제공		
목적 외 이용기관의 명칭 (목적 외 이용의 경우)		담당자	소 속
			성 명
			전화번호
제공받는 기관의 명칭 (제3자 제공의 경우)		담당자	성 명
			소 속
			전화번호
이용하거나 제공한 날짜, 주기 또는 기간			
이용하거나 제공한 형태			
이용 또는 제공의 법적 근거			
이용 목적 또는 제공받는 목적			
이용하거나 제공한 개인정보의 항목			
「개인정보 보호법」 제18조제5항에 따라 제한을 하거나 필요한 조치를 마련할 것을 요청한 경우에는 그 내용			

210mm×297mm[인쇄용지(특급) 34g/㎡]

■ 개인정보 보호법 시행규칙 [별지 제2호서식]

개인정보파일 ([ ] 등록 [ ] 변경등록) 신청서

※'변경정보 및 변경사유'란은 변경등록시에만 작성합니다.

접수번호	접수일	처리기간 7일

공공기관 명칭	주소	등록부서	전화번호

등록항목	등록정보	변경정보 및 변경사유
개인정보파일 명칭		
개인정보파일의 운영 근거 및 목적		
개인정보파일에 기록되는 개인정보의 항목		
개인정보의 처리방법		
개인정보의 보유기간		
개인정보를 통상적 또는 반복적으로 제공하는 경우 그 제공받는 자		
개인정보파일을 운용하는 공공기관의 명칭		
개인정보파일로 보유하고 있는 개인정보의 정보주체 수		
해당 공공기관에서 개인정보 처리 관련 업무를 담당하는 부서		
개인정보의 열람 요구를 접수·처리하는 부서		
개인정보파일에서 열람을 제한하거나 거절할 수 있는 개인정보의 범위 및 그 사유		

「개인정보 보호법」 제32조제1항과 같은 법 시행령 제34조제1항에 따라 위와 같이 개인정보파일 ([ ] 등록 [ ] 변경등록)을 신청합니다.

년 월 일

신청기관 (서명 또는 인)

행정안전부장관 귀하

210mm×297mm[일반용지 70g/㎡(재활용품)]

(뒤 쪽)

처리절차	
이 신청서는 아래와 같이 처리됩니다.	
신 청 기 관	처 리 기 관 행 정 안 전 부 장 관

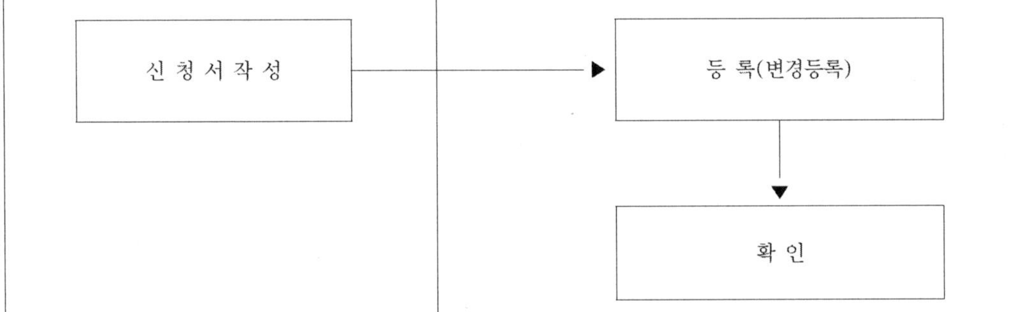

■ 개인정보 보호법 시행규칙 [별지 제3호서식]

개인정보 영향평가기관 지정신청서

접수번호	접수일	처리기간 2개월

신청인	법인명 및 대표자 성명	법인 설립일
	소재지	전화번호

개인정보 영향평가 수행인력의 수

명

「개인정보 보호법 시행령」 제37조제2항에 따라 개인정보 영향평가기관 지정을 위와 같이 신청합니다.

년 월 일

신청인 (서명 또는 인)

행정안전부장관 귀하

첨부서류	1. 「개인정보 보호법 시행령」 제37조제2항제1호부터 제3호까지의 규정에 따른 서류 2. 「개인정보 보호법 시행령」 제37조제2항제4호에 따른 다음의 서류 가. 「개인정보보호법 시행규칙」 별지 제4호서식의 개인정보 영향평가 수행인력 보유 현황 나. 「개인정보보호법 시행규칙」 별지 제5호서식의 개인정보 영향평가 수행 관련 사무실 및 설비 보유 현황 다. 「개인정보 보호법 시행령」 제37조제1항제1호의 사실을 증명할 수 있는 서류 등 행정안전부장관이 정하는 서류 3. 「출입국관리법」 제88조제2항에 따른 외국인등록 사실증명(「개인정보보호법 시행령」 제37조제3항 각 호 외의 부분 단서에 해당하는 경우에만 첨부합니다)

처리절차

신청서 작성	■	접 수	■	검 토	■	결 재	■	지정서 발급
신청인		처 리 기 관 (한국정보화진흥원)		처 리 기 관 (행정안전부)		처 리 기 관 (행정안전부)		

210mm×297mm[일반용지 70g/㎡(재활용품)]

■ 개인정보 보호법 시행규칙 [별지 제4호서식]

개인정보 영향평가 수행인력 보유현황

법인명 및 대표자 성명								
영향평가 수행인력 총수				명				
일련 번호	성명	생년 월일	입사일	보유 자격증 (취득 연월일)	자격증 취득 후 업무 수행 경력 (년 개월)	전문분야	학위 및 학과	비고

유 의 사 항
전문분야는 「개인정보보호법 시행령」 제37조제1항제1호 각 목에 따른 업무 분야를 말합니다.

210mm×297mm[일반용지 60g/㎡(재활용품)]

■ 개인정보 보호법 시행규칙 [별지 제5호서식]

개인정보 영향평가 수행 관련 사무실 및 설비 보유 현황

※ 아래의 작성방법을 읽고 작성하시기 바랍니다.

법인명 및 대표자 성명	
소 재 지	

① 신원 확인 및 출입 통제를 위한 설비를 갖춘 사무실

[ ] 있음 [ ] 없음

② 신원 확인 및 출입 통제 설비

명 칭	설비 등의 세부사항	수 량	비고

③ 기록 및 자료의 안전관리 설비

명 칭	설비 등의 세부사항	수 량	비 고

작 성 방 법

①의 신원 확인 및 출입 통제를 위한 설비를 갖춘 사무실이 있는 경우에는 '있음'란에 [√] 표시를 하고, 없는 경우에는 '없음'란에 [√] 표시를 합니다.

210mm×297mm[일반용지 60g/㎡(재활용품)]

■ 개인정보 보호법 시행규칙 [별지 제6호서식]

제　　　호

개인정보 영향평가기관 지정서

1. 대 표 자:
2. 생년월일 또는 사업자등록번호:
3. 법 인 명:
4. 주　　소:
5. 전화번호:
6. 지정요건:

「개인정보 보호법」 제33조제1항과 같은 법 시행령 제37조제4항에 따라 위의 법인을 개인정보 영향평가기관으로 지정하였으므로 개인정보 영향평가기관 지정서를 발급합니다.

년　　　월　　　일

행정안전부장관 직인

210mm×297mm[보존용지 120g/㎡]

■ 개인정보 보호법 시행규칙 [별지 제7호서식]

개인정보 영향평가기관 변경사항 신고서

<table>
<tr><td>접수번호</td><td>접수일자</td><td colspan="3">처리기간 7일</td></tr>
<tr><td rowspan="3">신고인</td><td colspan="4">법인명</td></tr>
<tr><td colspan="2">대표자명</td><td colspan="2">생년월일</td></tr>
<tr><td colspan="4">주소 (주된 사무소의 소재지)
(전화번호 :)</td></tr>
<tr><td>변경일</td><td colspan="4"></td></tr>
<tr><td>구분</td><td colspan="2">종 전</td><td colspan="2">변 경</td></tr>
<tr><td>수행 인력</td><td colspan="2"></td><td colspan="2"></td></tr>
<tr><td>사무실 및 설비</td><td colspan="2"></td><td colspan="2"></td></tr>
<tr><td rowspan="6">평가 기관 양도·양수 또는 합병 등</td><td rowspan="3">종전법인</td><td colspan="3">법인명</td></tr>
<tr><td colspan="2">대표자명</td><td>생년월일</td></tr>
<tr><td colspan="3">주소
(전화번호 :)</td></tr>
<tr><td rowspan="3">변경법인</td><td colspan="3">법인명</td></tr>
<tr><td colspan="2">대표자명</td><td>생년월일</td></tr>
<tr><td colspan="3">주소
(전화번호 :)</td></tr>
<tr><td>법인 명칭·주소·전화번호 및 대표자 변경</td><td colspan="4"></td></tr>
</table>

「개인정보 보호법」 제33조제6항과 같은 법 시행령 제37조제6항에 따라 평가기관의 변경사항을 위와 같이 신고합니다.

년 월 일

신고인 대표 (서명 또는 인)

행정안전부장관 귀하

첨부서류	1. 양도·양수·합병 등의 경우 양도·양수 또는 합병 계약서 등 사본 1부 2. 그 밖의 변경사항 증명서류 각 1부

유 의 사항
위 변경사항과 관련하여 자세한 내용은 별지로 작성하거나 관련 서류를 첨부하여 제출할 수 있습니다.

210mm×297mm[일반용지 60g/㎡(재활용품)]

■ 개인정보 보호법 시행령 [별지 제8호서식]

개인정보([ ] 열람 [ ] 정정·삭제 [ ] 처리정지) 요구서

※ 아래 작성방법을 읽고 굵은 선 안쪽의 사항만 적어 주시기 바랍니다. (앞 쪽)

접수번호	접수일	처리기간 10일 이내

정보주체	성 명	전 화 번 호
	생년월일	
	주 소	
대리인	성 명	전 화 번 호
	생년월일	정보주체와의 관계
	주 소	

요구내용	[ ] 열람	[ ] 개인정보의 항목 및 내용 [ ] 개인정보 수집·이용의 목적 [ ] 개인정보 보유 및 이용 기간 [ ] 개인정보의 제3자 제공 현황 [ ] 개인정보 처리에 동의한 사실 및 내용
	[ ] 정정·삭제	※ 정정·삭제하려는 개인정보의 항목과 그 사유를 적습니다.
	[ ] 처리정지	※ 개인정보의 처리정지를 원하는 대상·내용 및 그 사유를 적습니다.

「개인정보 보호법」 제35조제1항·제2항, 제36조제1항 또는 제37조제1항과 같은 법 시행령 제41조제1항, 제43조제1항 또는 제44조제1항에 따라 위와 같이 요구합니다.

년 월 일

요구인 (서명 또는 인)

0000 귀하

작 성 방 법

1. '대리인'란은 대리인이 요구인일 때에만 적습니다.
2. 개인정보의 열람을 요구하려는 경우에는 '열람' 란에 [√] 표시를 하고 열람하려는 사항을 선택하여 [√] 표시를 합니다. 표시를 하지 않은 경우에는 해당 항목의 열람을 요구하지 않은 것으로 처리됩니다.
3. 개인정보의 정정·삭제를 요구하려는 경우에는 '정정·삭제' 란에 [√] 표시를 하고 정정하거나 삭제하려는 개인정보의 항목과 그 사유를 적습니다.
4. 개인정보의 처리정지를 요구하려는 경우에는 '처리정지' 란에 [√] 표시를 하고 처리정지 요구의 대상·내용 및 그 사유를 적습니다.

210mm×297mm[일반용지 70g/㎡(재활용품)]

(뒤 쪽)

처 리 절 차	
이 요구서는 아래와 같이 처리됩니다.	
요 구 인	처 리 기 관
	개 인 정 보 처 리 자

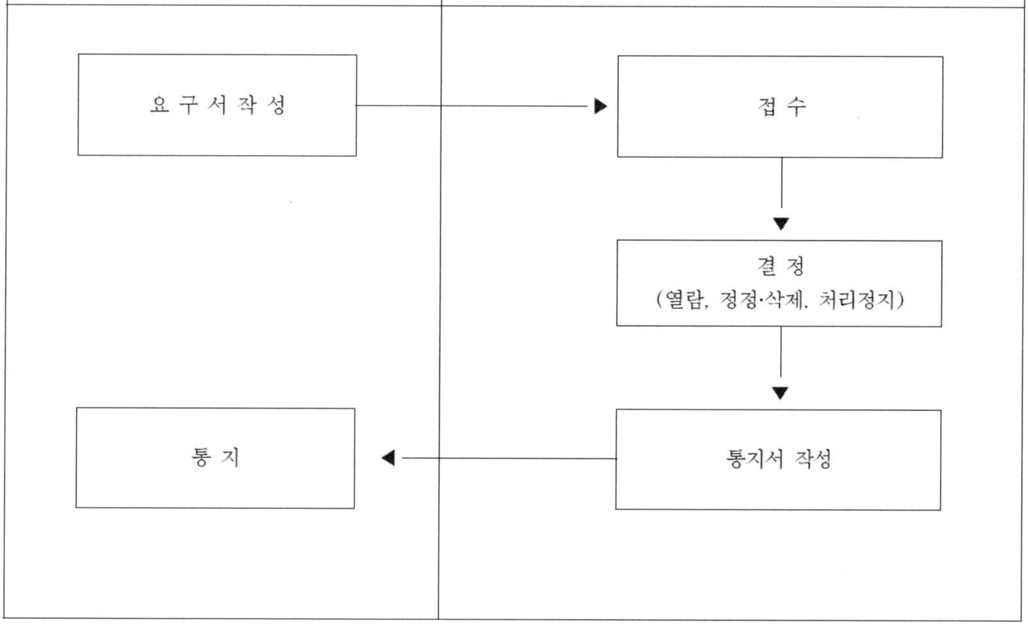

■ 개인정보 보호법 시행규칙 [별지 제9호서식]

개인정보([ ] 열람 [ ] 일부열람 [ ] 열람연기 [ ] 열람거절) 통지서

(앞 쪽)

수신자 (우편번호: , 주소:)

요구 내용					
열람 일시			열람 장소		
통지 내용 ([ ] 열람 [ ] 일부열람 [ ] 열람연기 [ ] 열람거절)					
열람 형태 및 방법	열람 형태	[ ]열람·시청	[ ]사본·출력물	[ ]전자파일	[ ]복제물·인화물 / [ ]기타
	열람 방법	[ ]직접방문	[ ]우편	[ ]팩스	[ ]전자우편 / [ ]기타
납부 금액	①수수료 원		②우송료 원		계(①+②) 원
	수수료 산정 명세				
사 유					
이의제기방법	※ 개인정보처리자는 이의제기방법을 적습니다.				

「개인정보 보호법」 제35조제3항·제4항 또는 제5항과 같은 법 시행령 제41조제4항 또는 제42조제2항에 따라 귀하의 개인정보 열람 요구에 대하여 위와 같이 통지합니다.

년 월 일

발 신 명 의 직인

210㎜×297㎜[신문용지 54g/㎡]

(뒤 쪽)

유의사항

1. 개인정보 열람 장소에 오실 때에는 이 통지서를 지참하셔야 하며, 요구인 본인 또는 그 정당한 대리인임을 확인하기 위하여 다음의 구분에 따른 증명서를 지참하셔야 합니다.

가. 요구인 본인에게 공개할 때: 요구인의 신원을 확인할 수 있는 신분증명서(주민등록증 등)

나. 요구인의 대리인에게 공개할 때: 대리인임을 증명할 수 있는 서류와 대리인의 신원을 확인할 수 있는 신분증명서

2. 수수료 또는 우송료는 다음의 구분에 따른 방법으로 냅니다.

가. 국가기관인 개인정보처리자에게 내는 경우: 수입인지

나. 지방자치단체인 개인정보처리자에게 내는 경우: 수입증지

다. 국가기관 및 지방자치단체 외의 개인정보처리자에게 내는 경우: 해당 개인정보처리자가 정하는 방법

※ 국회, 법원, 헌법재판소, 중앙선거관리위원회, 중앙행정기관 및 그 소속 기관 또는 지방자치단체인 개인정보처리자에게 수수료 또는 우송료를 내는 경우에는 「전자금융거래법」 제2조제11호에 따른 전자지급수단 또는 「정보통신망 이용촉진 및 정보보호 등에 관한 법률」 제2조제10호에 따른 통신과금서비스를 이용하여 수수료 또는 우송료를 낼 수 있습니다.

3. 열람제한, 열람연기 또는 열람거절의 통지를 받은 경우에는 개인정보처리자가 이의제기방법란에 적은 방법으로 이의제기를 할 수 있습니다.

210㎜×297㎜[신문용지 54g/㎡]

■ 개인정보 보호법 시행규칙 [별지 제10호서식]

개인정보 ([ ] 정정·삭제, [ ] 처리정지) 요구에 대한 결과 통지서

수신자 (우편번호: , 주소:)

요구 내용	
□ 정정·삭제 □ 처리정지 조치 내용	
□ 정정·삭제 □ 처리정지 결정 사유	
이의제기방법	※ 개인정보처리자는 이의제기방법을 기재합니다.

「개인정보 보호법」 제36조제6항 및 같은 법 시행령 제43조제3항 또는 같은 법 제37조제5항 및 같은 법 시행령 제44조제2항에 따라 귀하의 요구에 대한 결과를 위와 같이 통지합니다.

년 월 일

발 신 명 의 직인

유 의 사 항

개인정보의 정정·삭제 또는 처리정지 요구에 대한 결정을 통지받은 경우에는 개인정보처리자가 '이의제기방법'란에 적은 방법으로 이의제기를 할 수 있습니다.

210㎜×297㎜[신문용지 54g/㎡]

■ 개인정보 보호법 시행규칙 [별지 제11호서식]

위 임 장

위임받는 자	성명	전 화 번 호
	생년월일	정보주체와의 관계
	주소	
위임자	성명	전화번호
	생년월일	
	주소	

「개인정보 보호법」 제38조제1항에 따라 위와 같이 개인정보의 (□ 열람, □ 정정·삭제, □ 처리정지)의 요구를 위의 자에게 위임합니다.

년 월 일

위임자 (서명 또는 인)

ㅇㅇㅇㅇ 귀하

210mm×297mm[인쇄용지(특급) 34g/㎡]

개인정보보호관리사

초 판 인 쇄 2012년 8월 1일
초 판 발 행 2012년 8월 10일

인지

공 저 자 이규정 최경진 김지현 김지연
발 행 인 안 기 순
발 행 처 LawnB 로앤비
서울특별시 구로구 구로동 구로3동 한신 ITBD 611호
대표전화 6936-1300
팩 스 6936-1476
등 록 2003.7.16 제16-3078호
www.lawnb.com

판 매 처 考試界社
서울특별시 관악구 봉천동 861-7 코업레지던스 B1층
대 표 817-2400 편집부 817-0367~8
영업부 817-0418~9 팩 스 817-8998
등 록 2001. 4. 10. 제16-2381호
www.gosi-law.com / www.eduall.kr

정가 18,000원 ISBN 978-89-955563-2-0 93360